U0826325

北京大学中国语言学研究中心

国家出版基金项目
NATIONAL PUBLICATION FOUNDATION

早期北京话研究书系

主编　郭锐

北京话语音演变研究

周晨萌　著

北京大学出版社
PEKING UNIVERSITY PRESS

图书在版编目 (CIP) 数据

北京话语音演变研究 / 周晨萌著 . —北京：北京大学出版社，2018. 9
（早期北京话珍本典籍校释与研究）
ISBN 978-7-301-29812-1

Ⅰ . ①北… Ⅱ . ①周… Ⅲ . ①北京话—语音—研究 Ⅳ . ① H172.1

中国版本图书馆 CIP 数据核字 (2018) 第 192963 号

书　　名	北京话语音演变研究 BEIJINGHUA YUYIN YANBIAN YANJIU
著作责任者	周晨萌　著
责任编辑	唐娟华
标准书号	ISBN 978-7-301-29812-1
出版发行	北京大学出版社
地　　址	北京市海淀区成府路 205 号　100871
网　　址	http://www.pup.cn　　新浪微博：@ 北京大学出版社
电子信箱	zpup@pup.cn
电　　话	邮购部 010-62752015　发行部 010-62750672　编辑部 010-62767349
印 刷 者	北京虎彩文化传播有限公司
经 销 者	新华书店
	720 毫米 ×1020 毫米　16 开本　15.25 印张　205 千字 2018 年 9 月第 1 版　2018 年 9 月第 1 次印刷
定　　价	62.00 元

未经许可，不得以任何方式复制或抄袭本书之部分或全部内容。
版权所有，侵权必究
举报电话：010-62752024　电子信箱：fd@pup.pku.edu.cn
图书如有印装质量问题，请与出版部联系，电话：010-62756370

总　序

语言是文化的重要组成部分，也是文化的载体。语言中有历史。

多元一体的中华文化，体现在我国丰富的民族文化和地域文化及其语言和方言之中。

北京是辽金元明清五代国都（辽时为陪都），千余年来，逐渐成为中华民族所公认的政治中心。北方多个少数民族文化与汉文化在这里碰撞、融合，产生出以汉文化为主体的、带有民族文化风味的特色文化。

现今的北京话是我国汉语方言和地域文化中极具特色的一支，它与辽金元明四代的北京话是否有直接继承关系还不是十分清楚。但可以肯定的是，它与清代以来旗人语言文化与汉人语言文化的彼此交融有直接关系。再往前追溯，旗人与汉人语言文化的接触与交融在入关前已经十分深刻。本丛书收集整理的这些语料直接反映了清代以来北京话、京味儿文化的发展变化。

早期北京话有独特的历史传承和文化底蕴，于中华文化、历史有特别的意义。

一者，这一时期的北京历经满汉双语共存、双语互协而新生出的汉语方言——北京话，它最终成为我国民族共同语（普通话）的基础方言。这一过程是中华多元一体文化自然形成的诸过程之一，对于了解形成中华文化多元一体关系的具体进程有重要的价值。

二者，清代以来，北京曾历经数次重要的社会变动：清王朝的逐渐孱弱、八国联军的入侵、帝制覆灭和民国建立及其伴随的满汉关系变化、各路军阀的来来往往、日本侵略者的占领等等。在这些不同的社会环境下，北京人的构成有无重要变化？北京话和京味儿文化是否有变化？进一步地，地域方言和文化与自身的传承性或发展性有着什么样的关系？与社会变迁有着什么样的关系？清代以至民国时期早期北京话的语料为研究语言文化自身传承性与社会的关系提供了很好的素材。

了解历史才能更好地把握未来。中华人民共和国成立后，北京不仅是全国的政治中心，而且是全国的文化和科研中心，新的北京话和京味儿文化或正在形成。什么是老北京京味儿文化的精华？如何传承这些精华？为把握新的地域文化形成的规律，为传承地域文化的精华，必须对过去的地域文化的特色及其形成过程进行细致的研究和理性的分析。而近几十年来，各种新的传媒形式不断涌现，外来西方文化和国内其他地域文化的冲击越来越强烈，北京地区人口流动日趋频繁，老北京人逐渐分散，老北京话已几近消失。清代以来各个重要历史时期早期北京话语料的保护整理和研究迫在眉睫。

“早期北京话珍本典籍校释与研究（暨早期北京话文献数字化工程）”是北京大学中国语言学研究中心研究成果，由“早期北京话珍稀文献集成”“早期北京话数据库”和“早期北京话研究书系”三部分组成。“集成”收录从清中叶到民国末年反映早期北京话面貌的珍稀文献并对内容加以整理，“数据库”为研究者分析语料提供便利，“研究书系”是在上述文献和数据库基础上对早期北京话的集中研究，反映了当前相关研究的最新进展。

本丛书可以为语言学、历史学、社会学、民俗学、文化学等多方面的研究提供素材。

愿本丛书的出版为中华优秀文化的传承做出贡献！

王洪君　郭锐　刘云

2016年10月

早期北京话的语言研究价值

——“早期北京话研究书系”序

早期北京话指清中叶至民国时期的北京话。北京话在现代汉语中的地位极其特殊而重要，现代汉语的标准语——普通话——是以北京话为基础，普通话的语音标准是北京语音，普通话的词汇和语法也与北京话有密切联系。因此，要探讨普通话的语音、词汇、语法的来源，不能不涉及北京话。由于缺乏足够的材料，元明清初的北京话还无法进行系统的研究，与今天的北京话有直接的继承关系的北京话材料在清中叶才开始出现。但此时的北京话地位并不高，书面语传统也不够深厚，全国的通语是南京官话，而非北京官话。到1850年前后，北京话才取得通语的地位，并对日后的国语和普通话产生决定性的影响。

不过汉语学界对早期北京话的研究却相对薄弱。这一方面是因为过去对早期北京话材料了解不多，更重要的原因是重视不够。研究汉语史的，重视的是上古汉语、中古汉语和近代汉语；研究现代汉语的，重视的是1949年以后特别是改革开放以来的普通话语料；研究方言的，重视的是地方方言，尤其是东南方言，而北京话与普通话较为接近，晚清民国时期的北京话反倒少人问津，成了“三不管地带”。

随着清中叶至民国时期北京话语料的挖掘、整理工作的开展，早期北京话的面貌开始清晰地展现出来。根据初步考察，我们对这一时期北京话的语言研究价值有了大致的认识。可以说，清中叶以来的北京话是近代汉语过渡到现代汉语的桥梁。其中尤为重要的是，晚清民国时期，即19世纪40年代至1949年的一百多年间，北京话以及作为全国通语的北京官话、国语发生了一系列的变化，包括语音、词汇、语法，这些变化奠定了今天普通话的基本格局，而1950年至今的普通话则没有大的变化。

下面我们看看北京话在晚清民国时期发生的一些变化。

从语音方面看，变化至少有：

1. 庄组字翘舌~平舌交替

庄组字本来都读为舌尖后翘舌声母，其中大约30%今天读作舌尖前平舌音。但在晚清时期，有些字仍读作翘舌音，以威妥玛（Thomas F. Wade）《寻津录》（*Hsin Ching Lu* 1859）的记音为例："瑟"读shê、"仄"读chai。还有相当一部分字有翘舌和平舌两读，形成文白异读：所（so~shuo）、涩（sê~shê）、责（chai~tsê）。另外，有些字今天读作翘舌声母，当时却有平舌声母的读法，如：豺（ts'ai）、铡（tsê）。

2. 声母ng彻底消失

北京周边的河北、山西、山东方言，中古疑母字的开口呼一般保留ng[ŋ]声母，影母字开口呼也读ng声母。清末的北京话还保留个别的ng声母字，如：饿（ngê）、恶（ngê）[富善（Chauncey Goodrich）《华英袖珍字典》（*A Pocket Dictionary*（*Chinese-English*）*Pekingese Syllabary* 1891）]。普通话中，ng[ŋ]声母完全消失。

3. 见系二等字舌面音声母和舌根音声母的交替

见系二等字在全国多数方言中仍保留舌根音声母，当代普通话中大部分见系二等字读作舌面音声母，但有约四分之一的见系二等字保留舌根音声母的读法，如"隔、革、客、港、耕、衡、楷"等。普通话中读作舌根音声母的字，在清末的北京话中，有一部分有舌面音声母的读法，如《华英袖珍字典》（1891）的记音：楷（ch'iai~k'ai）、港（chiang）、隔（chieh~kê）、揩（ch'ieh）、耕（ching~kêng）、耿（ching~kêng）。今音读作舌面音声母的见系二等字在稍早还有保留舌根音读法的，如《寻津录》（1859）的记音：项（hang~hsiang）、敲（ch'iao~k'ao）、街（chieh~kai）。

4. o~e交替

今音读作e[ɤ]韵母的字，对应到《寻津录》（1859），有两个来源，一个是e[ɤ]韵母，如：德（tê）、册（ts'ê）、遮（chê）；另一个是o韵母，如：和（ho）、合（ho）、哥（ko）、刻（k'o）、热（jo）。从o到e的变化经历了多音并行和择一留存两个阶段，如：酌（chê～cho）、刻（k‘o～k‘ê）、乐（lo～lê）、洛（lê～lo）、额（o～ê）。在《华英袖珍字典》（1891）中，"若、弱、热"都有两读：jê或jo。最后择一保留的，有的是e韵母（刻、乐、热），有的是o韵母（酌、洛、若、弱）。

5. 宕江摄入声文白异读

《寻津录》（1859）中宕江摄入声文白异读主要是韵母o/io和ao/iao的差异，如：若（jo～yao）、约（yo～yao）、薄（po～pao）、脚（chio～chiao）、鹊（ch‘io～ch‘iao），这样的文白差异应该在更早的时候就已产生。二三等文读为üe韵母大约从1850年前后开始，《寻津录》（1859）中只出现了"学略却确岳"五字读üe韵母文读音。之后的三十来年间，短暂出现过üo韵母，但很快合并到üe韵母。üe作为文读音全面取代io韵母，大约在19世纪末完成。

晚清民国时期白读音的数量要明显多于当代的读音。如下面这些字在当代读文读音，而在当时只有或还有白读音：弱（jao）、爵（chiao～chio）、鹊（ch‘io～ch‘iao）、学（hsio～hsüeh～hsiao）、略（lio～lüeh～liao）。

6. 曾梗摄入声文白异读

曾梗摄入声字的文白异读，主要是e（o）韵母和ai韵母的差异，这样的格局自19世纪40年代以来没有改变，但清末北京话的文白两读并存要明显多于当代，如《华英袖珍字典》（1891）的记音：侧（ts‘ê～chai）、泽（tsê～chai）、责（tsê～chai）、册（ts‘ê～ch‘ai）、拆（ts‘ê～ch‘ai）、窄（tsê～chai）、宅（chê～chai）、麦（mo～mai）、白（po～pai）、拍（p‘o～p‘ai）。

7. iai韵母消失

"解、鞋、挨、携、崖、涯"等蟹摄开口二等见系字在《音韵逢源》（1840）中，韵母为iai。到《寻津录》（1859），只有"涯"仍有iai的异读，其他字都读作ie韵母或ai、ia韵母。之后iai韵母完全消失。

8. 清入字声调差异

清入字在普通话中的声调归并分歧较大，但在清末，清入字的声调归并分歧更大，主要表现就是一字多调现象。如《寻津录》（1859）中的清入字声调：级（chi^2～chi^4）、给（chi^3～chi^4～kei^4）、甲（$chia^1$～$chia^3$）、节（$chieh^2$～

chieh^3）、赤（ch‘ih^1 ~ ch‘ih^4）、菊（chü^1 ~ chü^2）、黑（hei^1 ~ hei^3）、骨（ku^1 ~ ku^2 ~ ku^3）、铁（t‘ieh^3 ~ t‘ieh^4）、脱（t‘o^1 ~ t‘o^3），这些多调字在当代普通话中只有一种调类。

次浊入在清末民初时期读作非去声的情况也较多，如：入（ju^3 ~ ju^4）、略（liao^4 ~ lio^3 ~ lüeh^3）、麦（mai^1 ~ mai^4）。

以上这些成系统的语音变化有的产生更早，但变化结束并定型是在清末民初时期。

除此之外，一些虚词读音的变化也在晚清民国时期发生并定型。

助词和语气词“了”本读liao，在19世纪30年代或更早出现lo的读音，常写作“咯”，这应是轻声引起的弱化读法。此后，又进一步弱化为la（常写作“喇”“啦”）、le[lə]。“了”的音变大致经历了四个阶段：

读音	liao	lo	la	le
开始时间	19世纪30年代前	19世纪30年代	19世纪50年代	1908

而语气词“呢”和助词“的”，也分别经历了ni—— na—— ne[nə]和di——da——de[tə]的语音弱化阶段。

语气词“啊”的语音变体，在当代普通话中有较为严格的条件，而晚清民国时期“啊”音变的条件与之有所不同。“呀”（ya）可以出现在：-ng后（请问贵姓呀？/《小额》），-n后（他这首诗不曾押着官韵呀！/《儿女英雄传》），-u后（您说有多么可恶呀！/《北京风俗问答》），舌尖元音后（拿饭来我吃呀。/蔡友梅《鬼吹灯》）。“哇”可以出现在-ng后（做什么用哇？/湛引铭《讲演聊斋》）。这种现象与现在汉语学界所讲的语流音变条件似乎并不吻合，到底应如何分析，值得深入探讨。

此外，还有一些特殊的读音，也在早期北京话材料中有所反映。

“俩”读作lia，一般认为是“两个”的合音。但在晚清北京话材料中，有“俩个”的说法。这似乎对合音说提出了挑战，更合理的解释也许应该是“两”受到后一音节“个”的声母影响，导致韵尾脱落，然后是“个”的脱落，形成“俩”直接修饰名词的用法。

一些词汇的特殊写法，则反映了当时的特殊读音。有些是轻声引起的读音变化，如：知得（知道）、归着（归置）、拾到（拾掇）、额啦大（额老大）、先头啦（先头里）；有些则是后来消失的白读音，如：大料（大略）、略下（撂下）。

可以看到，北京话在清代发生了一系列的语音变化，这些变化到19世纪末或20世纪初基本结束，现代汉语的语音格局在这个时期基本奠定。那么这些变化过程是如何进行的，是北京话自发的变化还是受到南京官话或其他方言的影响产生的，这些问题都可以通过早期北京话的材料找到答案。同时，这一时期北京话语音的研究，也可以为普通话的审音工作提供重要的参考。

词汇方面，晚清民国时期的北京话有一些异于普通话甚至当代北京话的词语，如：颏膝盖（膝盖）、打铁（互相吹捧）、骑驴（替人办事时在钱财上做手脚以牟利）、心工儿（心眼儿）、转影壁（故意避而不见）、扛头（不同意对方的要求或条件）、散哄（因不利情况而作罢或中止）、胰子（肥皂）、烙铁（熨斗）、嚼裹（花销）、发怯（害怕）、多咱（什么时候）、晌午歪（午后）。

为什么有一些北京话词语没有传承到普通话中？究其原因，是晚清民国时期汉语共同语的词汇系统，经历了“南京官话——北京官话/南京官话——南北官话混合”三个阶段。根据艾约瑟《汉语官话语法》（1857）、威妥玛《语言自迩集》（1867）等文献记述，在1850年前后，通语由南京官话改为北京官话。当时的汉语教科书也由南京官话改为北京官话。不过，南京官话并没有消失，而是仍在南方通行。因此，南北官话并存成为晚清语言生活的重要特征。美国北长老会传教士狄考文编著的汉语教科书《官话类编》（1892）就是反映南北官话并存现象的重要文献。下面的例子是《官话类编》记录的北京官话和南京官话的词汇差异：

A		B		C	
北京官话	南京官话	北京官话	南京官话	北京官话	南京官话
白薯	山芋	耗子	老鼠	烙铁	熨斗
白菜	黄芽菜	脑袋	头	日头	太阳
煤油	火油	窟窿	洞	稀罕	喜欢
上头	高头	雹子	冰雹	胰子	肥皂
抽烟	吃烟	分儿	地步	见天	天天
扔	丢	自各儿	自己	东家	老板
馒头	馍馍	些个	一些	巧了	好像
多少	几多	姑爷	女婿	瞧睬	留意

南北官话并存和对立的局面在民国时期演变为南北官话的混合，南北两种官话合并为一种共同语，即国语。作为国语的继承者，普通话的词汇，有的来自北京官话（如A列），有的来自南京官话（如C列），有的既来自北京官话，又来自南京官话（如B列）。普通话中与北京官话和南京官话无关的词不多见，如：火柴（北/南：取灯儿/洋火）、勺子（匙子/调羹）、本来（原根儿/起根儿）。那些在今天被看作北京土话的词汇，实际上是被南京官话挤掉而未进入普通话的北京官话词汇，如：胰子、烙铁、见天。

晚清时期北京话语法在研究上的重要性主要可以从两个方面来看。一是普通话的不少语法现象，是在这一时期的北京话中萌芽甚至发展成熟的。如兼表致使和被动的标记"让"的形成、受益标记"给"的形成、"程度副词+名词"格式的产生、协同伴随介词和并列连词"跟"的产生等。二是普通话的不少语法现象，与晚清北京话有差异。比如：

1. 反复问格式：普通话的带宾语的反复问格式有"V否VO"（吃不吃饭）、"VO否VO"（吃饭不吃饭）、"VO否V"（吃饭不吃）等格式，但在晚清时期北京话中没有"V否VO"格式。

2. 双及物格式：普通话有"V+间接宾语+直接宾语"（送他一本书）、"V给+间接宾语+直接宾语"（送给他一本书）、"V+直接宾语+给+间接宾语"（带一本书给他）、"给+间接宾语+V+直接宾语"（给他带一本书）四种常见格式，晚清时期北京话没有“V+直接宾语+给+间接宾语”格式。

3. 趋向动词与动作动词构成的连谓结构语序：普通话可以说“吃饭去”，也可以说“去吃饭”，而晚清时期北京话只说“吃饭去”。

4. 进行体的表达形式：普通话主要用“在VP”“正在VP”，晚清时期北京话主要用“VP呢”。

5. 被动标记：普通话用“被、让、叫、给”，晚清时期北京话主要用“让、叫”。

6. 协同、伴随介词：普通话用“和、同、跟”，晚清时期北京话主要用“跟”。

7. 时间起点介词：普通话主要用“从、打”，晚清时期北京话主要用“打、起、解、且、由”。

8. 时间终点介词：普通话用“到、等到”，晚清时期北京话用“到、赶、赶到”。

可以看到，晚清时期北京话的有些语法形式没有进入普通话，如时间起点介词“起、解、且”；有些语法项目，普通话除了采用晚清时期北京话的语法形式外，还采用晚清时期北京话没有的语法形式，如反复问格式“V否VO”、双及物格式“V+直接宾语+给+间接宾语”、被动标记“给”。这些在晚清时期北京话中没有的语法形式容易被看作后来普通话发展出的新语法形式。但如果联系到晚清南北官话的并存，那么可以发现今天普通话的这些语法形式，其实不少是南北官话混合的结果。下面看看晚清南北官话语法形式的差异：

	语法项目	北京官话	南京官话
1	反复问句	VO不V，VO不VO	V不VO，VO不VO
2	双及物格式	送他书，送给他书	送他书，送书给他
3	去VP	VP去	去VP
4	进行体	VP呢	在VP
5	被动标记	叫，让	被，给，叫（少见）
6	致使动词	叫，让	给，叫（少见）
7	协同介词	跟	和，同
8	并列连词	跟	和，同
9	工具介词	使	用
10	时间终点介词	赶，赶到	到，等到
11	时间起点介词	打，起，解，且，由	从

从上表可以看到，普通话语法形式与清末北京话的语法形式的差异，其实很多不是历时演变导致的，而是南北官话混合带来的。

普通话的语法形式与词汇一样，也是南北官话混合的结果。词汇混合的结果往往是择一，而语法混合的结果则更多是来自南北官话的多种语法形式并存。因此，要弄清今天普通话词汇和语法形式的来源，就必须对清末民初北京话的词汇和语法以及同一时期的南京官话的词汇和语法做一个梳理。

朱德熙先生在《现代汉语语法研究的对象是什么？》（1987）一文中认为，由于普通话，特别是普通话书面语是一个混杂的系统，应把普通话的不同层次分别开来，北京话是现代汉语标准语（普通话）的基础方言，因此研究现代汉语语法应首先研究清楚北京话口语语法，才能对普通话书面语做整体性的综合研究。朱德熙先生的观点非常深刻，不过朱先生在写作这篇文章时，主要是从方言成分混入普通话角度讨论的，还没有认识到普通话主要是北京官话和南京官话的混合，我们今天对早期北京话的研究为朱德熙先生的观点提供了另一个角度的支持。早期北京话的研究，也可以对朱德熙先生的观点做一个补充：由于普通话主要是北京官话和南京官话混合而成，所以研究现代汉语语法不仅要首先研究北京话语法，还需要对普通话中来自南京官话的成分加以梳理。只说北京话是普通话的基础是不够的，南京官话是普通话的第二基础。

此外，早期北京话文献反映的文字方面的问题也值得关注。早期北京话文献中异体字的使用非常普遍，为今天异体字的整理提供了很好的素材。其中一些异体字的使用，可以弥补今天异体字整理的疏漏。如：

> 有一天，一個狐狸進一個葡萄園裡去，瞧見很熟的葡萄在高架上垂掛著，他說："想必是好吃的。"就咂着嘴兒讚了讚，驪蹤了半天，總搆不着。（《伊苏普喻言》(1879)）

"搆"在《第一批异体字整理表》中，处理为"构（構）"的异体字，但根据原注"搆：读上平，以物及物也"，不应是"构"之异体。查《华英袖珍字典》

(1891),“搆”释为“to plot, to reach up to”,“plot”可看作“构”的意思,而“to reach up to”的意思是“达到”,因此,这种用法的“搆”应看作“够(伸向不易达到的地方去接触或拿取)”的异体字。“驤蹤”,原注“驤:上平,驤也”“蹤:去声,跳也”,根据注释和文意,“驤蹤”应为“蹿纵”,而《第一批异体字整理表》把“蹤”处理为“踪”的异体,未看作“縱”的异体,也未收“驤”字。

早期北京话呈现出来的语音、词汇、语法现象,也为当代汉语研究的一些疑难问题提供了一个解决的窗口。比如:“啦”到底是不是“了”和“啊”的合音?晚清民国北京话的研究表明,“啦”并不是“了+啊”的合音,而是“了”弱化过程的一个阶段。普通话的同义词和同义句式为何比一般方言多?这是因为北京官话和南京官话词汇和语法的混合形成国语/普通话,北京官话和南京官话中不同的词汇、语法形式并存于普通话中,就形成同义词和同义语法形式。“给”为何可表被动但不表致使?被动标记和致使标记有密切的联系,很多语言、方言都使用相同形式表达致使和被动,根据语言类型学和历史语法的研究,是致使标记演变为被动标记,而不是相反。但普通话中“给”可以做被动标记,却不能做致使标记,似乎违反了致使标记演变为被动标记的共性,这是为什么?如果从南北官话的混合的角度看,也许可以得到解释:南京官话中“给”可以表致使,并演变为被动标记;而普通话中“给”的被动标记用法很可能不是普通话自发产生的,而是来自南京官话。因此表面上看是普通话“给”跳过了致使标记用法直接产生被动标记用法,实质是普通话只从南京官话中借来了“给”的被动标记用法,而没有借致使标记用法。这些问题在本书系的几部著作中,都会有详细的探讨,相信读者能从中得到满意的答案。

早期北京话研究的先行者是日本学者。1876年后,日本兴起了北京话学习的热潮,出版了大量北京话教材和资料,为后世研究带来了便利。太田辰夫先生在20世纪40年代就开始早期北京话的研究,提出了著名的北京话的七个特征。其后辈学者佐藤晴彦、远藤光晓、山田忠司、地藏堂贞二、竹越孝、内田庆市、落合守和等进一步把早期北京话的研究推向深入。国内的研究起步稍晚，吕叔湘等老一辈学者在研究中已经开始关注《白话聊斋》等民初京味儿小说，可惜受制于材料匮乏等多方因素，研究未能延续。北京大学是北京话研究重镇，林焘先生对北京话的形成有独到的研究，20世纪80年代初带领北大中文系1979级、1980级、1981级汉语专业本科生调查北京话，留下了珍贵的资料。20世纪90年代以来，经蒋绍愚、江蓝生等先生倡导，局面有所改变。深圳大学张卫东，清华大学张美兰，厦门大学李无未，中山大学李炜，北京语言大学高晓虹、张世方、魏兆惠，苏州大学曹炜等学者在早期北京话的语音、词汇、语法方面都有深入研究。2007年，北京大学中国语言学研究中心将北京话研究作为中心的重要研究方向，重点在两个方面，一是深度挖掘新材料，即将面世的“早期北京话珍稀文献集成”（刘云主编）将为研究者提供极大便利；二是培养新生力量，“早期北京话研究书系”的作者刘云、周晨萌、陈晓、陈颖、翟赟、艾溢芳等一批以北京话为主攻方向的年轻学者已经崭露头角，让人看到了早期北京话研究的勃勃生机。希望本书系的问世，能够把早期北京话研究推向新的高度，为汉语研究提供新的视角，解决过去研究的一些疑难问题，也期待更多研究者来关注这座汉语研究的“富矿”。

郭　锐

2016年5月7日于北京五道口

目　录

引 论

北京话是北京的方言土语，和上海话、广州话一样，只是汉语诸多方言中的一支，但北京数百年来特殊的政治、文化、社会背景使北京话具有其他方言所无可比拟的特殊地位，因此对北京话的研究一直是语言研究的重要课题。北京话作为普通话的“样板儿”，其历史演变折射出汉语的发展历程，其发展方向也可以说基本上代表了整个汉语的发展方向。对现代汉语的研究，在很大程度上也就是对北京话的研究。因此，不论是从历史演变的角度，还是从语文规划的角度来说，北京话的研究都是必不可少的。清入字的归调、音位系统、儿化韵、轻声、词汇、口语语法等都是语言学者感兴趣的课题，并取得了重要成就，为我们进一步研究北京话奠定了坚实的基础。

而要研究北京话的各种特点，就要首先搞清楚北京话形成的历史。北京话的形成，在某种程度上，可以说是北京特殊的地理位置、历史沿革以及频繁的人口流动等人文概况在语言上的一种映射。因此，我们先简要介绍一下与北京话密切相关的北京社会史和文化史。

一 地理交通

北京位于华北大平原的西北端，其西、北、东北三面群山耸立，重峦叠嶂。西面为太行山北端的西山；西北为军都山，东北为燕山山脉，南面和东南面与华北大平原相连。居庸关、古北口、卢龙塞（今喜峰口）、榆关（今山海关）等一些天然的峡谷隘口，是沟通山前山后的交通要道。桑干河（今永定河上游）、沽水（今白河）、鲍邱水（今潮河）、拒马河、濡水（今滦河）等河流源于太行山、燕山腹地，自西北向东南奔流，或分或合，形成许多沼泽、湖泊。

早在远古时代，北京先民就在与其他地区人们的交往过程中发现了几条便利的交通路线：从北京向西南经太行山东麓大道，可达中原各地；向西北经居庸大道，可上蒙古高原；向东北沿古北口大道可去燕山腹地；向东有燕山南麓，经喜峰口或山海关，便可抵辽西、辽东及更远的地区。这几条路线是远古时代北京地区的先民与各地交往的主要道路。也就是说，北京自古就是从华北平原北上和从内蒙古、松辽平原南下的必经之地，是南北交通的枢纽。

北京特殊的地理位置和便利的交通对于早期人类居住地的选择起着至关重要的作用，同时，也有利于形成大型聚落。另外，这一特殊的地理位置也深刻地影响着北京地区的文化。而北京作为一个地名，所指范围可大可小。最大范围是北京市地区，目前包括十六个区（东城区、西城区、朝阳区、海淀区、石景山区、丰台区、门头沟区、通州区、怀柔区、房山区、昌平区、平谷区、大兴区、顺义区、密云区、延庆区）。中等范围是指传统的京师地区，也就是北京城区和近郊区。最小范围是指北京城区及其连续市区。北京的旧城区主要指现在的东城区、西城区。北京人习惯上把北京城区分为东城、南城、西城和北城四个部分。东城基本上就是东城区；西城也就是西城区；南城指外城，即后来的崇文和宣武两区；北城是指鼓楼一线以北的地区。在新中国成立以前，“达官贵人”一般都居住在东城和西城；南城是商业区，主要是外来的小商人、手艺人等；北城住的都是外来的穷苦人。

二 建置沿革

北京地区特殊的地理位置也使得其文化呈现出多元性和过渡性的特点。“北京大致是多文化的互相穿插、交错、争夺，也可以说北京这个地区是多文化的每一种文化的前线地带，不同文化在此交汇，形成错综复杂的漩涡地带。”（侯仁之等，2000）“从新石器时代开始，这一地区就是中原系统文化与北方系统文化交汇折冲地带”（侯仁之等，2000），是不同文化、不同民族的交融地区。

大约六七十万年前，北京地区就有原始的北京人居住，他们已经有了简单的思维能力并开始有了语言。到了距今大约10万年以前的旧石器时代中期，北京人由猿人变成了早期智人——新洞人。在大约两万年以前，北京出现了新的人类——山顶洞人，他们形成了以血缘关系为基础的母系氏族，并且出现了原始的交换关系。

在距今大约一万年至四五千年期间，北京地区处于新石器时代。迄今为止，北京地区考古发现的这一时期的墓葬和遗址共有四十多处，从中出土了许多装饰品、石器、陶器。显然，当时的原始文明已经相当发达，人们以氏族、部落为单位分散居住，使用的语言也应该发展得比较成熟了。

三皇五帝之后，阶级国家随之出现。殷商时期，今北京地区就已有燕、蓟两个国家。周武王封黄帝（一说为帝尧）之后于蓟国，主要在今永定河以北，建都于蓟，在今天北京的广安门一带，蓟就是北京地区出现最早的城市。后又在北京地区分封了燕国，主要在永定河以南的拒马河流域，其都城燕是北京地区出现的第二座城市。由于燕国的势力强于蓟国，燕国很快灭掉了蓟国，将自己的国都改设在蓟。据考古学家研究，早期燕都在今房山区的董家林古城，当时中原系统的燕文化的分布范围不超过燕都周围的30公里。至西周中晚期，燕文化扩大到燕都周围70—90公里的范围，至春秋时期，已越过燕山山脉，基本上排挤、融合了张家园上层文化类型。战国时代，燕国势力渐渐强盛，甚至一度推进到了今辽宁省和内蒙古自治区。燕当时是华夏文化与戎、胡文化交流的枢纽，是中原与东北经济、文化汇合交融的地区。燕国统治者把姬周文化带到北方，逐渐与当地的土著文化相融合。燕文化实际是一种融合型文化，既有中原文化的特点，又带有北方系统文化的特点。

秦于公元前222年灭燕，次年统一中国，建立了中央集权制的封建国家，秦始皇将天下分为三十六郡（秦郡之数，今众说不一），与今北京相关者是上谷、渔阳两郡。同时将蓟城设为广阳郡的治所（关于这点历来争议颇多）。秦汉时期，蓟城是抵御东北方和北方各族入侵的重镇，秦始皇派蒙恬率军北逐匈奴，使之退于长城以北。两汉时期，蓟是这一地区的商业中心，是内地与东北各民族间的贸易枢纽。东汉中后期，乌桓和鲜卑族南迁，部分人迁入长城以内居住，各民族之间的交往更加密切。

到了魏晋十六国时期，蓟却成了北方封建割据势力的一个中心。由于不同的割据势力纷纷援引塞外各族作为自己逐鹿中原的助力，边塞各族大量进入内地，蓟城很长一段时期内陷入各族统治者的轮番统治当中。由于蓟城地区政治形势变幻无常，蓟城居民的民族成分也不断变化。在中原混战时，流民常常自发地向幽州迁徙，这些流民以汉人为主，也有久居塞内的其他各族人民。此外，为躲避统治者的剥削压迫和各族征服者的掠夺，蓟城地区的人民向外流动的现象也时常发生。人口的流动，使蓟城地区居民的民族成分不断发生着变化。当时居民的主体仍是汉族，但内迁的乌桓、鲜卑等族人也不少。可以说，在魏晋十六国北朝的将近四百年中，蓟城就是一个民族融合的大熔炉。

隋朝，蓟成为涿郡的治所；唐代统称幽州，城址和北魏相同，一直到五代都没有改变。当时，今北京地区的居民主要是汉族，同时包括相当数量的少数民族。由于地处华北通往东北的要冲，一直与北方和东北少数民族地区保持着密切的联系。汉族劳动人民常常迁入少数民族地区谋生，少数民族人民也常常到这里来经商，或者定居下来。隋唐的统一，给民族之间的往来提供了更多的便利条件。定居此地的各族人民同以汉人为主的原住居民一起，创造着北京的物质和精神财富，发展着北京的历史。

公元938年，北方少数民族契丹建立的辽把蓟作为陪都，改称南京，又叫燕京。女真人建立的金于1153年正式迁都于此，改名为中都，北京首次成为国都。但是，辽金时期的北京地区仍然是比较荒凉的，虽是政权的中心，但北京却没能成为主要的文教、经济的中心。其中心地位的逐步确立是在元代以后。元代，蒙古统治者又在中都郊外创建新城，称为大都。明朝改建大都，始称北平，后来明成祖朱棣夺得皇权，改称北京，并迁都于此。1644年，清军入关，仍都北京（五代之后北京地区的历史情况可参见林焘，1987）。从辽金开始，北京地区一直是汉族政权与少数民族政权的兵戎交接之地，人口流动频繁，再加上历经辽、金、元、清四个少数民族政权的长期统治，明清时期又有组织地对北京地区进行了大规模的移民活动，这些都加强了幽燕方言与其他汉语方言和少数民族语言的接触，为这一地区语言的发展提供了条件。

总之，从历史来看，北京地区在中国自古以来就具有不可忽视的地位。从秦汉经魏晋，至北朝，蓟城（今北京）在我国北方的地位日渐重要。宋代以后，北京更是逐渐成为全国的政治文化中心。辽金两朝，是北京成为全国中心的过渡时期。此后，北京的核心地位逐步加强。北京地区的这种特殊的地理位置和历史背景，为北京方言的形成创造了独特的人文环境。

三 人口居民

（一）北京地区历史上的移民活动

由于地处贯通华北平原和内蒙古、松辽平原的枢纽，北京自古就是民族杂居及人口流动频繁的地区。“一个地区的语言变化是和居民成分的变化分不开的”（胡明扬，1987），因此，我们有必要了解北京地区长期以来的人口迁移情况。侯仁之等（2000）将北京地区的人口迁移按流向区分为“离散迁移”与“内聚迁移”两种：离散迁移是指“人口自城市迁往周边各地”；内聚迁移则是指“人口自周边地区迁入辽南京、金中都、元大都、明清北京”。

辽金元统治者在迁都北京、稳固政权后，一般都采取“实京师”的政策，从周边地区移入大批人口。《靖康稗史》载，金天会五年（1127），金人克汴京亡北宋，掠宋国男妇不下20万，“壮强者仅至燕山，各便生养”。金迁都中都后，除王公贵族“处之中都”外，还采取政策，激劝“四方之人”移居中都。元代统治者击破金政权后，也“迁居民以实之”，人口迅速增长，从至元元年（1264）至至元十八年（1281）的18年间，迁入大都的各类人户大约在16万户左右（侯仁之等，2000）。当时大都居民不仅具有民族构成复杂的特点，而且还具有来源广泛的特点，真可谓五方杂处了。

明初，政府组织移民充实北京，“动辄万户”。洪武四年，大将徐达先后三次将山后（河北宣化、滦平至辽宁辽阳）遗民近47万人迁移至北平府地；洪武五年、七年，明政府下令从塞外各州迁民约8万到北平附近屯田（葛剑雄等，1993）；洪武、永乐年间都曾迁地狭民稠的山西、山东等地的大批居民、江南富户等移居北京，并将山东、山西、湖北等地流民、各地罪囚迁入北京周边荒芜地区落户垦殖。明成祖迁都北京，又把南京军籍人口17卫1所军士10万、家属30万以上调入北京及周边地区（包括天津），还从山西、关外各行都司迁军籍人口和家属约36万到北京及河北北部如保定等地（葛剑雄等，1997）。明代中期，又有大批商人、工匠、官员家属及平民自发迁入北平。

1644年，清军入关，倾八旗兵力进占北京，入关八旗兵丁计172,000丁，约58万人（加上家属及平民约90万），其中居于北京者达40万众（侯仁之等，2000）。这是北京又一次大的人口变动。

20世纪前期，清朝政府被推翻以后，每年都有大批外地移民涌入。据1936年的调查数据，北京总人口1,533,083人，其中本籍占42.5%，其余均为移民，主要来自河北、山东、山西等省区（周庆生，2000）。解放后，外地人更是大量迁入北京，造成北京人口大幅度增长，居民成分也更加复杂。1950年以来，北京市的人口流动从未停止过。人口迁移使北京人口的籍贯构成发生了显著的变化，也使得北京话有了新发展。

值得一提的是，北京地区的人口流动不只是从辽代才开始的，只不过辽金至明清时期的移民活动是有组织的、大规模的。辽以前的人口迁移情况前文已简单介绍，此不赘述。

（二）北京人的界定

北京人在历史上是一个多地域的人相融合形成的系统，这是与北京地区特殊的地理环境密切相关的。随着北京历史的变迁，北京居民成分也不断变化，要了解北京的居民成分，首先应该区分北京人和外地人，老北京人和新北京人[①]。“北京人”应该是指在北京出生和长大的人，这里的北京不包括北京市辖的各县，仅限于老城区和近郊区；“外地人”是指在外地出生和长大、而目前居住在北京的人。“北京人”又可以再分为“老北京人”和“新北京人”。“老北京人”是指不仅本人在北京出生、长大，而且父母双方也都是北京人；“新北京人”指的是父母双方或一方不是北京人，但本人是在北京出生和长大的人。

（三）20世纪80年代及现阶段北京的居民人口情况

改革开放以来，北京的人口构成再度发生重大变化。大量大学生毕业后留京工作、外地人进京打工、外来旅游公干人员激增等等，都使得土生土长的北京人在北京常住人口和流动人口中只占少数。再加上北京旧城的改造，聚居在胡同四合院里的北京人搬进了与外地人合住的居民小区，北京人旧有的生活格局被打破，逐渐与外地人融合。在语言使用上，广东话、上海话等南方强势方言北上，其影响越来越大，从事学前教育和初等教育的外地教师也越来越多，外地普通话将更多地影响北京话。

据《中国人口年鉴·北京市人口》(1986)，民国以来北京市每年迁入人口几乎都多于迁出人口，外来人口一直是促进北京市人口增长的重要因素，有时甚至是主要因素。据民国二十五年(1936)的调查数据，全市外省籍人口占57.5%，主要来自河北、山东、山西、辽宁、河南等省区，其中以河北省籍为最，占40.2%。解放后，外来人口继续大量涌入。从

---

① 关于北京人的界定，我们仍采用胡明扬先生(1987)的说法。

1950年到1982年，北京市年均净迁入3.5万人。这种状况至今仍未结束，甚至有愈演愈烈之势。1997年北京市流动人口总量达229万人，平均在京滞留时间达22.79个月（王广州等，2000）。而2001和2002年北京的机械迁移人口均达12万人（马小红，2003）。据抽样调查，全市城镇居民中，外省市移民约占40%，按母系计算的移民后裔约占25%，这样，移民及其后裔已占全市城镇居民总人口的65%（周庆生，2000）。而在北京的这些移民中，来自河北省的移民所占比例最高，为39.7%；排在第二至第五位的省市分别为：山东8.5%，辽宁6.4%，上海4.8%和天津3.6%（同上）。如此大规模长时间的流动人口对北京话的影响作用自然不可低估。

第一章 概 说

语言是一种有序异质的符号系统，以变异网络的形式存在。语言变异形式复杂，类别繁多，“只有密切联系使用它的社会，才能对它的各种变异形式和历时的变化进行有效的分析和研究”（陈松岑，1999）。我们对轻声、儿化、清入字三种语言现象的分析同样也是首先基于当代语言变异理论的相关研究和成果。本章我们主要对研究方法和理论依据进行简单的阐述。

1.1 北京话的特点及研究概况

1.1.1 北京话的特点

由于北京数百年来特殊的社会、文化背景，北京话在长期的历史发展过程中，自然而然地成了现代汉民族共同语的标准音。虽然北京话和普通话的关系比其他任何方言都更密切，二者之间不能划分出清晰的界限，但北京话不等于普通话。普通话是以北京音系为标准音的规范化的汉民族共同语，而北京话不过是一种仅限于北京地区人们使用的方言。北京话除了具有普通话的特点外，还有许多独具的特点。我们在参照其他学者相关研究的基础上，结合本研究所使用的《当代北京口语语料（录音文本）》，总结出北京话在语音、词汇和语法方面的一些特点。

1.1.1.1 **语音特点**

1. 北京话中的塞音和塞擦音声母存在送气与不送气之分，但不存在清浊对立；辅音韵尾比较少，只有[n]、[ŋ]两个；调类数目比较少，入声消失，清入字分化无规律。这些都是与普通话相一致的地方。

2. 北京话中有很多特殊音节，多是土词土语，普通话基础音系中没有收录。

如[pia^{55}]：～在墙上贴在墙上｜[p^hia^{214}]：嗓子～了演唱时嗓子不好听了｜[ts^hei^{51}]：他把碗～了他把碗打碎了；也有些词语标准音中虽然收入了，但却没有采用北京的土音，如[t^hei^{55}]：～坏了，忒[t^huei^{55}]的变读，意为"太、很"｜[$lən^{35}$]：下雨～湿了，淋[lin^{35}]的变读｜[sei^{55}]：用纸把窟窿～上，塞[sai^{55}]的变读｜[$ʐua^{35}$]：～了咱们的锐气，挼[$ʐuo^{51}$]的变读，意为"使变软"。另外，北京话中有些声韵组合虽然也见于普通话，但普通话基础音系中却没有这种声调，如[tei^{55}]：～了一个小偷儿，逮[tai^{214}]的变读｜[$naŋ^{55}$]：这肉发～这肉不坚实｜[la^{35}]：哈～子｜[la^{35}]：～了一个口子①。

3. 合口呼零声母的唇齿化。

部分北京人在读合口呼零声母音节的介音[u]时，上齿和下唇轻轻接触，摩擦成分不如唇齿浊擦音[v]重，通常读作唇齿无擦通音[ʋ]，我们把这种现象称之为合口呼零声母的唇齿化，也可称之为V化现象。除[ʋ]外，[u]介音还存在[u]、[ω]、[ω̄]等多种变体。北京话里能拼零声母的合口呼韵母共有9个：[u]、[uo]、[ua]、[uai]、[uei]、[uan]、[uən]、[uɑŋ]、[uəŋ]，除了[u]、[uo]二韵一律不V化外，其他七韵都有V化的现象。这种唇齿化现象主要集中在青年女性中，中老年人和男性则通常倾向于不V化。

① 这部分的例子引自徐世荣《语文浅论集稿》，安徽教育出版社，1984年。

4. [tɕ] 组声母的前化。

一部分北京人特别是年轻女性在发舌面前音 [tɕ]、[tɕʰ]、[ɕ] 时舌位前移，发成了舌叶音 [tʃ]、[tʃʰ]、[ʃ] 或者舌尖前音 [ts]、[tsʰ]、[s]。其中，由于舌叶音的发音部位前后不一，又可细分为标准的舌叶音 [tʃ]、[tʃʰ]、[ʃ] 和介于舌面前音和舌叶音之间略带卷舌色彩的 [$tʃ_2$]、[$tʃʰ_2$]、[$ʃ_2$] 两组。前化现象虽然是北京话的一个突出特点，但并不是所有的 [tɕ] 组声母的字都念成了前化音，而只是其中的一部分。就这些前化字的音韵条件来看，[ɕ] 声母字前化的最多，[tɕ] 声母字次之，[tɕʰ] 声母字最少；齐齿呼韵母容易前化，撮口呼韵母不易前化。[tɕ] 组声母的前化现象主要集中在年轻女性中，但随着年龄的增长，这种前化现象出现了不同程度的退化。

5. 弱化现象。

北京土音中轻音节比较多，发音轻短，呈现出特殊的弱化现象。这些弱化不仅使得声调轻且短，成为轻声，而且还影响到音节的声韵。轻音节的弱化在声韵方面的表现主要有韵母主元音的央化、声母发音方法发音部位的变化、减音、增音以及替换等音变现象，具体情况见第二章。普通话的语音系统虽然承认了轻声的存在，但却没有吸收北京话弱化音节在声韵上的音变，只规定了少数虚词采用十分弱化的音节。

6. 卷舌现象。

儿化是北京话的一个突出特点，“儿”尾和前一音节共处于一个音节中，并使前一音节带上了卷舌色彩，以此表示轻微、细小、喜爱或委婉的感情色彩。北京土音中儿化音节较多，不仅一般的名词可以儿化，就是一些舌尖后声母的字也由于发音过快或是咬字不清而被吞掉，变成了卷舌的儿化韵，如：多少钱→多儿 [$tuor^{35}$] 钱｜告诉你→告儿 [$kaɔr^{51}$] 你。另外，在发儿化韵时，由于舌尖卷动过速，韵尾常会出现舌尖闪音 [ɾ]，如：金箍儿 [$kuɾ^{55}$] 棒｜土豆儿 [$touɾ^{51}$]。

7. 清入字的异读现象。

在北京话中，入声字和中古的阴声韵字完全合并，失去了赖以区别的塞音韵尾。全浊入和次浊入依据不同的音韵条件分别归入平、去二声，但清入字却是无规律地派入四声。不仅如此，清入字还存在声调异读和文白异读问题，如“质”：[tʂʅ^{55}]体～｜[tʂʅ^{214}]～量｜[tʂʅ^{51}]素～；“法”：[fɑ^{55}]没～｜[fɑ^{35}]～子｜[fɑ^{214}]方～、～律｜[fɑ^{51}]～国；“薄”：[pɑo^{35}]｜[po^{35}]；“学”：[ɕiɑu^{35}]｜[ɕyɛ^{35}]。其中，韵母的文白异读主要出现在宕江曾梗通及深臻摄中，具体详见第四章。

8. 元音鼻化现象突出。

老北京人鼻化音特别重，尤其是一些没文化的老年妇女，如：“老嫂子，您起来啦”(lã sãu tsã，nin tɕʰi lãi lã!)。① 在儿化韵中，后鼻音韵尾的韵母儿化后，一般是鼻尾消失，主元音鼻化并承担卷舌动作，但少数老北京人主元音只是卷舌而并不鼻化，如“小板凳儿[tə̃r^{51}]→[tər^{51}]”。不过这种情况出现频次较少，可能是一种个人变异。

9. 吞音现象。

北京人在口语中常会由于咬字不清、发音不到位或语速过快等原因而常常“咬”掉尾字或尾字韵母中的某个音素，轻读尾字。我们把这种现象称之为吞音现象。这些被吞掉的音多是舌尖后声母的翘舌音。例如：派出所[pʰai^{51} ə^{0} suo^{214}]｜反正[fan^{214} zʅ^{0}]～[fɐr^{214}]｜大栅栏儿[ta^{51} ʂʅ^{0} lar^{51}]。再如，老北京人常把“说一声”说成是“言语一声儿[yɛn^{35} y^{0} i^{51} ʂə̃r^{55}]”或者“言一声儿[yɛn^{35} i^{0} ʂə̃r^{55}]”。这句话最早是“言语一声儿[iən^{35} y^{0} i^{51} ʂə̃r^{55}]”，后来在语流中，由于语音的逆同化作用，“言”读成了[yɛn^{35}]，“语”被“咬”掉了，于是就说成了“言[yɛn^{35}]一声”。

10. 介音丢失。

北京话中撮口呼的[y]介音比较稳定，一般与普通话一致。极少数

① 徐世荣《语文浅论集稿》，安徽教育出版社，1984 年。

齐齿呼[i]介音有弱化或脱落的现象，如：别[pɛ^{35}]特～｜边儿[pɛr^{55}]｜点儿[tɛr^{214}]。这里我们所谓“介音的丢失”，主要指部分中古泥来母合口字今北京话[u]介音丢失。与普通话对比来看，北京话泥来母合口呼字今读开口呼的主要见于山摄和通摄，如：暖山合一[nan]｜乱山合一[lan]｜卵山合一[lan]｜弄通合一[nəŋ]｜脓通合一[nəŋ]。至于蟹合一“内雷”、止合三“累泪”等，北京话的读音也没有合口介音，这点与普通话一致。除泥来母外，北京话中丢失[u]介音的声母还有精组声母，如：孙臻合一[sən]。

11. 舌尖音声母[ts]、[tsʰ]、[s]有时会发成齿间音[tθ]、[tθʰ]、[θ]。

12. 方音的遗留。

有些字受方音影响而保留了一些特殊的读音，但只限于某些特定词内，并不一律读错，如：琢[tsuo^{35}]磨｜结束[su^{51}]｜只[tsɿ^{214}]要｜一堆[tsuei^{55}]。我们仔细观察一下就会发现，这些大多是历史遗留下来的语言现象，这些读音在北方方言中也广泛存在。

1.1.1.2 词汇特点

1. 北京话中双音节词占优势；儿化词和轻声词比较多，具体见第二章和第三章的论述；语气词较少且用法比较概括，如在我们的语料中仅出现了“啦”“呀”“啊”（读音上的）三个语气词；老北京人中俗语土语较多，如“晚半晌儿”“夏景天儿”“一块堆儿”“～伍的”等。而在青年人中流行语也较有特点，一般不见于其他方言，如“侃”“飒”“磁”等等。

2. 语源多样，语词丰富。

北京作为一个五方杂处的地区，人口的交汇必然带来语言上的融合渗透。北京话在不断地吸收外国语词、少数民族语词和各地汉语方言语词。如“猫儿腻”就是波斯语的音译，原意为“含义、内容”，现在北京话中指“隐秘、鬼鬼祟祟的事”；再比如，北京话管阀门叫“汽门儿”，或叫“挖拉儿”，“挖拉儿”就是源于英语 valve。北京满族、回族人较多，他们的语言也渗入了北京话，北京有一种糕点叫“萨其马”，是满语音译，原意是“用狗奶蘸成的糕点”(后来改用牛奶或奶油)。北京话的“拿手”，可以指“顺手，有把握”，也可以指“棘手，难办”，又可指“参加贺礼或吊礼”或“行握手托肘礼”，这后者便是回民用语。

北京话也大量吸收了各地汉语方言的语词，比如焖饭时紧贴着锅的一层焦饭叫“锅巴”，这个词就源于皖方言。此外，北京话中还有很多源于旧时江湖上各色人等用的特殊语，有句俗话叫“愣给一锭金，不给一句春”，这“春”就是江湖隐语，指“隐私，秘密”；也指“把秘密告诉别人”。

北京话语词中还有一些由行业语演变来的语词，最明显的例子是“包袱”，指“说唱段子里的笑料”。

北京话中又有些语词源于日常生活的某一具体事物。某人坏主意多，便说他“坏水多”。“坏水”原指腐蚀性极强的盐酸、硝酸等强酸，转而引申为“坏主意”。①

3. 口语灵活，衬字较多。

北京话的衬字非常多，如表示“不要”，北京话常在“不、别”的后面加上一个衬字“价”，说成“不价[tɕiɛ^{0}]”“别价[tɕiɛ^{0}]”。再如，北京话还往往在一些形容词的后面加上一个衬字[xu^{0}]来凑足音节，该字有时也弱读为[xuo^{0}]，因其读音不定，汉字也有“乎”“火”“活”等不同写法，如“忙活”“邪乎”“记乎”等。在我们的语料中出现的类似词语还有：“大概”说成“大概齐”，“成天”说成“成天价[tɕiɛ^{0}]”等等。

4. 形式多样，意义丰富。

北京话中同一个意思往往有多种表示方法，如表示“走了”的词语就有十多个：颠儿了、颠了、颠鸭子了、挠鸭子了、挠了、口[ʐou^{55}]了、撒鸭子了、日崩了、日了、扔崩了、拿鸭子了、撩了。再以“死”为例，北京话中可以说“乌程了”，这是回民用语；可以说“老了”，这是一种委婉语；可以说“蹬腿儿”“踹腿儿”，这是以死时的样子来说的；可以说“听蛐蛐儿叫唤去了”，这是以死后的归宿来说的；还有的是用于讥讽和轻蔑义，

---

① 这些例子引自杨进铨《北京话语词的主要特点》，《怀化师专学报》第1期，1995年。

如“嗝儿屁”。

不仅如此，北京话中同一个词语往往具有多种意思，且只适用于北京地区，富有浓郁的地方特色。以“玩儿完”为例：可以表示死，如“这次他得玩儿完了”；又可表示“（东西）弄坏了，毁了”，如“这破匣子可有年头了，不动它还凑合听，动就玩儿完了”；也可表示“事情弄糟了”，如刘宝瑞的单口相声里有“哎，这回呀，雨水没进去，斧子进去啦。正砸在锅底上，这么大的窟窿，小和尚一想，得，玩儿完”；还可表示“事情没希望了”，如“这回考砸了，玩儿完了”。[①]

5. 以具体表抽象，生动形象。

如表示两家毫无关系，北京话可以说“八杆子够不着”，也可以说“八杆子打不着”，还可以说“八杆子胡噜不着”等等。

1.1.1.3 语法特点

北京话的语法特点和普通话基本一致，如:（1）构词方面，修饰性的词素一般在前，如“公鸡”“母鸡”；（2）运用语音的内部屈折变化表现语法意义的现象比较少；（3）结构助词“的、地、得”和动态助词“着、了、过”的运用较多；（4）量词的使用比较概括；（5）表被动的介词比较多；（6）重叠式的运用范围较为广泛。（《中国大百科全书·语言文字》第114页）

除此之外，北京话还有一些自己的特点，尤其是在日常口语中。

1. 指示代词“这”“那”用法特殊。

“这”使用频率较高，指代范围较广；“那”使用频率较低。另据劲松（1992）调查，“那”在北京口语中有两个特殊用法：人们第一次提到某个不在现场的事物时，常用“那＋名词”来指称，如“小王，那书带来了吗”；另外，指称不在现场的事物时，人们也经常使用“名词／人称代词＋那＋名词”的形式，如“办公室那董老师说的”。

① 例子出处同前。

2. 省略句使用频繁。

一些虚词如介词“在、到”，结构助词“的”，数词“一”，量词“个”等常常省略。如“我后来才调（到）这儿来的”“那晚儿家里真穷啊，邻居大妈给（一）件穿旧的衣裳，都觉得稀罕”“我一（个）表妹在山西”。另据劲松（1992），动词“是、有”在北京人的口语中也可以省略，如“这（是）谁买的瓜”“那儿（有）一（个）小桌子”。

3.“易位句”较多。

在日常口语中，传达已知内容的词语常常用作句子的后置成分，即多使用“易位句”（陆俭明，1980）。如“吃混合面儿做长工，苦着呢我那晚儿”“工头、监工多着呢那工厂里，只要一瞅你不顺眼，……就提心吊胆的”。

综上所述，我们可以得到北京话的一个大概轮廓。近几十年来，由于北京人口流动频繁，外来方言影响加深，再加上人民群众的文化水平日益提高，普通话日益普及，老北京话的土腔土调正在逐渐磨损之中。同是北京人，保留土音的多少已不完全相同了。老年人和文化水平较低的北京人土音相对要多，而年轻人口中的北京话正在逐步向普通话靠拢，北京话和普通话开始出现趋同现象。但是，在很长一段时期内，二者仍不会合二为一。就北京话和普通话的关系问题，用“普通话在北京话之中，又在北京话之上”来形容真是再恰当不过了。

1.1.2 前人的研究

北京话在现代社会生活中占有重要地位，因此，对北京话的研究不仅是一般方言的研究，更是现代汉语研究的一个重要方面。而对北京话发展史的研究，则是汉语发展史的重要组成部分，意义尤为重大。北京话的研究历史悠久，早在20世纪二三十年代，北京话中的一些语言现象就已引起了赵元任、黎锦熙、白涤洲等前辈学者的注意。自此以后，北京话的相关研究成果层出不穷。1955年，现代汉语规范问题学术会议正式将北京语音定为现代汉民族共同语——普通话的标准语音，这大大推动了对北京话的研究，徐世荣、俞敏、史存直、张洵如等学者更将北京话研究引向深入。而改革开放以来，我国学者在传统语言研究模式的基础上，又借鉴了国外的许多研究方法，北京话的研究呈现出百花齐放的繁荣局面。纵观整个20世纪，北京话的研究范围涉及语音、词汇、语法、语用、修辞、音韵、方言、社会语言学、历史语言学等各个领域，方法各异，成果丰富。其中，轻声、儿化、清入字成为20世纪北京话研究的焦点，成绩斐然。在此，我们仅就这些成果对轻声、儿化以及清入字的研究情况作一个大致的概括。

1.1.2.1 轻声的研究概况

轻声是在汉语语流中出现频率较高的一种特殊的音变现象。自1922年赵元任首次提出“轻声”的概念后，这一问题一直受到语言学家们的普遍关注。轻声的性质、特征、发生机制、历史源流、规范与教学等都是目前轻声研究的热点问题。就我们目前所掌握的资料来看，轻声的相关研究可以分为以下几个方面[①]：

1. 轻声声学性质的研究。主要是借助实验语音学的仪器及计算机软件，研究轻声的音高、音强、音长、音色等特征。这种研究始于20世纪50年代，但取得瞩目的成就还是在20世纪八九十年代，影响比较大的研究成果有：林茂灿、颜景助《北京话轻声的声学性质》（1980），林茂灿、颜景助、孙国华《北京话两字组正常重音的初步实验》（1984），林焘《探讨北京话轻音性质的初步实验》（1983），曹剑芬《普通话轻声音节特性分析》（1986），杨顺安《普通话轻声音节的规则合成》（1991），王蕴佳《轻声音高琐议》（1996）等。这些研究虽然都是利用实验仪器对轻声的声学性质进行听辨、实验或合成分析，但所采取的取样方法和实验方法都各不相同，得出的结论有的大致相同，有的却相差甚远。

① 北京话和普通话很难截然分开，我们这里谈北京话轻声的研究概况，免不了也要涉及普通话轻声的研究。

2. 轻声属性及其定位。这方面的研究主要探讨普通话或北京话中轻声的性质、特点及功能，或与其他方言中的轻声进行比较，探求其异同。如张洵如《北京话里轻声的功用》(1956)，瀬戸口律子《普通话轻声と北京语轻声》(1978)，高玉振《北京话的轻声问题》(1980)，陈刚《北京话里轻声音节的异变》(1986)，巴维尔《北京话正常话语里的轻声》(1987)，文江《请立轻声为第五声调》(1993)，赵元任《汉字的字调跟语调》(2002)[①]。

3. 轻声探因探源，利用传统音韵学的考据法对历史文献中的异文群进行分析考证，以追溯轻声的产生演变过程。如陈国《汉语轻音的历史探讨》(1960)，李荣《旧小说里的轻音字例释》(1987)，李思敬《现代北京话的轻音和儿化音溯源：传统音韵学和现代汉语语音研究结合举隅》(2000)等。

4. 从词汇方面对轻声词进行全面考察，探寻轻声词的分布规律及其与语法、语义之间的关系。如承融《念轻声的规律》(1959)，史定国《普通话中必读的轻声词》(1992)，张晓勤《普通话轻声词的规律探析》(2003)，何敬波《普通话轻声分布研究》(2004)。

5. 从语法、语义角度研究轻声的语用功能。如林焘《现代汉语轻音与句法结构的关系》(1962)，孟琮《一些与语法有关的北京话轻重音现象》(1982)。

6. 从汉语规范及汉语教学的角度出发，提出轻声现象的规范原则和教学策略。如米青《普通话轻声教学刍议》(1986)，宋欣桥《普通话轻声词规范问题的语音依据》(1990)，张舸《略谈现代汉语轻声词的规范》(1998)，晓东《亟需解决的一个问题——普通话轻声词整理原则琐议》(1998)。

7. 轻声问题的综合性研究。如蒋宗霞《二十世纪汉语轻声研究述评》

---

① 此处标注的时间为包含有该论文的《赵元任语言学论文集》的出版时间(商务印书馆出版)，而非赵元任写作本论文的时间。

（2000），刘俐李《20世纪汉语轻声研究综述》（2002），等等。

1.1.2.2 **儿化的研究概况**

儿化和轻声一样，作为北京话中的一个特殊语言现象，儿化的研究成果也是层出不穷。彭宗平（2004）将儿化现象理论和实践方面的研究分为八个方面：

1. 历史语言学角度的研究，或从历史文献或其他民族语言中寻找证据，探讨儿化的来源。如李思敬《汉语“儿”[ɚ]音史研究》（1986），侯兰笙《〈帝京景物略〉里的儿化韵》（1988），季永海《汉语儿化音的发生与发展》（1999），赵杰《北京话的满语底层和“轻音”“儿化”探源》（1996）。

2. 语音学角度的研究，主要包括声学语音学和音系学两个方面。如王理嘉、贺宁基《北京话儿化韵的听辨实验和声学分析》（1985），林焘《北京话儿化韵个人读音差异问题》（1982），杨顺安《普通话儿化音节规则合成的初步研究》（1991）。

3. 方言学角度的研究，结合方言资料，或对儿化现象进行总体上的探索，或进行方言间的比较研究。如钱曾怡《论儿化》（1995），俞敏《驻防旗人和方言的儿化韵》（1987），郑有仪《北京话和成都话、重庆话的儿化比较》（1987）。

4. 从现代汉语词汇、语法及修辞的角度，认为儿化是普通话里一种丰富词汇、变换语法作用、赋予词语以特殊色彩的形态单位。关于这方面研究的文章也很多，如宋玉柱《关于“儿”的语法性质》（1991），余志鸿《儿化和语言结构的变化》（1991），马国荣、江介民《从〈骆驼祥子〉看北京话儿化词的结构类型》（1992）。

5.“推普”及语言规范化角度的研究。如林宝卿《普通话的儿化》（1992），鲁允中《普通话的轻声和儿化》（1995），王理嘉《儿化规范综论》（2005）。

6. 汉语教学角度的研究。如钱学烈《谈谈〈汉语词汇等级大纲〉（试行）中的轻声词和儿化词》（1991），徐越《对外汉语教学中的儿化问题》（2005）。

7. 社会语言学角度的研究。如孙德金《北京话部分儿化韵读音调查》（1992），林焘、沈炯《北京话儿化韵的语音分歧》（1995）。

8. 辞书编纂角度的研究。如张洵如《北平音系小辙编》（1956）以及贾采珠的《北京话儿化词典》（1990）。

1.1.2.3 **清入字的研究概况**

北京话入声字尤其是清入字的研究一直是一个热点，主要集中在以下两个方面：

1. 清入字的归调。今北京话中，古入声字按照中古声母的清浊一分为三，全浊入归阳平，次浊入归去声，清入归阴平、阳平、上声、去声。其中，次浊入规律性最强，例外很少；其次是全浊入，例外也不太多；清入归入四声，规律性最差。很多人对此进行研究，力图找出其中的规律。最早是白涤洲的《北音入声演变考》（1931），随后，黎新第（1986）、周长楫（1988）、刘淑学（2000）、高晓虹（2000）、黄晓东（2001）等都对不同韵书、词典中的清入字的调类进行了统计。

2. 清入字的文白异读研究。这方面的研究主要有：薛凤生的《北京音系解析》（1986）以及《方言重叠与普通话文白异读之形成》（1992），靳光瑾《北京话的文白竞争和普通话的正音原则》（1991），平山久雄《北京文言音基础方言里入声的情况》（1995）以及《中古汉语的清入声在北京话里的对应规律》（1990）等等。

前人和时贤对轻声、儿化、清入字这三种重要语言现象的研究取得了重要成就，为我们进一步分析探讨奠定了坚实的基础，不过我们也应看到以往的研究仍存在不少缺陷。比如，只注意从语言结构系统内部对这些现象进行解释说明，没有注意说话人的社会特征对语言可能产生的影响。不同言语社团成员在使用轻声、儿化、清入字时存在分歧和变异，这固然有语言内部的原因，但更主要的是由语言外部因素造成的。那么，在年龄、性别、民族、职业、文化程度等诸多变量中，哪些变量影响了这些语言现象的变异？具体变异情况怎样？其发展趋向又如何？这些都是我们迫切想了解的。但在目前的研究中，我们无法找到与此相关的系统的结论。因此，我们有必要对这一老生常谈的课题进行进一步的研究。

1.2 本书的研究

1.2.1 研究目的及意义

语言中存在大量的变异现象，它们具有十分重要的研究价值。“研究语言变异的主要目的，是为了更好地了解语言变异的趋势，与这些变异相关的，有哪些内部和外部的因素，从而为我们人工干预语言的发展提供参考”（陈松岑，1999）。

北京作为中国的首都，是全国城市化、现代化程度最高的城市之一。20 世纪 80 年代初期，改革开放后的北京市发生了翻天覆地的变化，大量来自全国各地的流动人口成为北京市的新成员，与此同时，社会飞速发展，人们的生活日新月异。在各种社会因素的复杂作用下，在与各种语言、方言的接触过程中，北京话也产生了复杂多样的变异现象。轻声、儿化、清入字作为北京话中三种特殊的语言现象，其变异尤为突出。

很多人感觉到轻声词在逐渐减少，很多轻声词已经不读轻声了；而有的学者却认为“轻声词的失调过程目前仍在继续”（王志洁，1999），“轻声词可能至今仍在产生”（巴维尔，1987）；更有的学者通过对《现代汉语词典》新旧版本的比较发现，1998 年版的轻声词数量比 1992 年版略有增长（劲松，2002）。儿化和轻声一样也处于一种变异之中：有的学者发现，儿化词在不断衰颓（彭宗平，2004）；有些学者的调查表明，人们赋予不卷舌发音以很高的评价（Xu & Gao，2001）[①]；也有的学者通过实地调查

① 转引自徐大明（2004）。北京话和普通话是很难截然分开的，我们这里谈北京话轻声的研究概况，免不了也要涉及普通话轻声的研究。

发现儿化韵非但没有合并，一些已经合并的儿化韵反而有逐步分离的趋势（孙德金，1992）。而至于清入字，它不仅在历史文献中的反映异常复杂，在共时状态下的表现也歧异纷繁。清入字的归调比例和异读情况，各家说法也莫衷一是。

如果能够弄清楚轻声、儿化和清入字在20世纪80年代不同言语社团中的变异以及相互之间的关系，也就弄清楚了这三种语言现象在几十年时间里演变的一些机理，这将有助于北京话语音发展史、现代汉语教学以及语文规划的研究。因此，我们有必要对这三种语言现象在20世纪80年代的使用情况进行细致的研究分析。

我们的研究是在《当代北京口语语料（录音文本）》的基础上进行的。我们希望在详细描写北京话的轻声、儿化、清入字的同时，进一步对其进行统计分析：通过分析各社会因素和语言变异的相关程度，找出引起变化的社会动因；通过各变异形式在不同社群中的出现频率和分布差异，推断其历时的至少是近几十年里的演变过程。这同时也将会大大丰富现有的音变理论。变异理论是最近几十年里取得的新成果，如何利用这种理论来解释汉语的语言现象，甚或现在已有的理论能否解释这些语言现象，是否可以通过对语言现象的深入研究发现更好的解释方法？这些也是本研究想要尝试解决的问题。

1.2.2 研究方法

语言总是处于不断的变化之中的，“在语言中从来都没有真正静止的片刻，就好像人类思想之火永远不停一样。根据自然规律，它永远处于不断发展之中。”[①] 而正如陈第所说：“一郡之内，声有不同，系乎地者也；百年之中，语有递转，系乎时者也。”[②] 传统语言学认为，语言的变化是在空间和时间两个维度上进行的。前者是指语言因地理分布不同而产生的差

① 引自［英］简·爱切生著，徐家祯译《语言的变化：进步还是退化》，语文出版社，1997年。

② 见陈第《读诗拙言》。

异，“五方之民，言语不通，嗜欲不同”[①]，是一种横向的变化。而后者是指语言从早期形式向后期形式的历史演变，是一种纵向的变化，如傅山在《霜红龛全集·咳唾珠玉补遗》中所说：“太原人语多不正，最鄙陋人，吾少时听人语不过百人中一二人耳，今尽尔矣。如酒为九，九为酒，见为箭，箭为见之类，不可胜于辨。”

对语言历时演变的关注是历史语言学的研究重点，“学者们关心的只是如何重逢尽可能早期的语言，并且在打开历史长卷时描写语音是如何变化的”。[②] 现代语言学家最先看到的则是地理上的差异，是传统方言学的研究重点，也直接引发了地理语言学的出现。而20世纪60年代兴起的社会语言学将语言变化的时空二维性进一步拓展为“时间、空间和社群”的三维世界，为语言变化研究提供了新的理论框架和研究方法。

社会语言学提出了“语言变异”的概念，并将其和“语言演变”进行严格区分。他们认为，“语言演变”和“语言变异”都是语言结构的变化。前者着眼于语言的历时变化；后者着眼于语言在某一特定时期呈现的共时变化，这一共时差异不仅可以表现为地域上的差异[③]，还表现为社群间的差异。比如，男女两性使用的语言有差异；老年人和青年人使用的语言有差异；不同职业的人使用的语言也存在差异；同时也可以表现为功能语体上的差异，比如正式语体和随便语体就有明显的差异。此外，社会语言学不同于传统语言学的一点还在于：传统语言学认为，语言变化本身无法被察觉到，人们能觉察的只是语言变化的结果，是那些已经完成了的变化

① 见《礼记·王制》。

② 引自［英］简·爱切生著，徐家祯译《语言的变化：进步还是退化》，语文出版社，1997年。

③ 德国语言学家舒哈特（Hugo Schuchardt）根据他在1866—1868年研究罗马方言的结果，提出了“地理变异论”，认为方言之间并没有一个明显的界线，所谓的方言分区并不精确。同时，他还提出语言成分的混合是常态，没有融合过的语言是不存在的，变异是语言的本质特性。拉波夫最初提出的“语言变异论”主要着眼于语言在不同言语社群（speech community）中的差异。后来，社会语言学者也开始用语言变异理论模型来研究不同方言区的人们在语言使用上的社群差异。

对语言结构做出的调整。而社会语言学则认为语言变化过程在一定意义上是可以观察到的，从语言的共时变异可以窥测语言的历时演变。

可以说，探究语言变异模式和语言演变机制是社会语言学尤其是以拉波夫（William Labov）为代表的“变异学派”的主要课题，其研究给历史语言学和地理语言学带来了一股清新的凉风。语言变异理论对历史语言学的贡献在于：运用定量分析的方法，利用对言语变项数量的统计分析来揭示语言历史变化的渐进过程。而地理语言学研究，长期以来都只是集中在语言的空间变异的研究上，而没有考虑社会因素对语言变异的影响。实际上，所有说话人都既有地域背景，又有特定的社会背景，他们的言语同时受到地域和社会因素的影响。因此，说话人的言语，不仅带有他们所来自的特定区域的特点，而且还带有他们所归属的特定社会集团的特征。把地理和社群因素结合起来分析语言的共时变异，将使地理语言学研究在语言学园地里大放异彩。

随着跨学科思维的发展，结合多个学科理论对语言现象进行全面的研究分析，是目前语言研究的发展趋向，在语言变异研究方面也不例外。发端于日本的GLOTTOGRAM（グロットグラム）研究方法就是一种跨学科思维下的创新。这是一种研究调查被试在地理位置和年龄要素双重影响下语言变异特征的图表。这种“location × age”绘制图表的观念，是日本所特有的研究方法，也是日本独立发展出来的“社会方言地理学”[①] 的研究方法。在此基础上，李仲民（2009）改进展现方法，把年龄层的分布和变体的二度空间分布结合为立体的地理分布，他称之为“球形结构”。

但是，我们也应该看到，关于语言变异的研究，尤其是在三维世界中进行立体研究的成果还是很少，在理论、方法、工具等方面的论述，依然很匮乏。有鉴于此，我们认为有必要就语言在“时间—空间—社群”三维世界中的变化问题进行再梳理，有必要对新的语言变异模型和新的研

① 也可以称之为“社会语言地理学”。

究工具进行深入讨论。

本研究主要以变异理论为指导，兼顾共时和历时，运用社会语言学方法全面分析北京话中轻声、儿化、清入字三种语言现象在显像时间和真实时间中的使用情况，并以此为基础，进一步探讨其演变轨迹和规律。具体研究中，以共时变异的描写为主、以历时演变的比较为辅，使纵横两条线索相辅相成，互相印证。

我们首先从共时入手，注重比较轻声、儿化和清入字在不同言语社团中的共时分布差异，通过显像时间上的研究，寻求正在进行中的语言变化，了解其动因，勾勒出该变化从一个社团传递到另一个社团的扩散过程，并对其发展方向做出前瞻性的预测。社会语言学角度的共时比较能全面地反映语言现象动态的变化，通过分布数据和出现频率可以推断出其演变过程和一般发展趋势。虽然如此，我们仍有必要进行历时的比较，找出语言在真实时间上的演变轨迹，通过共时和历时、显像时间和真实时间的结合，就可以全面深入地探索语言现象的发展史了。在某些情况下，甚至可以预测它的发展趋势（陈松岑，1999）。

1.2.3 研究材料

我们的研究是从共时和历时两个方面着手的，共时的材料主要是北京语言学院（今北京语言大学）在 20 世纪 80 年代调查所得的《当代北京口语语料（录音文本）》，历时比较的材料主要来自各位时贤的调查研究：劲松《现代汉语轻声动态研究》（2002）、孙德金《北京话部分儿化韵读音调查》（1992）以及黄晓东《中古清入字在今北京话中的异读现象考察》（2001）。因各历时材料均已发表，我们这里主要介绍一下《当代北京口语语料（录音文本）》的大致情况。

1.2.3.1 语料采集

随着应用技术和相关理论的发展需求，自然口语的研究变得越来越重要了。赵元任早就指出：“在实际的语言研究中，存在语体的差异。在口语中，语音变化多端，和朗读话语相比，自然口语中存在大量的音变现象。”[①] 北京语言学院语言教学研究所（今北京语言大学语言研究所的前身）于1981—1992年进行了一项大规模的系统的语言调查工程——“北京口语调查”，整个工作包括采访录音、剪辑有声语料、转写成文本语料、词语切分及词类拼音标注、字频词频统计等方面，历时11年。他们调查研制的《当代北京口语语料（录音文本）》为我们提供了丰富的口语素材。该研究“对调查对象的选择是科学合理的，通过不同话题所采录的语料和转写的文本忠实地反映了北京80年代城区口语的使用情况”。[②] 这就使得我们对当时的北京话语言使用状况进行全面详细的研究有了可能。

就语料的采集来说，调查者主要采用了现场采访即时录音的方法。为了保证调查结果的信度和效度，他们对此次调查的参与者、话题、环境和形式都作了一些限定。首先，调查者把“北京人”限定为“老北京人”，即本人在北京出生、长大，而且父母双方也都是北京人。在此规定下，调查者按照性别、年龄、文化程度、职业和民族五大社会特征在东城、西城、海淀、牛街、天桥和卢沟桥6个地区进行了随机抽样，同时力求被试各社会特征的分布比例相当。其次，交谈的话题是事先设计好的，共6类28个，均为人们日常生活中所关注的家常事宜或当时的热门话题，如：居住条件、社会治安、学习就业等等。采访前事先对这6类话题进行排列组合，使每一个话题在每一地区都有相同的人数谈及，每个被试至少选取4个话题，6个地区同一职业的被试谈及全部话题。另外，虽然这是一次语言调查，但调查者尽力营造亲切、随便的会话语境，使被试能够畅所欲言。也就是说，语料均来自通俗环境下的会话场景，都是家常闲聊，不涉及敏感话题，基本是自然状态下的日常口语。最后，在会话形式上，基本采用个人即兴叙述的形式，只是在会话中，为保持会话的连贯性或避免被试跑题，调查者适当插入一些引导性的话语，但这一部分在有声语料的后期剪辑中

① 引自北京语言学院语言教学研究所《当代北京口语语料（录音文本）》，1993年。

② 同上。

删除了。因此，此次口语调查的每段录音均为被试个人连续的正常讲述，被试不存在情绪上的激烈波动（比如争吵、生气等），也不包括长时间的沉默、间断。

调查者在严格按照上述基本原则的基础上随机调查了 6 个地区的近 500 名北京人，经过筛选，共获得完全符合要求的 374 名被试的录音。为方便研究，调查者对有声语料进行了适当的整理并转写成文字，在此基础上研制成了 170 万字的《当代北京口语语料（录音文本）》，其中，精加工的语料为 102 人 40 万字。为保证文字语料能客观地反映有声语料的真实面貌，在转写时采用了自然描写的方法，对原始语料不作任何人为干预。该语料库全都是独白，讲话人没有讲稿，均是即兴谈话，无任何正式文体标记，所有语料都是随意的口语。因此，该语料库含有大量的口语现象和丰富的音变现象，为我们研究 20 世纪 80 年代的北京口语音系提供了科学的素材，具有极高的研究价值和应用价值。

1.2.3.2 语料转写

“北京口语调查”对被试的选择是科学的，采录到的语料也是当时人们日常的自然口语，为我们的研究提供了有益的资料。但由于当时条件的限制，语料库只是将录音转写成汉字，无法体现当时北京话的一些语音现象，所以，我们有必要对这些录音语料进行重新整理。分析是语言研究的灵魂，而忠于事实的描写却是基础。因为只有立足语言事实，深入地解释、分析和理论的提炼才会有据可依。本书的描写力求细致，以便更准确地归纳北京话这三种语言现象的特点。

首先，对其中特殊的语音现象，我们用国际音标进行了标注。通过对比普通话语音和北京口语读音，我们就可以发现北京话中的轻声词、儿化词以及清入字的声韵调特征；同时，还有利于其他一些语音现象的研究，如女国音、连读变调以及音素音变等。其次，我们利用话语分析的转写规则对会话中出现的重复、停顿等现象也进行了标注，以方便对话语进行篇章分析。语料转写规则及语料示例详见附录一。

1.2.3.3 被试选择

我们在《当代北京口语语料（录音文本）》374 名被试的基础上，用判断抽样和随机抽样相结合的方法，每个地区各抽取 20 名被试，男女各半，共 120 名。其中，老年人（56 岁及以上）、中年人（36 ～ 55 岁）和青年人（16 ～ 35 岁），高文化水平（文化程度为大专及以上）、中等水平（高中及中专）和低水平（初中及以下）的被试各 40 名。我们的被试从职业上包括工人、教师、医生、司机、售货员、干部、个体户、学生等 15 个行业，而如何给众多的职业分类，是颇不容易的。陈松岑（1999）认为，在中国的汉语社会中，区分体力劳动者和脑力劳动者，往往有重要的意义。曹志耘（1991）又进一步划分为体力劳动者、脑力劳动者和学生三类。我们认为这种做法是较为简便易行的。被试的基本情况如表 1-1。

表 1-1 被试基本情况

	性别		年龄			文化程度			职业			民族			
	男	女	老	中	青	高	中	低	体力	脑力	学生	汉	满	回	蒙
人数	60	60	40	40	40	40	40	40	42	68	10	81	22	15	2

这 120 名被试的具体情况见附录二。

1.3 基本概念

语言变异理论是当代重要的语言学理论之一。所谓语言变异理论其实就是对“正在进行中的变化”（change in progress）的研究。语言学家过去曾认为语言变化是不可能被直接观察到的，只有相隔很长一段时间以后，才有可能通过对比同一种语言的两种不同状态来发现哪些部分产生了变化、哪些部分没有变化。社会语言学家们通过长期的考察研究发现，“语言的历时变化就产生于并体现在语言的共时变异之中”（徐大明等，1997）。

承认语言存在多种变异形式，并注意到它们在语言发展中的重要作用的学者，最早可以追溯到施密特（J.Schmidt）。后来，在历史比较语言学建立以后，各语言学派都对语言变异现象提出了自己的观点，如伦敦语言学派的继承人韩礼德创建了“系统功能语言学”，提出语言有概念、交际和话语三大功能。与此同时，还有一大批学术背景不同的语言学家如费希曼（Joshua A.Fishman）、弗格森（Charles A.Ferguson）、布朗（Roger Brown）、兰伯特（Wallace E.Lambert）等分别从社会学、心理学、人类学、民俗学等角度，研究实际生活中的语言，逐渐形成了对语言本质的共同看法。1968 年，温瑞奇（Uriel Weinreich）、拉波夫（William Labov）等人发表了题为《语言变异理论的经验基础》的文章，专门讨论语言变异的性质和研究方法。此后，拉波夫等人继续从事语言变异的调查和分析，同时也在不断地充实语言变异的理论，逐步形成了一套完整的体系。从语言变异的性质、成因、分类及其在语言系统中的不同作用，到这些共时变异与语言的历时变化的关系等等，都有一些新的观点；而且也从实践中，总结出一套不同于传统语言学的研究变异的方法。

1.3.1 变式、变项和变体

“变异”是语言的实际存在状态。变式，指的是某个语言项目在实际使用着的话语中的形式。例如，平舌韵母 ia、ian 读阴平时，儿化后部分北京人合并为[iɐr]，部分北京人合并为[iɛr]，“家儿”与“间儿”混同起来；轻声词“反正”在北京口语中，存在“[fan^{214} tʂəŋ^{0}]|[fan^{214} ʐəŋ^{0}]|[fan^{214} ʐʅ^{0}]|[fɐr^{214}]”等多种读音形式；再如，北京话中第二人称代词存在“你”和“您”两种不同的表达形式。这些都是北京话中出现的语言变式。而这里的“ia、ian 的阴平儿化韵、轻声词、第二人称代词”则是“变项”，变项，是指存在变异的语言项目。“变式”是指语言变项的一个个的实际存在形式。如果把变式看成是第一个层次的话，变项就属于第二个层次，而变体则属于第三个层次。所谓变体就是指“具有类似社会

分布的一组语言项目”，这个语言项目可以是一个语言系统，也可以是一个音、一个词或者某个语法规则等等。

依照拉波夫的观点，语言变异可以从语言变异形成的原因、在语言系统中出现的范围或层次以及语言变异在语言社会中的作用这三个方面来进行分类和研究，而这三类下面又可以再分出很多小类（陈松岑，1999）。首先，从变异成因看，可以分为来自语言内部的变异和语言外部的变异。语言内部的变异指的是由于语言结构中某个成分的改变而产生的变异；外部的变异主要是由于语言系统之外的因素的影响而产生的变异，有个体之间的变异、个体内部的变异以及“纯粹自由”的变异。其次，从变异的范围或层次看，可以分为系统的变异、分布的变异、实现中的变异和偶然的变异四种形式。系统变异指的是整个语言系统有别于其他系统的变异；分布变异指的是语言系统中各自具有不同分布条件的语言变异；实现中的变异指的是同一个语言变项在不同说话人或同一说话人在不同言语活动中的变异；偶然的变异指的是在语言使用中出现的偶然的、纯粹自由的变异。最后，从在社会生活中的作用看，各种变异具有言语社团的象征、语体的标记以及陈规、偏见等三种作用。总之，语言变异是存在于现实话语中的，受到各种社会因素的影响。社会语言学就是要联系社会来研究现实生活中的各种语言变异，找出各种重要的语言变异与社会因素的相关规律，并从这种研究中，找出那些具有发展趋势的语言变异形式，用来指导我们对语言发展的干预。同时也从语言变异的研究中，寻找历史上语言变化的痕迹。

同样，从不同的角度出发也可以把变体分成不同的类别。西方社会语言学界一般把它分成两大类：一是从说话人本身的社会特征上来分，我们首先可以从第一个层面上分为双语变体和民族语言变体、地域方言变体以及社会方言变体三大类，社会方言变体下面又可以根据说话人的社会特征分为年龄变体（老年人语言变体、青年人语言变体即老派变体和新派变体）、性别变体（男性变体和女性变体）以及阶级阶层的变体等等；

二是从说话人对语言的使用来分，我们根据说话人使用的场合和领域可以分为正式语言变体、随意语言变体、标准语言变体（如普通话）、非标准语言变体（如方言等）、诗歌语言变体、法律语言变体等等，这是语言变体的功能分类。在我们的研究中，我们使用的都是口语的随意的语言变体，因此，功能变体我们可以不予考虑，我们要着重考察的是北京话的各种社会方言变体。

1.3.2 显像时间、真实时间和年龄级差

社会语言学常常通过语言变异来寻求正在进行中的语言变化，进行中的变化往往可以说明语言形式的某种历史演变。而进行中的变化，在它的社会分布中，又常常与说话人的年龄差异有关。这种在共时层面上不同年龄层的人所表现出来的一种时间差，换言之，即是在共时变异中所反映出来的年龄差异，就是社会语言学上所谓的显像时间（apparent time）。“显像时间所反映的是体现在几代人的言语特点上的一个语言变体的一个发展趋势”（徐大明等，1997）。如果一个语言变体的使用频率随着年龄的减小而越来越小，那就预示着该变体将会逐渐地衰减甚至完全消失。这就是通过共时的不同年龄的被试的语言材料所反映出来的语言在显像时间上的变化。为了准确地确定变化的发展过程，社会语言学家也开始进行“真实时间”（real time）的研究，即，“用同样的社会语言学的研究方法来再次调查一个一段时间以前曾经调查过的语言社团”（徐大明等，1997）。在缺乏有关语言的发展史的资料时，就应该把对该语言变异的显像时间的研究和真实时间的研究结合起来。

虽然显像时间的研究可以帮助我们在缺乏历史材料的情况下继续进行研究，但并不是每一种和年龄存在同变趋势的语言变异现象都是正在进行中的变化，“随着年龄的增长，人们进入高一层次的时候，有可能放弃原有集团的特征，接受另一集团的特征。这时，年龄层特征不变，经历各年龄层的人却在改变各自的语言经验”（沈炯，1987）。我们把这种现

象称为“年龄级差”现象。年龄级差指的是某一代人在不同年龄段对某一语言变项使用的变化，“在特定的不同的年龄阶段，一般都会出现的一种现象”（陈松岑，1999）。不同年龄层的人由于社会角色和社会期待的不同会有不同的言语行为，而随着年龄的变化，人们会放弃前一年龄层所特有的一些语言特征而改用其他形式。这种语言变异随着特定年龄出现，又随着特定年龄而消失。比如，北京的青年女性在发舌面音[tɕ]、[tɕʰ]、[ɕ]时，发音部位常常会前移至舌叶或舌尖前的位置，发成[tʃ]组或[ts]组音。但随着年龄的增长，这些女性到了中老年阶段时就会自动放弃这种读音，回归到标准形式。

1.3.3 语言扩散

社会语言学的语言变异理论将语言变化放在“时间—空间—社群”的三维世界中进行研究，观察语言在空间（地理和社群）中的共时变异，并以此窥探其在时间上的演变，而语言变化是渐变性的 (gradience)，无论是在地理上的、社群中的还是时间上的语言变化，均是以“扩散”的方式来完成的。

“扩散”（diffusion）是语言变化的一种传播方式，它可以是语言变化从一个地区传播到另一个地区，可以是语言系统中由少数词语开始的变化逐步扩散到其他词语，还可以是由一个社会群体开始的变异逐步扩散至整个社会人群。

语言变化从这一地区到另一地区的传播指的是语言的地理扩散，是语（方）言在空间上的演变，其特点表现为语（方）言特征在地理上的波状推移。语言变化从中心区域向周边邻近地区的扩散就像是向水池中投了一块石头，水波从石子落水处向四周荡漾开去一样。用来解释语言地理扩散的这一模型被称为“波浪说”（wave model）。语言变化在语言社团中的传播，一如在地理空间上的传播。一种正在进行中的变化总会先在某个言语社团中出现，然后逐渐扩散到其他社团。语言变化的社会扩散可以以年龄、性别为基础，也可以以阶层、教育程度等其他因素为基础。这是语言在社团空间中的扩散，我们可以称之为社会扩散。

语言特征在地理空间和社会空间上的波浪式传播，体现在共时的语言现象中，属于共时语言学的范畴，然而除了地理和社会这个空间因素外，时间也是造成语言变化的重要因素之一。时间所造成的历时演变看似是一个形式替代了另一个形式，但其在语言系统中的实现，则是随着时间的推移而渐次扩散的。

语言变化都是渐变的。语音成分的变化开始时只是某个发音部位或发音方法出现了微小的差异，随着时间的推移，差异逐渐积累，就会变得越来越明显，最终形成古今差异。有的时候某一类语音成分也会由原来的形式突然变成新的形式，中间没有过渡。但是，在语音突变的同时，一定会有其他因素来体现语言的渐变性，比如词汇。对于正在进行的变化来说，音变在词汇中的传播是不同步的，有些词总比其他词语先变，从少数词开始逐渐扩散到整个词汇，直至全部完成音变，这就是词汇扩散理论的主要内容。

词汇扩散指的是音变在词汇中的渐进扩散，事实上音变的扩散路径有很多种。洪惟仁将词汇范畴化（categorized）之后，观察了音变规律在范畴间扩散的情形。他假定“一个大的范畴（比如一个韵类）下面有一些次范畴（比如是几个韵母结构不同的字类），一个音变律开始发生在某个字类 C1，C1 先变，变了一些字之后，C2 也开始变了，变了一些字之后，C3 也开始变了……，一个字类接着一个字类地发生、完成‘渐层扩散’，直到一个韵类所有的字类都变过来了，就完成了这个韵类的音变程序”[①]，这种现象就称之为“结构扩散”。

① 转引自李仲民（2009）。原文见洪惟仁《音变的动机与方向——漳泉竞争与台湾普通腔的形成》，新竹“清华大学”语言研究所博士论文，2003 年。

1.3.4 概率和规则

传统语言学的研究讲究规则，而社会语言学认为没有普遍适用的规则，不同的人在不同的交际目的下、不同的场合中所使用的言语都会或多或少地偏离语言学家所研究设定的普遍原则。由于各种因素的影响，任何一种规则的适用性都只表现为一种概率，这种“概率规则”才更符合语言使用的实际情况。我们的任务不是去建立一套一成不变的死规则，而是要去发现各种语言变异在实际的语言使用中出现的概率。影响这种概率大小的因素可能是语言的内部机制，也可能是语言外部的社会因素。我们还要努力去寻找这些起决定作用的各种因素以及它们与概率规则之间的相关性。

基于上述的“概率论”，我们分别对46万语料中的轻声词、儿化词以及清入字进行了统计。由于被试的会话长度不一，为了不影响分析的信度，我们用被试使用的实际个数和频次分别除以其会话总字数，得到相应的百分比，以此作为我们统计分析的基本数据。但为了称说的方便，我们在行文中仍然使用“个数、频次”的说法。我们先是用描述性统计分析了三种语言现象在词汇及语音方面的总体均值以观察其总体情况，而后用典型相关分析和方差分析法考察了各社会因素对其使用的影响及其在各言语社团中的使用分布，通过比较发现了它们的发展趋势并分析了其社会动因，同时，我们还比较了各言语社团之间在一些具体词语使用上的差异，以探究三种语言现象变异的扩散过程。

第二章　轻　声

轻声是汉语语流中出现的一种特殊的音变现象。自赵元任首次提出“轻声”的概念以后，轻声就成了一个引起较多关注的问题。从产生上来说，轻声是多种因素作用下的产物，首先人们发音时的省力心理和语言经济简便原则使得人们在说话时不可能对每个音节都均衡用力，轻重音交替可以避免发音器官均衡用力，在一定程度上减轻发音器官的紧张和疲劳；另外，轻声是词汇、语法发展所决定的语音变化，现代汉语中多音节、双音节词的大量增加需要轻声来区别同音词；轻声还是音律的需要，语流中轻重音交替出现，有强有弱，会使得语言节奏清晰自然。从性质上来说，轻声不等于轻音，汉语方言中的轻声除了大部分用轻读表达外，还有一些用非轻读表示的例子。轻声应该是一种在自然语流中失去了本调的特殊的语汇变调。从声学特征上来讲，轻声跟音高、音长、音强、音色都有关系。轻声词在音长上的特点表现为轻声音节比非轻声音节略短；轻声词仍然具有曲折变化的音高（即有调形）而不是传统上所认为的一个点，调形曲线取决于前面的音节，它在音高方面的差异主要表现在轻声词前后音节的调域宽窄上，轻声词前一音节的调域比后一音节宽；音强方面的差异主要表现为前一音节的能量比后一音节强；音色方面的差异主要表现为轻声音节的声韵母有弱化倾向，发音含混。从功能上来讲，轻声不仅可以区别词义词性、改变语素组合性质、分析语法结构，同时，它还是一种表达生动活泼的口语色彩的语用手段和增加审美效果的语音修饰手段。

本章拟从三个方面来介绍轻声的使用情况，首先对语料中出现的轻声词、轻声音节的语言特征进行简单的描述，然后分别从共时变异和历时变化两个方面来具体地看一下轻声的使用。

2.1 轻声的语言特征

2.1.1 轻声词的分布

2.1.1.1 轻声在不同音节位置上的分布

一个词语内部音节位置的不同对一个音节是否轻读意义重大。在少数汉语方言中（如烟台方言）存在前字轻声的现象，但在北京话中，位于前字位置的音节在任何情况下都不读轻声，即便是居于首字位置的已经虚化了的介词也仍然保持本调。如“在[$tɛ^{214}$]家”“比[p^hi^{214}]你大”“从[$tʂ^huŋ^{35}$]那时候”等。而位于中间和末字位置上的音节在一定条件和环境下则容易发生轻读现象。中字位置上产生轻化的音节主要是“一”“不”以及“来”“里”“着”“得”等固定形式，如“十来[$lə^0$]个”“得着[$ə^0$]个”“流里[li^0]流气”“老实[$ʂʅ^0$ ～ $ə^0$]巴交”。除此之外，中字位置上的很多实词也存在弱化的现象，虽然其出现个数和出现频次都比较少，但其弱化程度一般都强于后字位置上的轻声音节，如“不知[$zʅ^0$]道”“多少[$ə^0$]钱”“派出[$ə^0$]所”“大栅[$ʂʅ^0$]栏儿”“象来[$lə^0$]营儿”。这可能是由于北京人在日常生活中说话含混、语速过快等原因造成的。后字位置上轻化的情况非常多，在此不再赘述。由此可见，词语内部音节的前后位置对该音节是否读轻声起着决定性的作用。

2.1.1.2 轻声在不同词语结构中的分布

影响轻重音分布的因素主要是词的结构，即构词语素的组织方式（徐世荣,1956）。我们对语料库中出现的双音节轻声词（共 508 个）的构成方式进行了统计分析（由于结构助词、动态助词、语气助词等单音节轻声词不涉及结构问题,“～里～～”“～不～～”等多音节轻声词大都是固定结构，我们均不统计在内），结果发现，轻声在不同词语结构类型中的分布规律大致是：单纯词和附加式、重叠式、联合型合成词的结构类型中后字容易产生轻读，主谓型、动宾型、补充型合成词结构中则很难出现轻声现象，具体见表 2-1。

表 2-1 轻声在不同词语结构中的分布

<table>
<tr><th colspan="3">结构类型</th><th>轻声数量</th><th>所占比例</th></tr>
<tr><td rowspan="3">单纯词</td><td colspan="2">联绵词</td><td>19</td><td>3.74%</td></tr>
<tr><td colspan="2">叠音词</td><td>2</td><td>0.39%</td></tr>
<tr><td colspan="2">音译外来词</td><td>2</td><td>0.39%</td></tr>
<tr><td rowspan="8">合成词</td><td rowspan="2">附加式</td><td>前缀＋词根</td><td>8</td><td>1.57%</td></tr>
<tr><td>词根＋后缀</td><td>235</td><td>46.26%</td></tr>
<tr><td colspan="2">重叠式</td><td>32</td><td>6.30%</td></tr>
<tr><td rowspan="5">复合式</td><td>联合型</td><td>104</td><td>20.47%</td></tr>
<tr><td>偏正型</td><td>64</td><td>12.60%</td></tr>
<tr><td>动宾型</td><td>13</td><td>2.56%</td></tr>
<tr><td>主谓型</td><td>9</td><td>1.77%</td></tr>
<tr><td>补充型</td><td>20</td><td>3.94%</td></tr>
</table>

1. 单纯词

在我们的统计中，单纯词后字读轻声的占总数的 4.52%，在轻声词总体中的比例不是很大。但就单纯词内部而言，读作轻声的单纯词要比非轻声的单纯词多得多，尤其是叠音词。双音节单纯词虽然是由两个音节组成，但却是一个语素，也就是说，它的音节不可拆开使用，中间也不能插入其他成分，两个音节共同构成一个最小的音义结合体。而由两个密不可分的音节结合构成的“单纯词以重轻式为基本式”（殷作炎，1982）。由此可见，单纯词属于易产生轻声音节的结构类型。

2. 合成词

合成词轻声词占总数的95.47%，地位十分重要，是我们此次分析的重点。在各结构类型中，轻声比例最高的是“词根＋后缀”的附加式合成词（46.26%），这是由词语结构的自身特点决定的。虽然“词根＋后缀”的附加式合成词是由两个语素构成的，但两个语素的地位是不平等的。后一语素只具有某种附加作用（如陪衬音节、词性标志等），在语义上处于非焦点的地位，它只能依附于前面的词根语素，与之结合后才能成为一个相对独立的词语。后缀语素的这种依附性和非焦点性使得它很容易变成轻声。语料中出现较多的后缀主要是“子”“头”“边”“面”“乎”“得”“悠”“巴”等。“前缀＋词根”的附加式合成词的两个语素虽然同样是结合紧密，但其附加语素位于前一音节不能轻读，后一语素又是语义焦点，这就使得这类词语很难产生轻声。在我们的语料中，只有8个轻声词属于这种结构类型，占轻声词总数的1.57%，主要是以“老”和“打”为前缀的词语，如“老婆”“老爷”“打扮”“打听”等。总体而言，附加式合成词是最容易产生轻声的结构，该结构的轻声词占总数的47.83%。

重叠式合成词在语料中出现的数量不太多，其中读作轻声的有32个，占总数的6.30%，比例居中。重叠式合成词虽然也是由两个自由语素构成的，但与其他合成词不同的是，它是同一语素的重叠，重叠后的合成词和单独一个语素所要表达的意义相同。也就是说，后一重叠语素并不是语义焦点，因此，在语音上也就不是强调重点，很容易产生轻声。在这些重叠轻声词中，重叠的亲属称谓引称（reference terms）有10个，占31.25%，陈重瑜（1985）认为这些词不论在什么情况下都是轻声。

复合式合成词中轻声比例较高的是联合型（20.47%）。该类型词语的内部情况非常复杂，需要具体情况具体分析。同义联合结构以重轻格式为主，大部分后字都读轻声，如“动换”“轻省”等；而反义联合结构中，若两个语素均保持本义则一般不轻读，如“高矮、大小、长短”等等，若词义有所变化，则一般读作轻声，如“买卖、来往”；另外，联合型中的偏义复合词的语义一般都是由前一语素承担的，后一语素基本丧失了其自身的语素义，因此多数为重轻格式，如“窗户、质量、动静”等等。

偏正型合成词数量很多，轻声和非轻声的比例都很高，我们很难一概而论。从偏正型的结构上来说，其语义重点和语音强调对象都是后一音节，后字属于中心部分，因此偏正型不容易产生轻声。但是，偏正型结构的轻声词比例居中，占轻声词总数的12.60%。究其原因，这是与其语素意义和后字的使用频率密切相关的（何敬波，2004）。偏正型词语在强调事物的特性或是减弱事物的重要性时，后字往往轻读，如“高粱”“见识”等；而使用频率高的后字构词能力较强，也就容易轻读，有些表示某一范畴总称的后字已慢慢虚化为词缀，如“～女（闺女、孙女）”“～家（娘家、公家）”等。

复合式合成词中最不容易产生轻声的结构类型是主谓型（1.77%）、动宾型（2.56%）和补充型（3.94%），这是因为这些合成词中的两个语素都具有实在的词汇意义，都是语义表达的主要对象，因此不容易产生轻声。综观这三种类型，它们都是以动词性语素为语义表达的中心。动词性语素是很少出现轻声现象的，而主谓型又是以动词性语素为后字，属于轻重格式，因此，主谓型合成词读作轻声的少而又少，只有一些长期使用的表示事物名称的词语可以读作轻声，如“月亮”“火烧”等，这是与其语义层级密切相关的，具体见下文。动宾型和补充型合成词的语义焦点都是前一音节，结构上都属于重轻格式，表面上看起来比较容易产生轻声。但动宾型词语的两个语素之间基本不存在依附关系，两语素结合得也不够紧密，可以拆开单独使用，因此，轻声词并不太多。动宾型的轻声词主要是一些日常器物的名称，前字的行为意义已经不太明显了，如“枕头”“烧饼”等。补充型合成词后一语素虽是补充说明前一谓词性语素的，但其补充作用多是说明前一谓词性语素的程度、结果、特性，并非附加性的，因此，也不容易产生轻声，只是以“来、去、上、下”等为后一语素的补充型合成词常常出现读作轻声的情况。

由上述分析和数据可以看出，附加式和重叠式合成词大多数词语都读轻声，是典型的容易产生轻声的结构类型；主谓型、动宾型和补充型的轻声词数量极少，属于不易产生轻声的结构类型；联合型和偏正型结构则介于两者之间。可见，构词语素的组织方式确实会影响轻重音的分布。而其之所以能够具有这种影响力，根本原因在于各种构词方式中的语义焦点各不相同，从而影响了语音的强调重心。

2.1.1.3 轻声在不同意义层级中的分布

徐世荣（1956）曾经指出，词语中轻重音的分布与词语的意义有关，即与词语意义和构词语素关系的疏密程度有关。那么，这种相关程度到底是怎样的呢？我们对上述双音节轻声词中的合成词（共 485 个）的语素意义进行了简单梳理。

何敬波（2004）按照各语素在词语理性意义的构成中所起作用的大小、承担意义的多少以及语素本身虚化的程度，将双音节合成词的构词语素分为 5 个层级。

1 级：语素自身意义实在，表达一个相对独立完整的意义，基本承担整个词语的全部理性意义，如“桌子、月亮、耳朵、窗户、忘记”等词的前一语素以及“老鼠、老婆”等词的后一语素，这类语素的意义基本表达了整个词语完整的理性意义。

2 级：语素自身意义实在，具有相对独立完整的意义，但只承担整个词语理性意义的某一部分或某一方面，并与另一语素共同组成一个完整的词语意义，如“看见、被卧、爱人、管家、下去、官司”等词的前后两个语素。这些词中的两个语素要么意义相同或相近，共同表达一个词语的理性意义，要么意义相关，各承担整个词语意义的一部分，然后一起构成一个完整的词语意义。

3 级：语素自身意义实在，本身有相对独立完整的意义，但在词语意义构成中基本不承担词语的理性意义，在这个词里其自身的语素意义完全虚化，主要包括偏义复词和一些特殊词语（如“月亮、柴火”）中的不表意语素以及重叠式合成词的后一语素。

4级：语素自身意义比较实在，但有一定语法化的倾向，跟在一个实语素后只承担词语某种附带的意义，比如一些后缀。这类语素多表示类的概念或大的范畴意义。

5级：语素自身意义完全虚化，不承担词语的任何理性意义，只起补足音节或表示某种语法意义的作用。

根据这种划分，1到5级的语素承担词语理性意义的作用以及与整个词语意义关系的密切程度都是逐级递减的，也就是说，各级语素与词义的关系是逐渐疏远的。由此可以假设：由1至5，每级语素产生轻声的可能性逐渐增大，在各层级中轻声词语的分布数量也应该会随之增加。

依照何敬波的划分，我们可以用层级序号将每个双音节词的意义组合类型表示出来，如“雹子”一词，前一语素属于第1层级，后一语素属于第5层级，那么其意义类型就可记作15型；“挤兑”的意义类型应属于22型。这样，我们将语料库中出现的所有轻声词都加以划分，就形成了13、15、22、23、24、51这样6种不同的意义层级组合类型，各类型的出现频率具体如表2-2。

表2-2　轻声词的不同意义层级

意义层级组合类型	数量	占总数的百分比
51型	8	1.65%
22型	186	38.35%
23型	35	7.22%
13型	39	8.04%
24型	63	12.99%
15型	154	31.75%

由表 2-2 可以看出，除 22 型外，其他各种意义类型中轻声词的比例都随着意义层级的增加而增加，这与我们预先的假设是基本一致的。至于 22 型的例外，我们仔细分析之后发现，该类型的词语基数较大、结构类型异常繁杂，这可能是造成该类型词语轻声词比例偏高的原因。由表 2-3 可知，属于 22 型的轻声词的结构类型主要有联合型（51.07%）、偏正型（34.41%）、动宾型（6.45%）、主谓型（4.30%）和补充型（3.76%），这就很难避免词语的结构、意义等因素会对轻声的产生有所影响。比如联合型词语中有一部分词语主要是同义并列结构，以重轻格式为基本式，动宾型词语中一些表示器物名称的词语也读为轻声等等，这些都会使得此类轻声词大大增加。与 22 型的多结构方式相比，其他 5 种意义组合类型大多是以一种构词方式为主。15 型、24 型和 51 型都是附加式合成词，13 型和 23 型虽然包含多种构词方式，但都以其中一种结构（分别是重叠式和附加式）为主导。

表 2-3　各意义层级中的构词类型

意义组合类型	构词方式	数量	百分比
51 型	附加式	8	100%
22 型	联合型	95	51.07%
	偏正型	64	34.41%
	动宾型	12	6.45%
	主谓型	8	4.30%
	补充型	7	3.76%
23 型	附加式	18	51.43%
	补充型	13	37.14%
	联合型	3	8.57%
	动宾型	1	2.86%

（续表）

意义组合类型	构词方式	数量	百分比
13 型	重叠式	32	82.05%
	联合型	6	15.38%
	主谓型	1	2.56%
24 型	附加式	63	100%
15 型	附加式	154	100%

2.1.1.4 轻声在不同频段中的分布

齐普夫（Zipf）定律告诉我们，语言的运用遵循用力最小的原则，使用频率最高的词往往也就是最短的词。我们根据《现代汉语频率词典》，对语料中轻声词的使用频率进行了标注和统计。语料中的轻声词在《频率最高的前8000个词词表》中共出现了295个，结果如表2-4。

表2-4 轻声词在不同使用频段中的分布

使用频段	轻声词数量	百分比
1—1000	70	23.73%
1001—2000	61	20.68%
2001—3000	44	14.92%
3001—4000	40	13.56%
4001—5000	28	9.49%
5001—6000	20	6.78%
6001—7000	27	9.15%
7001—8441	5	1.69%

由表 2-4 可以看出，语料中出现的 538 个轻声词，使用频率在前 1000 位的数量最多，有 70 个，占总数的 23.73%；随着使用频率的降低，轻声词的数量也渐次减少，7001—8441 频段中的轻声词数量最少，只有 5 个。轻声词的数量随着词语使用频率的降低而减少，换言之，越是常用的词语产生轻读的几率就越高。可见，轻声词的分布与词语的使用频率是有一定关系的。但需要指出的是，词语的使用频率只是对轻声词的使用起支配和限制作用，并不能决定某个词是否应读轻声。决定轻声产生的主要因素还是词语的结构类型以及语素的意义层级。

综上所述，影响轻声分布的因素主要有音节位置、词语的结构类型、语素间的意义层级以及词语的使用频率等。但这些因素的影响力并不是均衡的，而是存在不同的等级。具体来说，音节位置是第一位的因素；结构类型和意义层级是第二位的因素；使用频率是语言外部的影响因素，其作用最弱，我们把它定为第三位的因素。

2.1.2 轻声音节的音变

由于发音轻短、音势弱化，轻声音节中元辅音的清晰度一般要低于重音音节，听起来比较含混，因此，轻声在改变音节声调的同时，也使得声韵母发生了不同程度的音变，而且还可能一变再变，同时存在多种变体形式。

2.1.2.1 声调的音变

1. 轻声音节本调的音变

北京话大部分轻声音节[①]的声调变化是音长缩短、音强变弱（具体情况见其他实验语音学论著，此不赘述）、失去原有调值但仍然具有音高。轻声音节的调值取决于前面重读音节的调值，上声、去声后面的轻声调值都是前字调值的一部分，而阴平、阳平的调值则比前字尾音略降。同样都

① 王旭东（1992）指出，北京话中也有将轻声读得较重的，他称之为“轻声去化”。

读作轻声，但实际音高却各不相同，这是前字对轻声音高的影响所致。林焘（1962）指出：汉语声调的调值有超出一个音节的范围而把后面轻声音节包括进去的趋势，即前字调一分为二，后半段由轻声音节承担。王洪君（1999）从非线性音系学的角度也对此进行了解释：汉语中每个音节只能容纳两个摩拉①，这样，只有当声调有两个声调特征时才能与所连接的音节对应上。北京话四调中，只有阴平（HH）、阳平（MH）有两个声调特征，而上声（LLH）和去声②（HML）则都有三个声调特征。因此，在连调环境中，上声、去声只能完成前两个声调特征，这就是为什么在上上相连、去去相连的结构中，前字变读为半上、半去的原因。在轻声词中，轻声音节的音段仍然存在但声调已经失去，当音段和声调从左向右相连接时，声调层次上就出现了时间空格。于是，当轻声音节的前字是上声或去声时，上声、去声单念时无处寄托的浮游调③就自然地漂向轻声音节，因此，上声后的轻声音节音高为4，去声后的轻声音节音高为1。而阴平和阳平两个调值都可以实现全部的声调特征，不存在浮游调的问题，后面轻声音节的调值就只能沿收音调尾的走向延长了。由于前字的调值都到了极限，因此，轻声的调值略微下降，是一个中低调（阴平后的轻声音节音高为3，阳平为2）。

2. 轻声引起的前字变调

轻声不仅会使本字的调值发生变化，还会影响前字的声调。

（1）前字变为阴平

这类词并不多，主要有“答应、作坊、作弄、折腾”等。这些词的前

---

① 摩拉，mora，又译莫拉、短音、韵素，本来是节律学术语，指节律的时间或轻重的最小单位，现用于非线性音系学的一些模型，成为一个单独的音系表征层次，指音节中韵母部分所含的音段。如 pan 中的 a 和 n 各是一个摩拉，长元音算两个摩拉，如 pa: 中的 a:。（王洪君，1999）

② 去声音节实际音高应为 531，但一般记作 51。

③ 浮游调是指语素或词在深层或在派生过程中出现的未联到 TBU 上的声调特征，也就是按普遍联接的“一对一”联接规约联接后或元音弱化后多出来的声调特征。（王洪君，1999）

字大部分都是清入字，如“答、作、折”等，其异读可能与清入字在北京话中的分化无规律有关。但具体原因究竟如何，还需进一步的研究。

（2）前字变为阳平

在轻声前变为阳平的字的来源可以分为两个。

① 部分上声字加上本调为上声的轻声，前字变为阳平，如“想想、老虎、早起、小姐”等，这和两个上声字相连时的前字变调一样。

轻声词前后字本调均为上声时，有两种变化：一是前字不变调，如“姐姐、耳朵”等，一些论著中认为是变读为半上 21，但由于上声在自然语流中都读作半上，因此，可视为不变调；二是前字变读为阳平 35，这类轻声词比较多，除上述例子外，还有上声字加后缀“子”的词。

金有景（1984）通过北京话轻声形成的不同历史层次来解释这种变调，他认为：“今天北京话的轻声是好几个历史时期的产物的堆积体，根据变调的不同情况和轻声的不同读法，我们大致能够把这几个不同层次区分开来。”他把北京话轻声的形成时间分别假定为 A、B、C、D、E 五个时期，“老虎、小姐”等的轻声化属于 E 阶段（约 15、16 世纪），“姐姐、耳朵”以及“上声＋了”结构的轻声化属于 D 阶段（13、14 世纪），而“子”尾的轻声化属于 B 阶段（12、13 世纪）。

李莎（2002）从语义角度对此进行了解释，认为上上（轻声）相连结构中前字的变读是以深层的语义结构为条件的。一般当末字轻声音节的意义冗余时，前字不变调，这种情况主要有：a. 名词重叠后语义与单字无区别，如“姐姐、妈妈”等；b. 末字为无实义的词尾，如“主子、老子”等，“法子”是例外；c.“马虎”等构词理据尚不清楚的词。而当末字意义不冗余时，前字都变读为阳平，主要有：a. 动词重叠后表尝试，产生新的语法意义，如“想想、数数”；b. 词头＋词根，如“老虎、打点”；c. 两实义语素相加，如“小姐、显摆”等。

② 前字变为阳平的另外一个来源比较杂乱，词语也比较少，主要有“法子、指头、骨头、脊髓、主意、打扮、作料”等。其中，“主意、打扮、

作料”的后字本调均为去声，从韵律的角度来看，“阳平＋去声”（↗＋↘）是一个最佳组合，因此，我们认为这些词前字的变调可能是由于本调为去声的轻声反作用于前字，使得一些非阳平字变为了阳平。但用它来解释轻声前字的变读毕竟是有限的，对于其他非去声的轻声前字的特殊变调就无能为力了。王旭东（1992）指出，一些阳平后的轻声多读作去声，轻声的去化反过来又可以影响前一音节的读音，使本来非阳平的前音节阳平化。这种说法也是站不住脚的，一是轻声是否真的去化，还有待于进一步的研究①；二是以在阳平字后去化的轻声来解释前字变读为阳平不免有循环论证之嫌。而由这些词来看，前字多是清入字，这些词前字的变调或许是清入字异读的表现。这还有待于进一步的研究解释。

2.1.2.2 **声韵母的音变**

北京话中轻声音节的弱读对音节产生了很大的影响，不仅是音长缩短、音强减弱、音势弱化，也使得轻声的音色发生了变化。简言之，弱化是轻声影响音节读音的主要表现。

1. 声母的音变

轻声音节中声母的变化，或表现为发音部位的改变，或表现为发音方法的改变，弱化程度深的音节还会兼而有之。

（1）清音变为浊音

在北京话中，全浊音声母已经完全消失了，但由于浊音发音时肌肉的紧张度最小、最为省力，因此，在轻声音节中，部分清音又变为同部位的浊音，主要包括以下两种情况。

一是不送气清塞音、塞擦音、擦音浊化为相应的浊塞音、塞擦音、擦音。如：

萝卜[po^0]→[$bə^0$][$bəi^0$]　　　师傅[fu^0]→[vu^0]

① 劲松（2002）针对王旭东的说法进行了调查，结果表明，只有个别人在读个别词（如“玫瑰”）时存在这种情况。

程度[tu^{0}]→[du^{0}][dəu^{0}]　　知道[tau^{0}]→[dau^{0}][dəu^{0}]

黄瓜[kua^{0}]→[guə^{0}]　　棺材[ts^{h}ai^{0}]→[dzai^{0}][dzei^{0}]

二是舌尖后音[tʂ]、[tʂ^{h}]、[ʂ]变为同部位的浊擦音[ʐ]。如：

反正[tʂəŋ^{0}]→[ʐəŋ^{0}][ʐʅ^{0}]　　横是[ʂʅ^{0}]→[ʐʅ^{0}]

合适[ʂʅ^{0}]→[ʐʅ^{0}]　　东直门[tʂʅ^{0}]→[ʐʅ^{0}]

大栅栏儿[tʂᴀ^{0}]→[ʐʅ^{0}][ʂʅ^{0}]

而[ʐ]在语流中又进一步弱化，变成一个近于独立的儿尾，更有甚者，语词中间的成分弱化后移至词末。如：

派出所[tʂ^{h}u^{0}]→[ə^{0}]　　提出来[tʂ^{h}u^{0}]→[ə^{0}]

多少钱[ʂau^{0}]→[ə^{0}]→[tuor^{0}]　　得着一个好工作[tʂə^{0}]→[ə^{0}]

也不知道→也不儿[ər^{0}]道、也不道儿[ər^{0}]

（2）送气音与不送气音的互换

俞敏（1986）认为："凡发声母，送气比不送气费力。"因此，北京话轻声音节很容易丢掉送气成分，但不送气音增加送气成分的例子也不少。如：

亲戚[tɕ^{h}i^{0}]→[tɕin^{0}][tɕi^{0}]　　清楚[tʂ^{h}u^{0}]→[tʂu^{0}]

折腾[t^{h}əŋ^{0}]→[təŋ^{0}]　　抽屉[t^{h}i^{0}]→[tə^{0}]

活泼[p^{h}o^{0}]→[po^{0}]　　鼻挺[t^{h}iŋ^{0}]→[təŋ^{0}]

耳朵[tuo^{0}]→[t^{h}əu^{0}]　　海淀[tiɛn^{0}]→[t^{h}iɛn^{0}]

家里头[t^{h}ou^{0}]→[tou^{0}]　　拾掇[tuo^{0}]→[t^{h}uo^{0}]

（3）擦音与塞擦音的互换。如：

执事[ʂʅ^{0}]→[tʂ^{h}ʅ^{0}]　　放肆[sɿ^{0}]→[ts^{h}ɿ^{0}]

早晨[tʂ^{h}ən^{0}]→[ʂən^{0}]　　笤帚[tʂəu^{0}]→[ʂəu^{0}]

（4）塞音变为擦音。如：

屁股［ku^{0}］→［xu^{0}］　　嚏喷［p^{h}ən^{0}］→［fən^{0}］

和平里［piŋ^{0}］→［fən^{0}］　　一块儿［k^{h}uɐr^{0}］→［xuɐr^{0}］

（5）零声母变为擦音声母。如：

晌午［u^{0}］→［xuə^{0}］　　被卧［uo^{0}］→［xuə^{0}］［xuo^{0}］

花儿［ər^{0}］→［xuɐr^{0}］

（6）塞音变为鼻音，这类音变现象比较少。主要如：

折腾［t^{h}əŋ^{0}］→［nəŋ^{0}］

（7）发音部位的变化。如：

早晨［tʂ^{h}ən^{0}］→［ɕin^{0}］　　嚏喷［p^{h}ən^{0}］→［fən^{0}］

茅厕［ts^{h}ɤ^{0}］→［θɿ^{0}］

（8）声母的脱落。如：

五个［kɤ^{0}］→［ə^{0}］　　豆腐［fu^{0}］→［u^{0}］

2. 韵母的音变

林茂灿、颜景助（1980）系统地研究了普通话轻声音节韵母的声学表现，他们发现，在普通话轻声字音中，介音和主要元音都以较大幅度离开其在四声字音中的位置，并向央元音方向移动；而元音尾、［n］尾和一些［ŋ］尾有丢失的倾向。此外还有复元音变为单元音、韵母完全脱落等现象。

（1）低元音的变化

ᴀ → ə：头发［fᴀ^{0}］→［fə^{0}］　　七八岁［pᴀ^{0}］→［pə^{0}］

疙瘩［tᴀ^{0}］→［də^{0}］　　芝麻［mᴀ^{0}］→［mə^{0}］

iᴀ → iɛ：人家［tɕiᴀ^{0}］→［tɕiɛ^{0}］

底下［ɕiᴀ^0］→［ɕiɛ^0］

uᴀ → uə：西瓜［kuᴀ^0］→［guə^0］　　土话［xuᴀ^0］→［xuə^0］

ai → ə、ɐ：十来个［lai^0］→［lə^0］　　能耐［nai^0］→［nɐ^0］

au → əu、ɐ：鼓捣［tau^0］→［dəu^0］　　热闹［nau^0］→［nɐ^0］

iau → iəu：材料儿［liaur^0］→［liəur^0］

uan → uən、ən、uo：打算［suan^0］→［suən^0］

喜欢［xuan^0］→［xuən^0］［xən^0］

动换儿［xuanr^0］→［xuor^0］

ɑŋ → əŋ：街坊［fɑŋ^0］→［fəŋ^0］　　地方［fɑŋ^0］→［fəŋ^0］

iɑŋ → iŋ：姑娘［niɑŋ^0］→［niŋ^0］

uɑŋ → əŋ：累得慌［xuɑŋ^0］→［xəŋ^0］

（2）中元音的变化

ɤ → uə、ou：吆喝［xɤ^0］→［xuə^0］［xou^0］

凑合［xɤ^0］→［xuə^0］

uo → əu、ə、ɐ：利落［luo^0］→［ləu^0］［lə^0］

拾掇［tuo^0］→［dɐ^0］

uei → ə：挤兑［tuei^0］→［də^0］

ən → ə：我们［mən^0］→［mə^0］

（3）高元音的变化

i → iɛ、ə、əu、in：伙计［tɕi^0］→［tɕiɛ^0］

家里［li^0］→［lə^0］［ləu^0］

玻璃［li^0］→［lə^0］

亲戚［tɕʰi^0］→［tɕin^0］

y → i：出去［tɕʰy^0］→［tɕʰi^0］

闺女［ny^0］→［ni^0］

言语［y^0］→［i^0］

u → ə、əu、uə、uo：大拇指［mu^0］→［mə^0］

工夫［fu^0］→［fə^0］

招呼［xu^0］→［xəu^0］

清楚［tʂ^{h}u^0］→［tʂ^{h}əu^0］

吓唬［xu^0］→［xuə^0］

晌午［u^0］→［xuə^0］

邪乎［xu^0］→［xuə^0］

窗户［xu^0］→［xuə^0］

各家各户儿［xur^0］→［xuor^0］

ʅ → ɐ：归置［tʂʅ^0］→［tʂɐ^0］

in → iŋ：天津［tɕin^0］→［tɕiŋ^0］（该音变仅限于这一个例子，可能是地名的特殊音变）

（4）介音和韵尾的脱落

介音的脱落：上边儿［piɛn^0］→［pɛr^0］

方面［miɛn^0］→［mɛn^0］

韵尾的脱落：方面［miɛn^0］→［mɛ^0］

早晨［tʂ^{h}ən^0］→［tɕ^{h}in^0］→［tɕ^{h}i^0］

韵母的脱落现象主要出现在介音和韵尾的位置上，但也有个别轻声词语的主元音弱化后进一步脱落，甚至整个韵母完全脱落。如“人家［tɕia^{55}］→［tɕiɛ^0］→［tɕi^0］”“我们［mən^0］→［m^0］”。

综合上述音变现象，我们可以看出，轻声音节中主要的音变规律有弱化、央化、增音、减音和脱落 5 种。但不管是哪一种音变规律，在发音时肌肉的紧张度都比较小、比较省力。可见，轻声的发展方向是朝着经济省力的目标前行的。

2.2 轻声的共时变异

2.2.1 轻声词的共时变异

2.2.1.1 轻声词的总体使用

北京话的轻声词数量是很多的，但在实际读音中，哪些词读轻声，哪些词不读轻声，不同的人往往存在着分歧，就是同一个词，一个人在不同场合、不同语境中也会出现时而轻读、时而重读的情况。我们根据语料中轻声词的出现频率，可以把北京话中的轻声词分为自然轻声词和自由轻声词两类。

自然轻声词是指，在任何情况或大多数情况[①]下都读轻声的词语，比如结构助词"的地得"、动态助词"着了过"、复数标记"们"以及一些可以区分词性和词义的轻声词"利害原来冬天冷得～——利害你们年轻人不明白其中～"；再如"折腾""鼓捣""桌子"等也都只有轻读形式。自然轻声词一般都被普通话所吸收。

自由轻声词是指，有时轻读、有时重读、轻重两可的词语，有的自由轻声词轻重读比例基本相当，如"宽绰"（轻重读比例是8∶6）；有的轻读比例远低于重读比例，如"气候"（轻重读比例为9∶43）、"建筑"（轻重读比例为4∶17）、"知道"（轻重读比例为76∶221）。自由轻声词既不区别词义，也不区别词性，只是标记京腔京韵的一种语音音律手段，它们一般不会进入普通话系统。这类自由变读轻声词的来源应该有二：一是北京话中的自然轻声词由于普通话的影响而逐渐出现了重读形式；二是有些词语本只有重读形式，由于轻声的类推作用而出现了轻读形式。至于两种来源各包括哪些具体词语，我们还需进一步的研究。轻声词的变异主要表现为自由轻声词的变异。

---

① 我们之所以特别指出"大多数情况"，是因为有些词语在个别情况下也有重读形式，但比例非常小，多是受整个语调影响所致，轻读仍是其主要形式，我们把它也看作是自然轻声词，如"砖头""回来"。

我们统计的轻声词包括自然轻声词和自由轻声词两类，但在统计时去掉了自然轻声词中的语气助词（啊、呀、哇）、动态助词（着、了、过）、结构助词（的、地、得）。具体结果如表 2-5。

表 2-5 轻声词使用的总体情况

	总数	均数	最小值	最大值	全距	方差	标准差
轻声词数（个）	538	24.35	9	44	35	37.927	6.16
轻声频次（次）	18641	155.34	16	337	321	3870.815	62.22

由表 2-5 可以看出，46 万语料中共出现了 538 个轻声词，平均每人使用 24.35 个，最多的达到 44 个。而就轻声词的使用频次来说，120 个被试共使用轻声词 18,641 次，大约每 24.68 个字中就会出现一次，平均每人使用 155.34 次，最高的达到 337 次之多。由此可见，20 世纪 80 年代，轻声词在北京人口语中的总体使用频率是非常高的。从上表还可以看出，在轻声词数的使用上，各被试相对集中，轻声词个数的全距为 35，标准差为 6.16，与儿化词的使用比起来要小得多（儿化词的使用见第三章）；但使用频次的差异较大，其全距高达 321，标准差为 62.22，这说明数据分布的离散度较大，各被试在使用频次上差异明显。这一点由图 2-1 中带有正态曲线的直方图也可以看出来，轻声词数的分布基本是呈正态分布，而使用频次的分布对称不整齐，略呈偏态，频次高的人相对较少。但由于偏离得不太明显，我们仍把轻声频次的分布看作是正态分布。

2.2.1.2 轻声词的社会分布

一个语言变项的共时变异常常和使用者的社会属性密切相关，具有相同社会特征的言语社团很可能会出现相同的语言变异。在统计中，我们发现，不同的言语社团在轻声词的选择和使用上同样也存在着明显的差异。由于各被试的话语字数不同，我们用实际的轻声词个数、频次除以话语字数后得到的数值作为统计基数，下同。

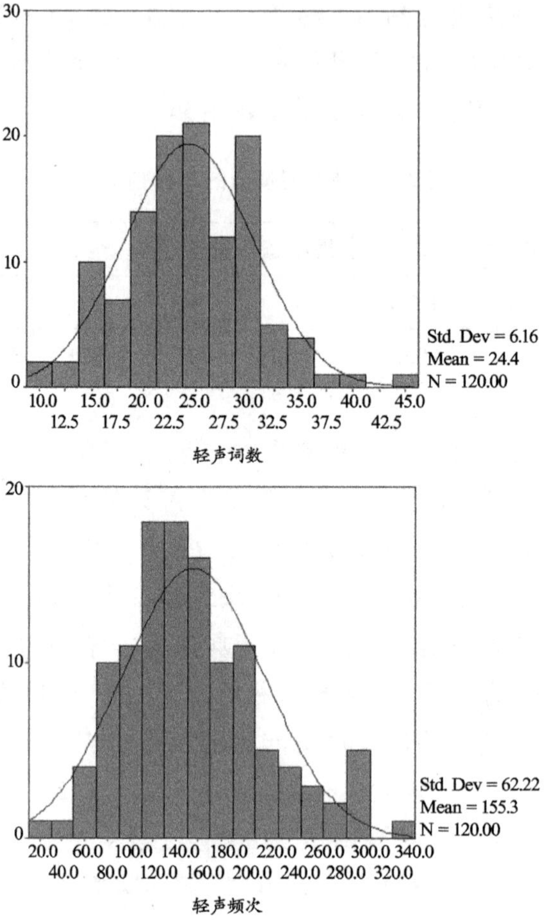

图 2-1　轻声词的正态分布图

表 2-6　各社会因素与轻声词使用的相关性

		性别	年龄	文化程度	职业	地区	民族
轻声词数	相关系数	.082	-.129	.213(*)	-.098	-.230(*)	.157
	显著值（双尾）	.376	.160	.019	.286	.011	.087
轻声频次	相关系数	.314(**)	.154	.108	-.059	-.064	.031
	显著值（双尾）	.000	.093	.240	.522	.485	.737

** 在 0.01 水平上显著相关（双尾检验），* 在 0.05 水平上显著相关（双尾检验）。

由表 2-6 可以看出，文化程度和地区是影响轻声词使用个数的社会因素，它们在 0.05 水平上和轻声词数显著相关；而影响轻声使用频次的社会因素是性别，二者在 0.01 水平上显著相关。

为进一步证明我们的结论，我们对各社会因素做了进一步的方差分析。表 2-7 的结果表明，在 6 种社会因素中，文化程度对轻声词个数的使用具有一定影响，其显著系数（ʃig.）为 0.062，略大于 0.05，但 F 值较大（2.85），这说明不同文化程度的被试在轻声词数的使用上还是存在一定差异的。地区对轻声词数的使用存在显著影响，其显著系数为 0.025，远远小于 0.05，地区因素在 0.05 水平上与轻声词数显著相关。而从对轻声词使用频次的影响上，性别的显著系数为 0.001，远远小于 0.01，而且其 F 值特别大（10.80）。性别因素是影响轻声频次的一个很重要的因素。这三种因素的影响是我们在相关分析中早已证明了的。表 2-7 还告诉我们，年龄和职业对轻声频次的使用也存在影响，这两种因素的显著系数均为 0.008，小于 0.01，它们与轻声频次在 0.01 水平上显著相关。这是我们在相关分析中没有统计出来的。

表 2-7 轻声词的单因子方差分析

	性别		年龄		文化程度		职业		地区		民族	
	F	ʃig.	F	ʃig.	F	ʃig.	F	ʃig.	F	ʃig.	F	ʃig.
轻声词数	2.40	.124	1.10	.337	2.85	.062	.47	.626	2.69	.025	1.77	.158
轻声频次	10.80	.001	5.07	.008	1.95	.147	1.98	.008	1.03	.405	.08	.973

1. 文化程度因素

根据上文相关分析的结果，我们首先讨论一下文化程度对轻声词使用的影响。

表 2-8 不同文化程度的被试使用轻声词的情况

		均值	标准差	方差	总数	最小值	最大值	全距
轻声词数	高	.6100	.15361	.024	24.40	.29	.98	.69
	中	.6923	.22838	.052	27.69	.41	1.49	1.08
	低	.7103	.21125	.045	28.41	.23	1.18	.95
轻声频次	高	3.7737	1.05866	1.121	150.95	1.22	5.09	3.87
	中	4.0998	1.03528	1.072	163.99	2.01	7.40	5.39
	低	4.2144	1.01411	1.028	168.57	2.25	7.43	5.17

由表 2-8 可以看出，无论是轻声词数还是轻声频次，轻声词的使用都与文化程度成反比，随着文化程度的增高而逐渐减少，高文化程度者都是使用的最少的一个群体，低文化程度的被试最高。而就社团内部差异来看，中、低文化程度的被试存在一定的一致性，同属一个亚组，二者均与高文化程度的被试存在显著差异。也就是说，后两者经常使用轻声词，词汇也比较丰富；而前者无论是在使用频次上还是词语的丰富度上都降至最低。高文化程度者在轻声词使用上的特点表现为：一是老北京话中的土词土语较少，如“动换、不价 [tɕiɛ^{0}]、多咱”等轻声词语基本不出现，而是改用了其他同义的非轻读词语“活动、别、什么时候”等，这是由其生活环境和教育背景决定的；二是北京话中的一些自由轻声词变成了重读的非轻声词或是轻读比率大幅度减少，如“早晨、女儿、宽绰”等，这是受普通话影响所致。北京土音中，轻声词语特别多，而且发音轻短。普通话虽然接受了轻声，但却是有选择地吸收，北京话中的一些轻声词在普通话系统中变为了重读。学校教育是人们学习普通话的主要途径，因此，教育程度越高的人受普通话影响越大，轻声词的使用也就越少。

值得一提的是，轻声词数的最小使用值是 0.23（这是统计值），出现在低文化程度社团中，而且该社团的最大值是 1.18，也并非全部被试使

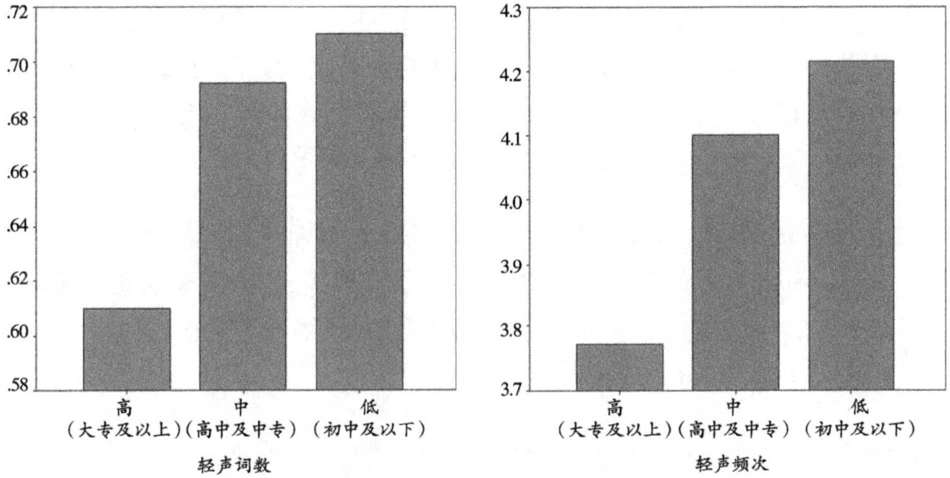

图 2-2　不同文化程度的被试使用轻声词的情况

用的最高值。这一方面是由于低文化程度者有时为了提高自身的社会地位，而刻意在言语行为上向标准语体靠拢；另一方面也说明在 20 世纪 80 年代的北京，不轻读的势力比较强大，连低文化程度的北京人也受到这一趋势的影响，或者至少是得到了他们的认可。由此可以推测，文化教育的普及、人们文化程度的提高将会加速轻声词的衰减趋势。

从内部差异上来看，无论是轻声词数还是轻声频次，中文化程度者都是内部差异最大的一个言语社团（其全距分别为 1.08 和 5.39），低文化程度者次之（其全距分别为 0.95 和 5.17），高文化程度者最小（其全距分别为 0.69 和 3.87），中低文化程度者比较接近。在普通话的强大影响下，中低文化程度者（尤其是低文化程度者）中的部分人使用的轻声词也越来越少。高文化程度者则体现了其内部的一致性，轻声词使用最少。

综合上述分析，我们可以看出，三个言语社团在轻声词数和轻声频次表现出整齐的规律性，文化程度对轻声词使用的影响是非常显著的。这也再次验证了我们的相关分析和方差分析。不同文化程度的人不仅在轻声词的使用个数、频次上有差异，就是在具体轻声词的选择上也有一定的区别。下面我们从120个被试中随机选出不同文化水平的6位被试，来看一下他们使用轻声词的具体情况。为了便于比较，我们选择了同一年龄段（60岁以上的老年人）不同文化水平的男女被试各一人。

被试一：文盲 男 75岁 工人 满（40个201次）[①]

凑合、地方、动换、反正、父亲、姑娘、过节儿、~哈儿、和平里、横是、回来、晃晃儿、家里、街坊、拉扯、里头、溜达、累得慌、买卖、母亲、女儿、陪侍、派出所、人家、容易、事故、事情、时候、天津、维持、伍的、养活、一块堆儿、执事

被试二：文盲 女 71岁 家庭妇女 满（44个306次）

凑合、不价、作根、时候、脾气、白菜、反正、媳妇、工夫、姑娘、街坊、回来、家里、归置、叨唠、伍的、言语、值当、粮食、慢慢儿、母亲、热闹、早起、女儿、人家、多少[②]、告诉、先头、东西、多咱、知道、包袱、横是、~半拉、~哈儿、分子、拾掇、搭着、卫生

被试三：中专 男 63岁 小学老师 汉（22个128次）

提搂、早晨、反正、黄瓜、态度、东西、回来、家里、知道、制度、时候、上去、上头、富余、学生、晚上、人家

被试四：中专 女 65岁 护士 满（34个196次）

爱人、程度、打算、地方、耳朵、反正、父亲、大夫、回来、家里、厉害、热闹、朋友、商量、出去、人家、知道、愿意、照顾、意思、东西、护士、时候、觉得、媳妇儿、认识

---

① 我们这里列举的例词不包括“～么”“～们”“～子”“～面”“～边”等附加式的轻声词，因此，列举的轻声词数目与总数不符。

② “多少”一般读作“多儿[tuor]”。

被试五：大专 男 63 岁 干部 汉（27 个 90 次）

玻璃、早晨、程度、打算、底下、葫芦、喜欢、精神、回来、粮食、容易、事故、石头、东西、知道、愿意、觉得、时候、那哈儿、素质、休息、知识、出去

被试六：大学 女 63 岁 中学老师 汉（33 个 293 次）

耳朵、反正、胡同、黄瓜、回来、老实、家里、厉害、热闹、暖和、漂亮、气候、人家、容易、衣裳、倒腾、东西、新鲜、学生、衣服、意思、乱乎、时候、合着、知识、好好儿、觉得、地方儿、利落

由上文可以看出，这 6 位被试共同使用的轻声词是那些被普通话吸收的自然轻声词，如“家里”“东西”“回来”等。除这些基本轻声词外，低文化程度者多使用土俗色彩较浓的轻声词，如“横是”“执事”“作根儿”等；中高文化程度的被试使用的多是一般日常常用的自由轻声词，如“喜欢”“事故”“知道”“素质”等，土俗轻声词则大幅度减少，已基本不使用。但特殊的一点是，高文化程度的老年女性（即被试六）仍然使用一些土俗轻声词，如“乱乎”“合着”“倒腾”等，并且使用的轻声词数和频次都非常高。我们知道，人们对语言变体的选择往往是多种社会因素交互作用的结果，不同社会因素的作用力也各不相同。被试六文化程度虽然很高，但她已经退休，当时在居委会帮忙，由于她的交际对象多是家人和居委会的老太太，其语言难免会受到一些影响。这时，文化因素的作用力下降，而年龄和性别因素的作用力上升，其语言形式具有了老年女性的普遍特点——轻声词较多、土俗词语较多。总之，具有老北京本土特色的土俗轻声词将会随着人们文化水平的提高而逐步消失，在这一音变过程中，男性走在女性的前列。

2. 年龄因素

年龄是影响语言变异的一个很重要的社会因素。在不同的年龄段中，

人们对不同的社团会有不同的认同感，从而对他的语言产生不同的影响。由于年龄差异而形成的老年语言变体、青年语言变体在各种言语社团中都是常见的现象。一般来说，“老年语言变体通常保留了一些过时的语言特征；而青年语言变体，往往是对新起的语言变化反应最快、最多的一种变体”（陈松岑，1999）。具体到轻声词的使用，如表 2-9 所示。

表 2-9 不同年龄的被试使用轻声词的情况

	年龄	均值	标准差	方差	总数	最小值	最大值	全距
轻声词数	老	.7041	.19724	.039	28.16	.44	1.18	.74
	中	.6718	.23176	.054	26.87	.23	1.49	1.26
	青	.6368	.17693	.031	25.47	.29	1.12	.83
轻声频次	老	4.0585	1.12214	1.259	162.34	1.97	7.43	5.46
	中	3.6559	.98059	.962	146.24	1.22	5.82	4.60
	青	4.3735	.91765	.842	174.94	2.58	7.40	4.82

由表 2-9 可以看出，在轻声词个数的使用上，其均值和总数均与被试的年龄成正比，老年人使用的最多、青年人最少，轻声词数随着年龄的减小而逐渐减少。青年人的日常话语中不仅是土俗色彩较浓的轻声词越来越少，就连北京话中原有的一些常用轻声词也变成了非轻声的重读形式。这一方面是由一般词汇的演变规律决定的，随着社会的发展、事物的变迁，表示旧有事物、观念的词语自然会逐渐消失，轻声词也不例外；另一方面是由于青年人的生活环境、教育背景以及喜欢创新、容易接受新鲜事物的社会心理决定的，现在的青年人从小就接受正规教育，受普通话影响较大，再加上他们普遍认可标准语体，因而改变语言习惯的速度也非常快。在这一点上，青年人的使用模式和高文化程度者是相一致的。

从轻声词的使用频次上看，不同年龄的被试表现出不规律性，青年人使用频次最高（4.3735），老年人次之（4.0585），中年人最低（3.6559）。

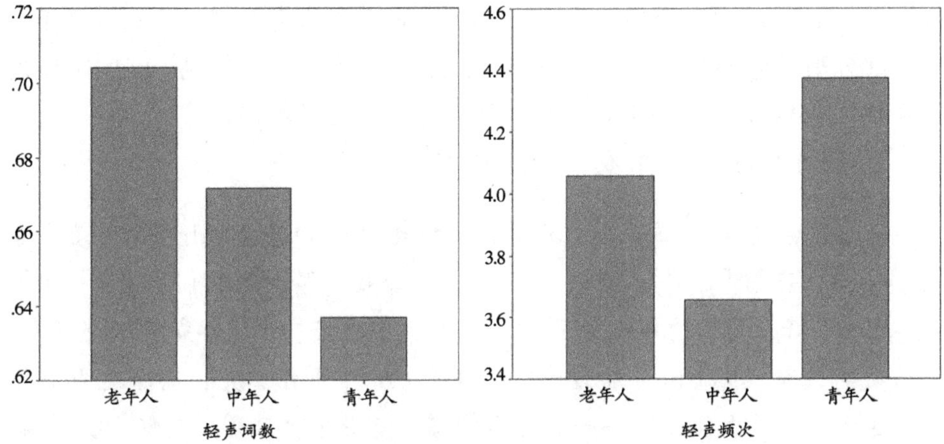

图 2-3 不同年龄的被试使用轻声词的情况

即使是这样，使用频次的最高值还是出现在老年人社团中，这也从另一个方面说明老年人是使用轻声词最多的一个言语社团。由老年人到中年人，轻声词的使用频次出现了衰减，这与轻声词数的演变趋势是一致的。中年人作为各个工作岗位上的中坚力量，工作的需要和社会的压力使得他们主动改变了其语言使用，自觉使用普通话，因此，该年龄层的被试使用轻声词的频次最少。35 岁以下的青年人从小就接受普通话的正规教育，不仅其轻声词数最少，轻声频次也应该是最少的，但在频次使用上却成为最多的一个言语社团，这可能是由于目前青年人口语中比较活跃的多是一些常用的高频轻声词（由下文的语料示例也可以看出来）。青年人在轻声词数和使用频次上的不同也说明，轻声词的衰减是先从词汇数量开始的，随着使用频次的减少，轻声词的衰减也将会越来越快。

为进一步了解老年人和青年人在轻声词使用上的差异，我们从语料中摘录了两个不同年龄被试的一段语料（我们在选择这两个被试时也考虑到文化因素，由此也可看出不同文化程度的被试的使用差异）[①]。老年被

① 为节省空间，在这两段语料中，我们只列出了产生音变的轻声音节的读音，其他未标注的轻声音节读音与普通话相同。

试所使用的轻声词的个数远多于青年人，而且弱化音节也较多；而青年人虽然部分高频轻声词（如"我们""你们"）的使用频次较高，但实际使用的轻声词个数并不多，多为普通话中规范的必读轻声词。

语料一：D08 女 71岁 文盲 家庭妇女 满

那会儿谁家不**干净**，马上，就**跟着**去通知**拾掇**[dɐ^0]，帮助**人家**[tɕiɛ^0]**归置**[tʂɐ^0]。您瞧这会儿还都挣钱，那会儿**我们**[m^0]一子儿不挣，好，成天**的**在家**呆不住**。那会儿，**我们**[m^0]**老头子**也没事儿，我就**拉着我们**[m^0]那**孙女儿**，**我们**[m^0]那**孙女儿**，就照这重**孙子这么**大，老**拉着**去。一来开会也**跟着**，查**卫生**也**跟着**，**人家**[tɕiɛ^0]都说："这是您老**女儿**[xuar^0]啊？"我说："不是，这是**我们**[m^0]**孙女儿**。"嘿，那会儿好，那会儿老**跟着**。**反儿**[fɐr^0]也没事儿吧，**带着**她去通知**去**[tɕ^{h}i^0]吧。通知开会**什么伍的**，总是，**反儿**[fɐr^0]来什么**运动**，我**马上**就通知**去**[tɕ^{h}i^0]，就开会，那会儿开得真**热闹**[nəŋ^0]，那倒是。

语料二：H31 男 22岁 大学 学生 汉

我们[m^0]那烟呢，不都搁**桌子**上吗。天津人呢，**我们**[m^0]在这儿这桌，天津人在**那边儿**那桌，然后呢就**过来**了。也不问**你们**[m^0]俩，也不问**他们**[m^0]俩，拿起这烟来就抽，拿起烟就抽。然后他抽完之后吧，拿着这烟还奔**他们**[m^0]那桌儿上扔，奔那**桌子**上扔。然后呢，我刚才也说了，**我们**[m^0]在本地也没受过这气。**反正**[ʐəŋ^0]你**我们**的烟你**哪么**你说一声儿呢。不是说这一盒儿烟我给你了，给你两盒儿都行，你别**这么**干。哎，**我们**[m^0]这伙伴儿站**起来**，啪，就给抢**过来**，说："你，我让你抽烟了吗你就抽**我们**[m^0]这烟？我**认识**你是谁呀！"**这么**一说呢，他说的这烟呢，你应该给我上一盒儿抽。**我们**[m^0]这儿，**我们**[m^0]这伙伴儿说："**为什么**要给你上啊？我也不**认识**你。"他这人又说："刚才呢，**你们**这有一个，**一哥们儿**[mər^0]呢就是问**我们**事儿了。"

曹志耘（1991）提出，由于在我国年龄与文化程度之间有一种基本对应的关系，因而须“在同一年龄段中比较不同文化程度的语言差异”。因此，我们有必要对年龄和文化程度这两个因素的交互作用做一个分析。

具体情况由表2-10也可以看出，在轻声词数上，中年人和青年人的一致性较强，使用个数随着文化程度的提高而减少，二者成反比；而老年人中，虽然仍是高文化程度者使用的轻声词最少，但中文化程度的被试使用个数最多，超过了低文化程度者。在轻声频次上，老年人和中年人规律性较强，其使用频次都随着文化程度的提高而减少；青年人中仍然是高文化程度者使用频次最低，但中文化程度的被试使用频次最多，青年人在轻声频次上表现出来的对标准语的偏离主要集中在中文化程度者中。总之，老年人和青年人在轻声使用上的不规律性都是由中等文化程度的被试引起的。可见，在目前的使用中，中文化程度者是个变数很大的群体。

表2-10 年龄和文化程度的交互作用

	年龄	文化程度	均值	标准差	最小值	最大值	全距
轻声词数	老年人	高	.6026	.14232	.46	.87	.40
		中	.7690	.18943	.55	1.11	.55
		低	.7166	.21144	.44	1.18	.74
	中年人	高	.5963	.15552	.42	.95	.53
		中	.6756	.27204	.43	1.49	1.07
		低	.7248	.22347	.23	1.09	.86
	青年人	高	.6197	.16374	.29	.98	.69
		中	.6550	.19269	.41	1.12	.71
		低	.6568	.21274	.44	.98	.54

（续表）

	年龄	文化程度	均值	标准差	最小值	最大值	全距
轻声频次	老年人	高	3.4340	1.09630	1.97	4.89	2.92
		中	3.9785	.86605	2.68	5.58	2.90
		低	4.3642	1.16635	2.30	7.43	5.13
	中年人	高	3.2865	1.21758	1.22	5.09	3.87
		中	3.6867	.98808	2.01	5.82	3.81
		低	3.8997	.72941	2.25	4.97	2.71
	青年人	高	4.1513	.84694	2.58	5.06	2.48
		中	4.7331	.96467	3.71	7.40	3.69
		低	4.3716	.96022	3.03	5.68	2.66

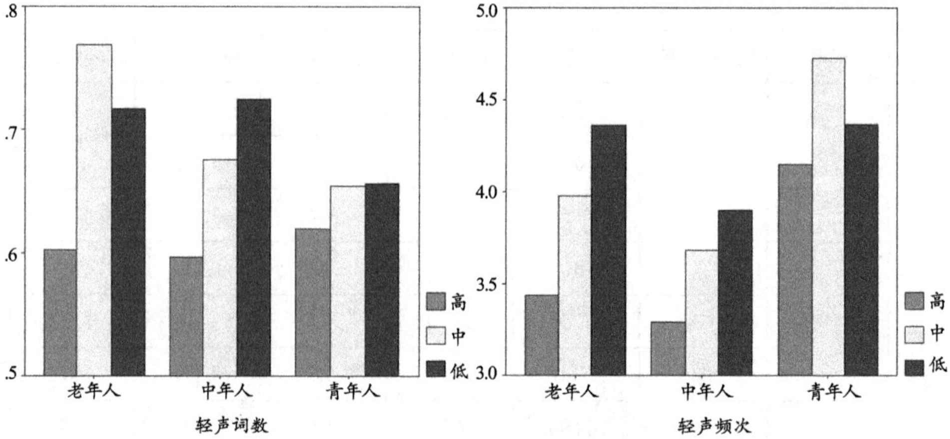

图 2-4　年龄和文化程度的交互作用图

3. 性别因素

一般认为，语言的性别差异，主要表现为两个方面：一是由于对女性的歧视，在语言中出现了一批歧视妇女的词汇；二是男女两性在语言的结构形式或使用上有差异。女性在语言上的变动往往要比男性大得多，这种变动在西方社会中一般表现为“当某种语言形式向另一种社会威望更高的语言形式靠拢时，妇女往往走在前面；如果语言变化不具有这种向标准形式靠拢的性质，甚至是更加偏离标准语，妇女则倾向于比较保守”（陈松岑，1999）。但具体到轻声词的使用上，这一理论则需要进行修订了。

表 2-11 不同性别的被试使用轻声词的情况

		均值	标准差	方差	总数	最小值	最大值	全距
轻声词数	男	.6423	.17347	.030	38.54	.23	1.12	.89
	女	.6994	.22738	.052	41.97	.29	1.49	1.20
轻声频次	男	3.7281	.99064	.981	223.69	1.22	7.40	6.18
	女	4.3305	1.01692	1.034	259.83	2.22	7.43	5.21

由表 2-11 可以看出，无论是轻声词数还是轻声频次，女性的使用都比男性要高。具体来看，在轻声词数上，男性与女性的差别不算太大；而在使用频次上，女性远远高于男性。性别是影响轻声频次的一个重要的

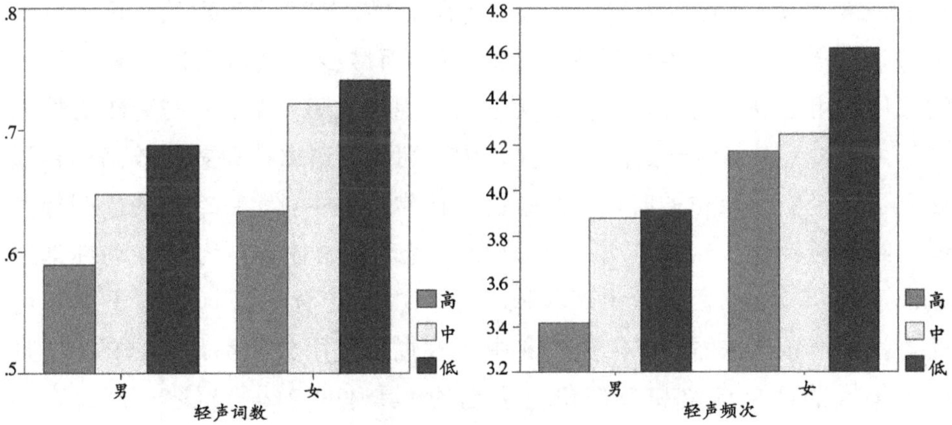

图 2-5 性别和文化程度的交互作用图

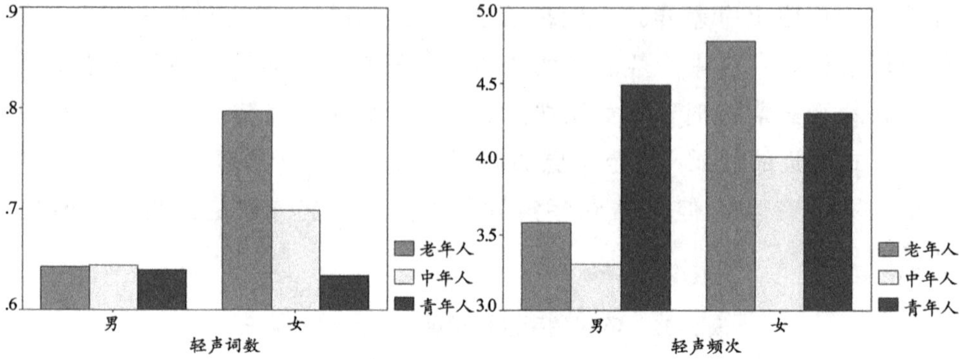

图 2-6 性别和年龄的交互作用图

外部因素。轻声虽然是标准语中的一个形式，但普通话中的轻声词数量并不是很多。按照一般理论，女性语体应该接近于标准语，然而轻声词却盛行于女性群体当中。我们认为，这是由于在改革开放的初期，女性文化水平总体低于男性，思想倾向于保守，因此，表现在语言上，女性保留北京话旧有形式的概率要远远高于男性。

由图 2-5 可以看出，无论是轻声词数还是轻声频次，不同文化程度的男女两性都表现出较强的一致性：随着文化程度的升高而降低。这和不同文化程度的被试总体表现上是一致的。

而通过图 2-6 可以看出，不同年龄段的男性在轻声词数的使用上基本没有什么差别，而女性则随着年龄的减小而减少。虽然女性在轻声词数的总体使用上高于男性，但青年女性的使用却大幅度减少，与青年男性相差不大，二者表现出一定的近似性。因此可见，追求社会威望较高的普通话成了年轻女性效仿的时尚，在她们的日常口语中，北京话中的一些轻声词已经不轻读了。而中老年女性改变语音习惯的社会压力和能动性都远远低于青年女性，因此，中老年女性使用的轻声词数都远远高于青年女性。就轻声频次来看，中年男性和中年女性的使用频次都是最低的，这是由中年人的社会地位和身份角色决定的，具体见 2.2 的论述。而就青年人来看，男女两性的使用频次都是最高的。青年女性的使用频次虽然不如老年女性，但若将男女两性进行比较就可看出，青年女性在使用频次上与青年男性非常接近。无论是轻声词数还是轻声频次，青年女性都表现出一种与同年龄层男性的趋同。至于他们在轻声词数和频次使用上的矛盾（轻声词数最少频次却最高），2.2 中已经阐明了原因，在此不再赘述。由此可见，性别虽然是影响语言变异的一种重要特征，但同一年龄层的人对事物会有较为一致的认同感，从而在语言使用上表现出相对的一致性，每个年龄段的人作为一个言语社团都有表明自己社团特征的语言特点。

4. 职业因素

拉波夫认为，在大城市中，社会阶级是区分语言行为的可靠标准，但关于什么是“阶级”，以及如何划分阶级，划分为哪几个阶级，国外的社会语言学家却缺乏完全一致的看法。在国内所做的社会语言学的调查研究中，一般都用职业、受教育程度等来代替西方一些社会语言学家所使用的“上中阶级、中中阶级、下中阶级、下上阶级、下中阶级、下下阶级”的区分。各种研究也表明，职业的确与所调查的语言变异有关。在我们的调查中，职业同样与轻声词的使用显著相关。

表 2-12　不同职业的被试使用轻声词的情况

		均值	标准差	方差	总数	最小值	最大值	全距
轻声词数	体力劳动者	.6935	.22631	.051	29.13	.23	1.49	1.26
	脑力劳动者	.6620	.19602	.038	45.02	.29	1.18	.89
	学生	.6356	.15280	.023	6.36	.48	.98	.50
轻声频次	体力劳动者	4.2629	1.076	1.158	179.04	2.25	7.43	5.17
	脑力劳动者	3.7915	.93353	.871	257.82	1.22	5.90	4.68
	学生	4.6650	1.23651	1.529	46.65	2.58	7.40	4.82

由表 2-12 可以看出，在轻声词数上，体力劳动者保留的轻声词数量最多，脑力劳动者次之，而学生最少。曹志耘（1991）在分析“济南话若

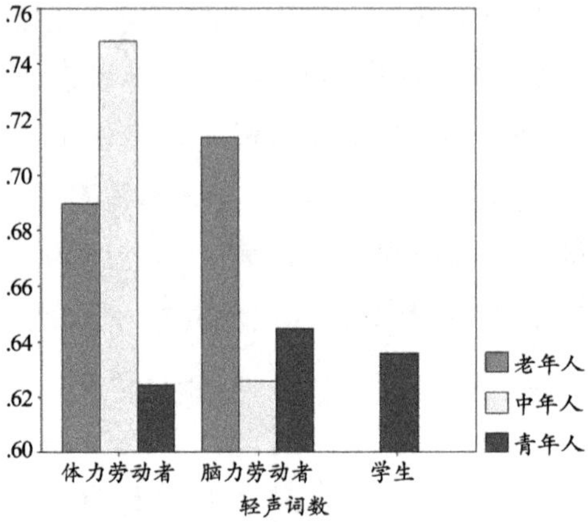

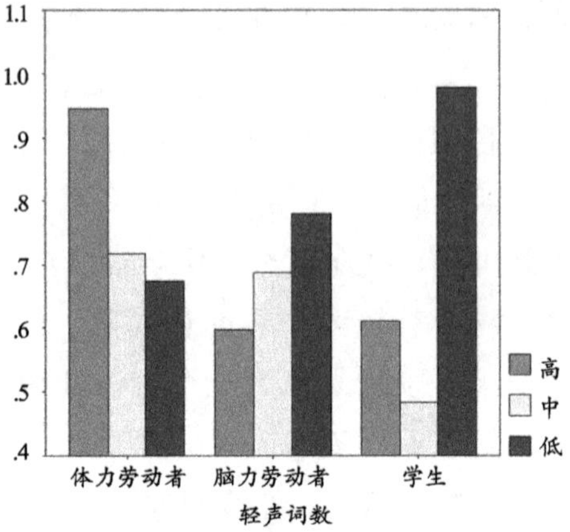

图 2-7 职业与年龄、文化程度的交互作用图

干声母的分布和演变”时提出，学生是“向普通话演变的先锋队”，并称之为“学生效应”。学生在轻声词数的使用上同样具有这种效应。学生的口语虽然最接近普通话，轻声词数大量减少，但在轻声频次上学生却是最多的。综合前文的分析，我们知道，学生的使用特点和青年人是一样的，是青年人中的一个特殊的小群体，大量高频轻声词的使用造成了词数和频次使用之间的这种矛盾。

通过职业与年龄、文化程度的交互作用可以看出，无论是体力劳动者还是脑力劳动者，老年人所使用的轻声词数都比青年人要高得多，这与不同年龄层的被试在轻声词使用上的表现是一致的；中年人则表现出不规律性。脑力劳动者使用轻声词的数量随着文化程度的提高而减少，这与文化程度对轻声词使用影响的总体趋势一致；而体力劳动者则完全相反，轻声词的使用随着文化程度的降低而降低。虽然当职业、年龄和文化程度交互起作用的时候，轻声词的使用表现出较大的差异，但从总体上不难发现，职业因素与年龄、文化程度等因素都有密切的关系：年龄小的调查对象文化程度相对较高，所以多从事脑力劳动；年龄大的文化程度相对较低，因而多从事体力劳动。可见，职业因素对语言的作用实际上也包含了后两者的作用。

5. 民族和地区因素

北京是一个多民族聚居的地区。清朝统治时期，满族人大量入关，进驻北京，他们一般多居住在内城，原来住在内城的汉人则迁居外城。外城北京话应是明代北京话的延续。而内城居民一开始多说满语，康熙年间形成满汉双语，最后汉语替代满语，形成内城的北京话，内城北京话因此带有许多东北方言以及满语的成分。即便是到了当代，北京的满族人虽然已经和汉族人没什么区别了，但在语言上还存在着一些细微的差别。另外，在我们的调查中，牛街作为一个单独的地区具有很大的特殊性：回民多、地道的老北京人多、文化程度低的人多、从事体力劳动的人多。由于回民特殊的风俗习惯，他们在语言上也存在有别于汉族的地方。因此，在我们的分析中，民族是一个很重要的社会因素。

由于我们的被试中，蒙古族人人数太少（只有2个），其数据不足以反映蒙古族人的使用情况，信度较差，我们不做分析。而就汉族、满族和回族来说，无论是轻声词的个数还是频次，三个民族都表现出了较强的一致性：汉族最少、满族次之、回族最多，具体见表2-13。这说明满族和回族比汉族北京人更多地保留了老北京话的特点，尤其是回族，伊斯兰教用语中的一些词语也读作了轻声，如“教文”“亡人”等。这也是容易理解的。因为满族和回族的调查对象大多世居北京，说地道的老北京话；而汉族居民中很多是后来迁入北京的，北京土音自然会少一些。

表2-13 不同民族的被试使用轻声词的情况

		均值	标准差	方差	总数	最小值	最大值	全距
轻声词数	汉	.6458	.18806	.035	52.31	.23	1.18	.95
	满	.6954	.18663	.035	15.30	.44	1.09	.65
	回	.7711	.28515	.081	11.57	.44	1.49	1.06
	蒙	.6630	.09846	.010	1.33	.59	.73	.14

（续表）

		均值	标准差	方差	总数	最小值	最大值	全距
轻声频次	汉	3.9986	1.03227	1.066	323.89	1.22	7.40	6.18
	满	4.0881	1.20774	1.459	89.94	1.97	7.43	5.46
	回	4.1104	.97774	.956	61.66	2.30	5.86	3.56
	蒙	4.0174	.53483	.286	8.03	3.64	4.40	.76

在相关分析中，地区是影响轻声词数使用的一个显著因素。通过具体分析，我们发现各地区之间的确存在差异，但内城、外城及郊区之间的差别没有什么规律性，如表 2-14 所示。

表 2-14　不同地区的被试使用轻声词的情况

		均值	标准差	方差	总数	最小值	最大值	全距
轻声词数	东城	.6984	.21021	.044	13.97	.29	1.09	.80
	海淀	.6960	.16729	.028	13.92	.48	1.08	.59
	卢沟桥	.6352	.12542	.016	12.70	.44	.95	.51
	牛街	.7604	.19787	.039	15.21	.45	1.12	.68
	天桥	.6870	.26674	.071	13.74	.37	1.49	1.12
	西城	.5482	.18328	.034	10.96	.23	1.04	.80
轻声频次	东城	4.0458	1.22580	1.503	80.92	1.97	7.43	5.46
	海淀	4.4296	1.12134	1.257	88.59	2.30	7.40	5.10
	卢沟桥	4.0586	.66316	.440	81.17	3.03	5.58	2.55
	牛街	3.7433	.98590	.972	74.87	1.22	5.06	3.84
	天桥	3.8406	1.18379	1.401	76.81	2.01	5.90	3.89
	西城	4.0578	.98186	.964	81.16	2.25	5.68	3.43

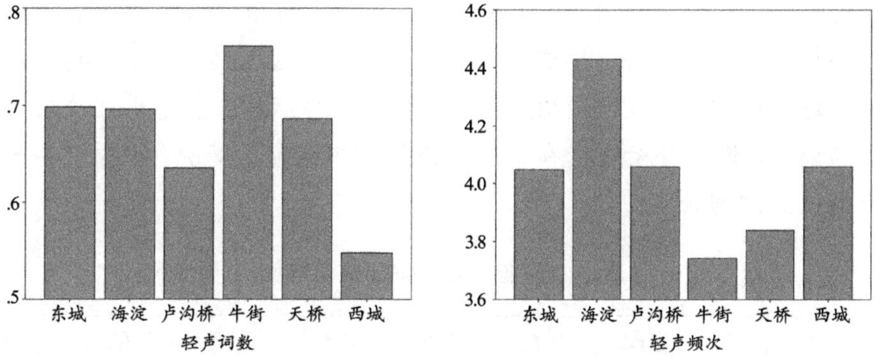

图 2-8　不同地区的被试使用轻声词的情况

在 6 个地区中，牛街的特点最为突出，该地区的被试使用的轻声词个数最多，频次却最少，这是与牛街地区的居住环境密切相关的。牛街地区几百年来一直是回民聚居的地区，保留的老北京话的特点较多，因而使用的轻声词的个数较多。但由于牛街居民使用的轻声词中有一些是低频的土俗词语，还有一部分是轻重两可的词语，因此轻声词的使用频次并不高。随着牛街社会生活环境的改变，这些适用范围窄的土俗词语将会逐渐消失；另外，随着牛街地区小聚居模式的打破，回民与汉民分散杂居，他们语言中的特殊词汇也将会越来越少。中华人民共和国成立后教育事业的发展也使得牛街地区居民的文化程度得到了提高，增加了回民的就业机会，使回民的职业由原来较简单的体力劳动开始向脑力劳动扩散，牛街居民的语言也更多地受到规范语音的影响，老北京话中原有的一些轻声词将会逐渐变为标准语体中的非轻读形式。

2.2.1.3　具体轻声词的使用

我们仔细比较了被试使用的轻声词，发现正在衰减的轻声词主要有两类：一是土俗色彩较浓的轻声词，或因所指事物的消失而消失，如“饽饽”“艾窝窝”“执事”；或逐步减少了使用频次，如“伍的”“这半拉”“归置”等；或已基本为同义的重读词语所代替，如“大概齐→大概”“打整→整理”“早起→早晨”“不价→别”。二是部分自由轻声词非轻声形式的使用频率增加，如“早晨”“西瓜”等。在这两类中，第一类轻声词衰减的速度最快、程度也最深，我们从这两类轻声词中挑选出8个具有代表性的词语，通过分析它们在不同言语社团中的使用情况，来探究轻声词衰减消失的过程。

表 2-15 部分轻声词的使用情况

代表词语	言语	多咱	早起	动换	不价	归置	伍的	~半拉 *
最大值	1	2	2	2	1	8	10	4
总次数	1	4	5	8	9	25	36	5
使用人数	1	2	3	6	9	10	12	2
平均值	1	2	1.67	1.33	1	2.5	3	2.5

*“～半拉”表示“方位词、指示代词＋半拉”，意思是“～边儿”。

表2-15中所列的8个轻声词都是自然轻声词。这八个轻声词的使用频次都不高，适用范围也不广，仅限于少数人使用，使用频次最多的“伍的”也仅有12人使用了36次。这些词虽然属于自然轻声词，但都是富有北京土俗色彩的词语，它们已不再是日常口语中的常用词，必将会因使用范围的缩小而逐步退出生活舞台，为同义的其他新形式所代替。

那么，这些带有地方土俗色彩的轻声词的社会分布是怎样的呢？我们以使用人次较多的“伍的”为例，来说明不同被试在轻声词选择上的特点。我们利用方差分析法对各社会因素在“伍的”使用上的影响进行了分析，结果发现，各社会特征的影响均不显著且方差是非齐性的。因此，我们仅做了简单的描述性统计，具体见表2-16。

表 2-16 "伍的"的社会分布

	性别		年龄			文化程度			职业			民族			
	男	女	老	中	青	高	中	低	体力	脑力	学生	汉	回	满	蒙
频次	2.75	3.50	4.00	1.00	0	1.00	1.00	3.40	4.14	1.40	0	2.00	7.50	3.00	0
人数	8	4	8	4	0	1	1	10	7	5	0	9	2	1	0

由表 2-16 可知，无论是使用频次还是使用人数上，"伍的"主要集中在老年人、低文化程度者、体力劳动者中。这三个言语社团的语体一般都保留了一些过时的语言形式，"伍的"作为北京话中土俗色彩较浓的一个轻声词，出现在这些社团中是很容易理解的。该词的使用随着年龄的减小、文化程度的升高而降低，青年人和学生没有一人使用。就其性别差异来看，男性在使用人数（8 人）和总体使用频次（22 次）上都高于女性，男性的语言一般比较粗犷，偏离标准语的不规范形式较多，同时这八位男性又主要是低文化程度的老年人（5 人，19 次），因此，"伍的"的使用较多。女性使用频次较高（3.50），但使用人数明显少于男性（4 人），且都是低文化程度的中年女性（2 人，2 次）和老年女性（2 人，12 次）。按照西方社会语言学理论，女性的语言一般比男性更接近正式的规范语体。但具体到我国，倾向于使用标准语体的主要是文化程度较高的青年女性，老年女性生活范围狭窄、文化程度较低，因而受标准语体的影响较小，她们所保留的老旧语言形式往往比相同社会特征的男性还多。因此，虽然使用"伍的"的女性不多，但在平均频次上却大大超过了男性。

2.2.2 弱化音节的共时变异[①]

不同被试不仅在轻声词个数和频次存在差异，就是在轻声词的语

① 我们这里虽然使用"弱化音节"这个名称，但实际并不包括声调的因素，仅仅是指声韵母的弱化。

音特征上也存在着明显的不同。劲松（2002）对 7 个北京人进行了语音实验，结果发现：就轻声词的音长来说，30 岁以下的年轻人读得更短促一些，而且这种缩短表现为整个词的缩短而非轻声音节的缩短；就音高来说，50 岁以上的老北京人调域差最大，前后音节的轻重对比非常明显，而 30 岁以下的年轻人的调域差就小得多，轻重对比也不那么明显了；就音强的能量强弱来说，老年人后音节的能量更弱些，而年轻人则偏强一些。轻声声学特征的变异主要和年龄有关。至于轻声音色的变异，劲松没有提及，我们这里主要介绍一下轻声弱化音节（即声韵母音变）的社会变异。

2.2.2.1 弱化音节的总体使用

我们对 120 个被试使用的各种弱化音节进行了描述性统计，具体结果见表 2-17。

表 2-17 弱化音节的总体使用情况

	均数	最小值	最大值	全距	方差	标准差
轻声词数（个）	24.35	9	44	35	37.927	6.16
弱化音节（个）	8.23	1	22	21	15.138	3.89

由表 2-17 的数据可以看出，弱化音节平均每人使用 8.23 个，最多的有 22 个。这说明，虽然轻声词在北京人口语中的总体使用频率非常高，但大部分轻声词只是声调上变得又轻又短，声韵弱化的情况却很少。轻声是北京话的重要特点之一，北京话中的轻声词数量很多，但真正体现京腔京韵特点的是发音含混轻短的轻声音节。但统计数据表明，轻声词弱化音节的使用并不多，这说明北京话中“京味儿”十足的语音特点正在逐步消失。从上表还可以看出，弱化音节的标准差为 3.89，数据相对集中。另外，由图 2-9 的正态分布图可以看出，弱化音节的使用呈偏态分布。虽然大部分被试的使用相对集中，但个别被试的使用仍然比较散乱，最少的用了一个弱化音节，最多的有 22 个，差别比较大，且频次较高的被试较少。

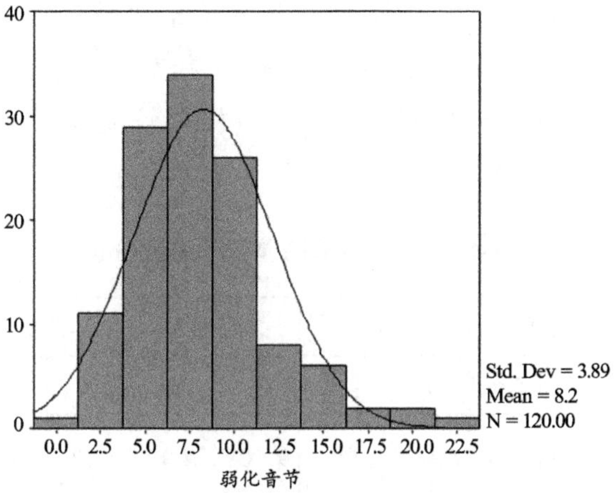

图 2-9 弱化音节的正态分布图

2.2.2.2 弱化音节的社会分布

如前所述，各社会因素都会对轻声词的使用产生程度不同的影响，对弱化音节的使用来说，也不例外。我们利用相关分析找出了明显影响弱化音节使用的社会因素。

表 2-18 各社会因素与弱化音节使用的相关性

		地区	性别	年龄	文化程度	职业	民族
弱化音节	相关系数	-.108	-.052	-.309(**)	.373(**)	-.128	.220(*)
	显著值（双尾）	.241	.574	.001	.000	.162	.016

** 在 0.01 水平上显著相关（双尾检验），* 在 0.05 水平上显著相关（双尾检验）。

通过相关分析，我们可以知道，在众多社会因素中，年龄和文化程度与弱化音节的使用显著相关，它们分别以 -0.309 和 0.373 的系数在 0.01 水平上相关；而民族则与弱化音节在 0.05 水平上显著相关。与轻声词的使用相比，性别因素的影响不明显。

在我们进一步的方差分析中，我们验证了年龄和文化程度的相关性，其显著值分别为 0.001 和 0.000，而且其 F 值都比较大。由此可见这两种社会因素在弱化音节使用上的影响力。但在方差分析中，我们发现，民族的显著值为 0.08，略大于 0.05，只因 F 值相对较大而对弱化音节的使用产生了影响，其影响力是有限的。

表 2-19　弱化音节的单因子方差分析

	地区		性别		年龄		文化程度		职业		民族	
	F	Sig.	F	Sig.	F	Sig.	F	Sig.	F	Sig.	F	Sig.
弱化音节	.676	.642	.317	.574	6.906	.001	9.507	.000	2.287	.106	2.314	.080

1. 年龄因素

由表 2-20 可以看出，弱化音节的使用与年龄成正比，老年人使用的弱化音节最多，中年人次之，青年人最少。北京话中不仅轻声词语的数量多，而且由于发音都特别轻短，造成了许多音节声韵母的弱化。普通话虽然接受了轻声，吸收了许多轻声词语，但除了极个别的词语外，并没有采用弱化的声韵母。20 世纪 80 年代的老年人其学话时代应在 30 年代，普通话还没有进行审定，因此，他们受普通话的影响较小，口语中保留的北京土音就较多，如“家里[lə^0|ləi^0|ləu^0]”“归置[tʂəu^0|tʂɐ^0]”“热闹[nɐ^0|nəŋ^0]”“玻璃[ləi^0|liŋ^0]”；而青年人多出生在解放后，受普通话影响较大，土音成分相对较少甚至基本没有。随着年龄的减小，读音会越来越接近普通话，弱化音节出现衰减。

表 2-20　不同年龄的被试使用弱化音节的情况

年龄	总数	均值	方差	标准差	最小值	最大值	全距
老年人	10.83	.2707	.012	.10957	.06	.61	.55
中年人	8.34	.2086	.011	.10665	.04	.46	.41
青年人	7.64	.1911	.007	.08387	.07	.53	.46

2. 文化程度因素

表 2-21 不同文化程度的被试使用弱化音节的情况

文化程度	总数	均值	方差	标准差	最小值	最大值	全距
高	6.94	.1736	.007	.08618	.06	.53	.47
中	9.09	.2273	.008	.08960	.08	.45	.37
低	10.78	.2696	.014	.11746	.04	.61	.57

文化程度是影响弱化音节使用情况的一个显著的外部因素，我们通过表 2-21 也可以看出，弱化音节的使用随着文化程度的提高而减少。受教育程度越高的人，学习和使用普通话的几率就越高；同时，由于他们生活范围相对较广，与外地人的接触较多，为了和外地人交流他们也不得不舍弃老北京话中极难听懂的弱化音节。而文化水平较低的人，他们的生活环境使得他们改变语音习惯的社会压力和能动性都远远低于高文化程度者，因此，他们保留的土音就相对要多一些。随着普通话的推广普及和人们文化程度的提高，京味儿十足的弱化音节的使用将会逐渐减少乃至消失。

我们仍然以上文提到的 6 位被试为例，来看一下不同文化程度的被试使用弱化音节的情况。

被试一：文盲 男 75 岁 工人 满（18 个弱化音节）

凑合[xuo^0]、地方儿[fə̃r^0|fəŋ^0]、动换[xuo^0]、反正[ʐəŋ^0]、父亲[tɕ^{h}in^0]、姑娘[niɑŋ^0]、过节儿[tɕ^{h}iər^0|tɕ^{h}ir^0]、～哈儿[xər^0]、和平[fən^0]里、横是[ʐʅ^0]、回来[lai^0]、晃晃儿[xuãr^0]、家里[lou^0|lə^0|li^0]、街坊[fəŋ^0]、拉扯[tʂ^{h}ə^0|ʂʅ^0]、里头[t^{h}ou^0]、溜达[ta^0]、累得慌[xəŋ^0]、买卖[mai^0]、母亲[tɕ^{h}in^0]、花儿[xuar^0]、陪侍[ʂʅ^0]、派出[ə^0]所、人家[tɕiɛ^0]、容易[i^0]、事故[ku^0]、事情[tɕ^{h}iŋ^0]、时

候儿[xour^{0}]、天津[tɕiŋ^{0}]、维持[tʂ^{h}ʅ^{0}]、伍的[tə^{0}]、养活[xuo^{0}]、一块堆儿[duər^{0}]、执事[tʂ^{h}ʅ^{0}]

被试二：文盲 女 71岁 家庭妇女 满（20个弱化音节）

凑合[xuo^{0}]、不价[tɕiɛ^{0}]、作根儿[kər^{0}]、时候儿[xour^{0}]、脾气[tɕ^{h}i^{0}]、白菜[ts^{h}ɛ^{0}]、反正[ʐəŋ^{0}]|反儿[fɐr^{214}]、媳妇儿[fər^{0}]、工夫[fu^{0}]|工夫儿[fər^{0}]、姑娘[niŋ^{0}]、街坊[fəŋ^{0}]、回来[lai^{0}]、家里[lou^{0}]、归置[tʂɐ^{0}]、叨唠[lau^{0}]、伍的[tə^{0}]、言语[i^{0}]、值当[təŋ^{0}]、粮食[ʂʅ^{0}]、慢慢儿[mɐr^{0}]、母亲[tɕin^{0}]、热闹[nəŋ^{0}]、早起[tɕ^{h}i^{0}]、花儿[xuar^{0}]、人家[tɕiɛ^{0}]、多儿[ə^{0}]、告诉[suo^{0}]、先头儿[t^{h}our^{0}]、东西[ɕi^{0}]、多咱[tsən^{0}]、知道[təu^{0}]、包袱[fu^{0}]、横是[ʐʅ^{0}]、～半拉[la^{0}]、～哈儿[xər^{0}]、分子[tsɿ^{0}]、拾掇[dɐ^{0}]、搭着[tʂə^{0}]、卫生[ʂəŋ^{0}]

被试三：中专 男 63岁 小学老师 汉（5个弱化音节）

提搂[lou^{0}]、早晨[tʂən^{0}]、反正[ʐəŋ^{0}]|反儿[fɐr^{214}]、黄瓜[kuə^{0}]、态度[tu^{0}]、东西[ɕi^{0}]、回来[lai^{0}]、家里[li^{0}]、知道[tau^{0}]、制度[du^{0}]、时候儿[xour^{0}]、上去[tɕ^{h}i^{0}]、上头[təu^{0}]、富余[y^{0}]、学生[ʂəŋ^{0}]、晚上[ʂɑŋ^{0}]、人家[tɕiɛ^{0}]

被试四：中专 女 65岁 护士 满（8个弱化音节）

爱人[ʐən^{0}]、程度[tu^{0}]、打算[səŋ^{0}]、地方儿[fɐ̃r^{0}]、耳朵[t^{h}əu^{0}]、反正[tʂəŋ^{0}]、父亲[tɕ^{h}in^{0}]、大夫[fu^{0}]、回来[lai^{0}]、家里[li^{0}|lei^{0}|lə^{0}]、厉害[xɛ^{0}]、热闹[nau^{0}]、朋友[iou^{0}]、商量[liɑŋ^{0}]、出去[tɕ^{h}i^{0}]、人家[tɕiɛ^{0}|tɕia^{0}]、知道[təu^{0}|tau^{0}]、愿意[i^{0}]、照顾[ku^{0}]、意思[si^{0}]、东西[ɕi^{0}]、护士[ʂʅ^{0}]、时候儿[xour^{0}]、觉得[tə^{0}]、认识[ʂʅ^{0}]、媳妇儿[fər^{0}]

被试五：大专　男　63 岁　干部　汉（6 个弱化音节）

玻璃[lei^{0}]、早晨[tʂən^{0}]、程度[tu^{0}]、打算[sən^{0}|suan^{0}]、底下[ɕiɛ^{0}]、葫芦[lu^{0}]、喜欢[xuan^{0}]、精神[ʂəŋ^{0}]、回来[lai^{0}]、容易[i^{0}]、事故[ku^{0}]、石头[tʰou^{0}]、东西[ɕi^{0}]、知道[dəu^{0}]、愿意[i^{0}]、觉得[tə^{0}]、时候[xour^{0}]、素质[tʂʅ^{0}]、休息[ɕi^{0}]、知识[ʂʅ^{0}]、这哈儿[xɛr^{0}]、粮食[ʂʅ^{0}]、出去[tɕʰi^{0}]

被试六：大学　女　63 岁　中学老师　汉（4 个弱化音节）

耳朵[tau^{0}]、反正[tʂəŋ^{0}|ʐəŋ^{0}|ʐʅ^{0}]| 反儿[fɐr^{214}]、胡同[tʰuŋ^{0}]、黄瓜[kua^{0}|kuə^{0}]、回来[lai^{0}]、老实[ʂʅ^{0}]、家里[li^{0}]、厉害[xɛ^{0}]、热闹[nau^{0}]、暖和[xuo^{0}]、漂亮[liɑŋ^{0}]、气候[xou^{0}]、人家[tɕia^{0}]、容易[i^{0}]、衣裳[ʂɑŋ^{0}]、倒腾[təŋ^{0}]、东西[ɕi^{0}]、新鲜[ɕiɛn^{0}]、学生[ʂəŋ^{0}]、衣服[fu^{0}]、意思[si^{0}]、乱乎[xu^{0}|xuo^{0}]、时候儿[xour^{0}]、合着[ʐʅ^{0}]、知识[ʂʅ^{0}]、好好儿[xaɔr^{0}]、觉得[tə^{0}]、地方儿[fɑ̃r^{0}]、利落[luo^{0}]

通过比较这六位被试的使用情况，我们可以发现，弱化音节的使用的确是随着文化程度的提高而减少的。被试六在轻声词数和轻声频次的使用上是比较高的，但其轻声音节多是标准读音，弱化音节使用的很少。由此我们可以猜测，北京话中轻声的衰减先是逐步减少了带土音的弱化音节，然后才逐步减少使用轻声词汇。

由上文的分析，我们了解了年龄和文化程度对弱化音节的具体影响，但各言语社团内部的使用情况又是怎样的呢？我们在方差齐性检验的基础上（年龄、文化程度的方差检验是齐性的，具体结果略），利用 Student-Newman-Keuls 方法（简称 S-N-K）对年龄和文化程度进行了两两比较，具体结果见表 2-22。

表 2-22 年龄、文化程度的 S-N-K 比较

	年龄			文化程度		
	1		2	1	2	
	青年人	中年人	老年人	高	中	低
弱化音节	.1911	.2086	.2707	.1736	.2273	.2696
显著值	.439		1.000	1.000	.057	

由于我国特定的国情，年龄和文化程度之间往往存在着一定的对应关系，从二者各自的内部差异来说，也表现出了一致性，它们内部各分两个亚组。青年人和中年人同属一个亚组，与老年人形成较大差异；中、低文化程度的被试存在一定的一致性，同属一个亚组，二者均与高文化程度的被试存在显著差异。具体来看，在弱化音节的使用上，第一亚组（中青年被试和高文化程度被试）的使用频率要远远低于第二亚组（老年人和中、低文化程度者）。由此，我们可以推断，轻声弱化音节的使用必定会逐渐衰减直至消失，而其衰减是由青年人和高文化社团逐步扩散至老年人和低文化社团的，这是由普通话的影响所致。

年龄和文化程度对弱化音节的交互影响通过图 2-10 的柱形图就可一目了然。图 2-10 中的两幅图所表达的信息其实是一样的，我们主要就第一幅图进行分析，其结果可以从第二幅图中得到进一步的验证。我们可以看出，低文化程度者的使用频率都是随着年龄的减小而减少的；高文化程度者在老年人和中年人中也是呈现减少的趋势；但在青年人中不但没有减少反而出现上升趋势，比老年人中的高文化程度者还要多。究其原因，我们认为，这是由于青年人内部的趋同作用压制了文化程度的影响，内部的认同感在这种影响中占据了主导地位，青年人中三种不同文化水平的被试使用的弱化音节是大致相当的。低文化程度的青年人使用频率反而最低，这可能与他们更注重自身的社会地位有关，为提高自身社会地

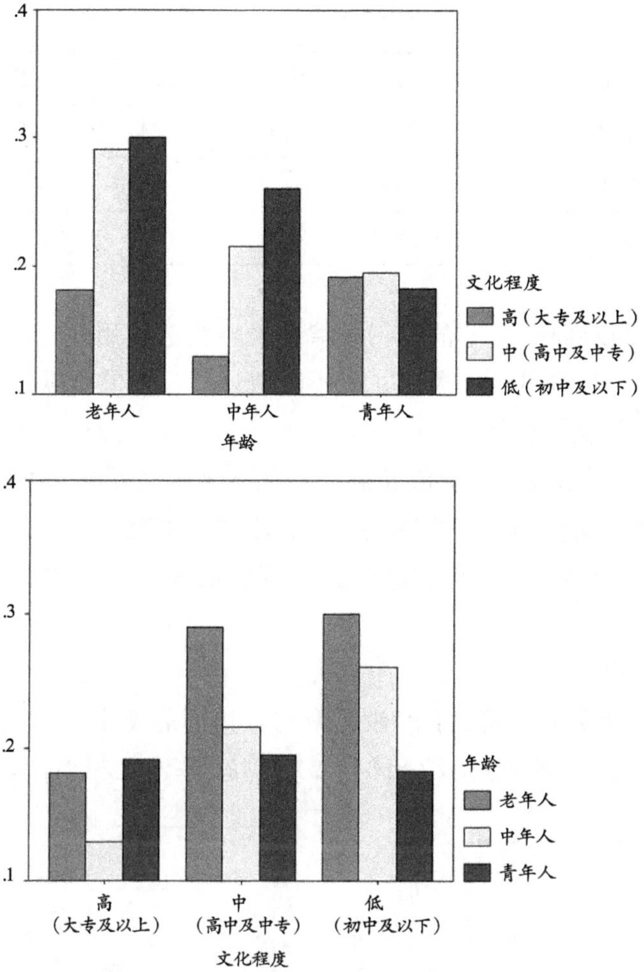

图 2-10　年龄与文化程度的交互作用图

位而在语言上追求一种具有潜在声望的变体形式，在表述上努力向社会标准语体靠近。

3. 民族因素

由前文的相关分析可知，影响弱化音节使用的第三个社会因素是民族。我们这里同样不考虑蒙古族。具体见表 2-23。

表 2-23　不同民族的被试使用弱化音节的情况

民族	均值	方差	标准差	最小值	最大值	全距	总数
汉	.2110	.012	.10792	.04	.61	.57	17.09
满	.2225	.009	.09357	.06	.46	.40	4.89
回	.2843	.009	.09318	.17	.45	.27	4.26

汉、满、回对弱化音节的使用规律和轻声词的使用是一样的，回族最多、满族次之、汉族最少。原因在此不再赘述。我们着重看一下民族和年龄、文化程度的交互作用。

由图 2-11 可以看出，汉族和满族弱化音节的使用频率随着年龄的减小而减少，随着文化程度的提高而减少，这与总体趋势是一致的。而回族则表现出了不一致性，中年人和中文化程度的被试表现异常。原因有待进一步考证。

4. 性别因素

由上文的相关分析可知，性别因素与轻声词的使用不相关，男女两性在弱化音节的使用频次上（22.89%：21.80%）基本上相当，女性略低，具

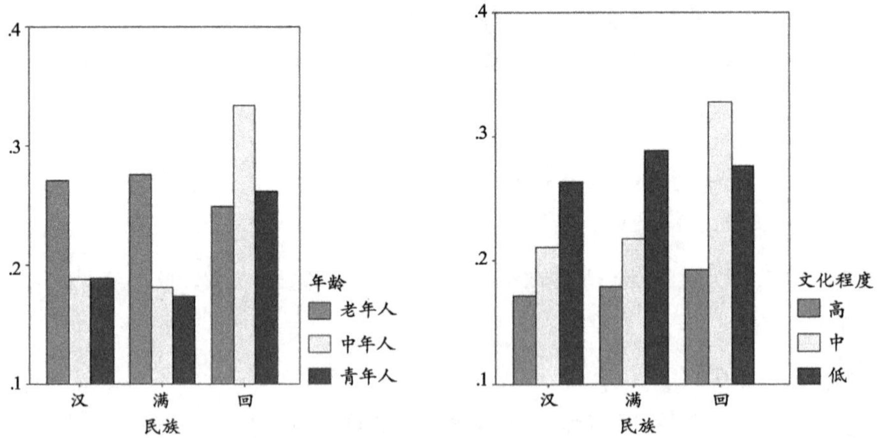

图 2-11　民族和年龄、文化程度的交互作用图

体见表 2-24。而通过两因素方差分析，我们发现，性别与年龄、文化程度交互起作用时却会影响弱化音节的使用频次，详见图 2-12。

表 2-24 不同性别的被试使用弱化音节的情况

性别	总数	均值	方差	标准差	最小值	最大值	全距
男	13.73	.2289	.008	.09036	.04	.53	.48
女	13.08	.2180	.014	.11939	.06	.61	.55

就图 2-12 来看，女性的使用频率随着年龄的减小而减少，符合总体趋势。但不同年龄的男性，虽然仍然是老年人最高，但使用频率相差不大，中年男性频率最低。中年人的学话时代应该是在新中国成立前后到 50 年代，正值刚刚推广普通话的时期，人们学习普通话的热情较高；而青年人的学话时代是在“文化大革命”期间，政治环境比较压抑，人们与外界交流的机会相对较少。因此，青年男性土音的保留率反而比中年人高。男女两性使用弱化音节的频次都随着文化程度的提高而减少。就男性来说，不同文化程度的男性（尤其高、中文化水平的）使用频率相差不大，高、中水平的男性要比同等文化程度的女性略多，而低文化程度的男性却

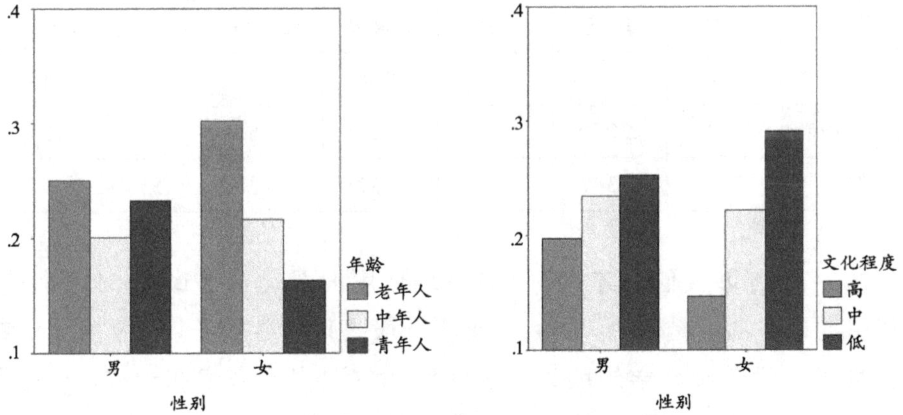

图 2-12 性别和年龄、文化程度的交互作用图

比女性少得多，衰减得比较厉害。这可能与他们刻意提高自身社会地位而在语言上努力向社会正式语体靠近有关。女性在使用上的突出一点就是，低文化程度的女性使用频次大大高于其他女性，高文化程度的女性使用频率最少。这也反映了女性在语言演变中的作用相当复杂：一方面女性由于生活范围狭小、文化水平整体不如男性而倾向于保守，从而更多地保留了一些北京本土的语言形式；另一方面由于女性（尤其年轻女性）较注重外在、对新鲜事物较为敏感，她们又往往成为新的语言现象的推动者。在这里，男女两性都在顺应社会而努力改变自己的发音，但女性似乎更为敏感。

综上所述，我们发现，男性使用模式接近35岁以下的年轻人的模式，而女性模式则接近中老年人的模式。这反映了当时我国男性和年轻人文化程度较高、而女性和中老年人文化程度较低的现象。高文化程度者易于选择新形式，低文化程度者则倾向于旧形式，因而，轻声弱化音节的衰减是从年轻人和高文化程度者开始的。而低文化程度的男性在弱化音节的使用上也出现了衰减趋势，这就更加速了它的衰减和消失。

5. 职业和地区因素

表 2-25　不同职业的被试使用弱化音节的情况

职业	总数	均值	方差	标准差	最小值	最大值	全距
体力劳动者	10.47	.2493	.011	.10687	.04	.52	.48
脑力劳动者	14.01	.2060	.010	.10115	.06	.61	.55
学生	2.34	.2342	.014	.11671	.13	.53	.40

表2-25告诉我们，脑力劳动者平均使用的弱化音节最少，体力劳动者使用的最多。这是因为，体力劳动者一般文化程度较低，而脑力劳动者文化水平一般较高。学生因为其生活环境主要限于家庭和学校，其使用土语土音的频次受家庭生活环境的影响较大，因而表现出不稳定性。这

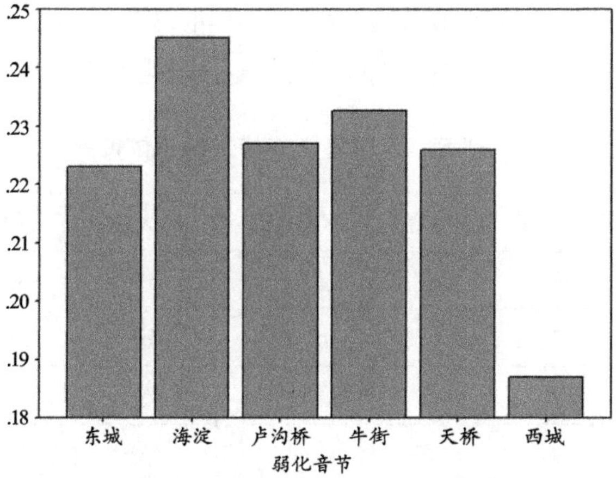

图 2-13 不同地区的被试使用弱化音节的情况

里说是职业因素对弱化音节的影响，实际上是其背后的文化程度在起作用。

在轻声弱化音节的使用上，6 个地区之间虽然并不是完全一样，但除了海淀和西城以外，其他地区表现出一定程度上的趋同。过去北京城的地区差异是比较大的，东城和西城、南城和北城的话都不太一样，但今天这种差异已经基本不存在了。语言变异由地区差异更多地表现为各社会特征下的言语社团的不同。这也说明，人们已经由同一地区内的交往逐渐转变为相同特征的群体间的交往。

2.2.2.3 具体弱化音节的使用

由于我们的语料来自于日常口语，话题都是人们日常生活中的热门问题，因此，人们所使用的词语相对比较集中，一般都是常用词。在我们的语料中，最常用的一个轻声词是“反正”，120 个被试只有 16 人没有用到，而这个词的轻声读法有 6 种之多：反正[tʂəŋ^{0}|ʐəŋ^{0}|ʐʅ^{0}|fɐr^{214}|tʂ^{h}əŋ^{0}|tsəŋ^{0}]。更有的是轻声音节“正”弱化后，失去独立地位，附着在前一个音节“反”的末尾，使前一个音节的元音带上卷舌动作，成为儿化音，读作“反儿[fɐr^{214}]”。虽不属于轻声，但也是由于语音弱化产生的，我们暂且放在一起讨论。在用到“反正”一词的 104 个被试中，大部分被试是多

种说法并用，其中有 4 个被试最多用到了 4 种说法。我们拟通过该轻声词轻声音节在各言语社团中的分布，探讨一下弱化音节的扩散和演变。

表 2-26 “反正”轻声音节使用的总体情况

	使用人数	全距	最小值	最大值	总数	均值
反正［tʂəŋ^{0}］	82	37	1	38	420	5.12
反正［ʐəŋ^{0}］	72	56	1	57	360	5.00
反正［ʐʅ^{0}］	20	5	1	6	36	1.80
反正［fɐr^{214}］	29	5	1	6	57	1.97
反正［tʂʰəŋ^{0}］	1	0	1	1	1	1
反正［tsəŋ^{0}］	1	0	1	1	1	1

由表 2-26 可以看出，“反正”一词的 6 种不同的轻声音节的使用人数和频次。在这 6 种类型中，［tʂəŋ^{0}|ʐəŋ^{0}|ʐʅ^{0}|fɐr^{214}］出现的频次较高，［tʂəŋ^{0}］作为标准读音，其使用人数最多（82 人），但使用频次的最大值却出现在［ʐəŋ^{0}］这一类型中（57 次）；［tʂʰəŋ^{0}|tsəŋ^{0}］仅仅出现了 1 次，我们可以看作是个人的临时变异，不予分析。比较这四种读音类型，四个音节的声韵母音变规律可以描述为：

［tʂəŋ^{0}］ → ［ʐəŋ^{0}］ → ［ʐʅ^{0}］ → ［fɐr^{214}］

即声母先擦音化，然后韵母进一步弱化，最后声韵母消失，融入前一音节，仅保留一个卷舌动作。

表 2-27 “反正”四种轻声音节与各社会因素的相关分析

		地区	性别	年龄	文化程度	职业	民族
［tʂəŋ^{0}］	相关系数	-.026	.324(**)	.233(*)	-.291(**)	.264(*)	-.150
	显著值	.818	.003	.035	.008	.016	.180

（续表）

		地区	性别	年龄	文化程度	职业	民族
[ʐəŋ^{0}]	相关系数	-.013	.069	.143	-.057	-.073	.055
	显著值	.916	.563	.231	.636	.544	.644
[ʐʅ^{0}]	相关系数	.107	-.218	-.487(*)	.251	.095	-.048
	显著值	.652	.355	.029	.286	.690	.840
[fɐr^{214}]	相关系数	-.289	-.117	.030	.009	.230	-.068
	显著值	.128	.547	.876	.963	.229	.727

** 在 0.01 水平上显著相关（双尾检验），* 在 0.05 水平上显著相关（双尾检验）。

通过相关分析，我们可以看出，[tʂəŋ^{0}] 音节的使用与性别和文化程度在 0.01 水平上、与年龄和职业在 0.05 水平上相关；弱化音节 [ʐʅ^{0}] 的使用与年龄在 0.05 水平上显著相关，而其他各社会因素对它的使用都没有太大的影响；弱化音节 [ʐəŋ^{0}] 和 [fɐr^{214}] 的使用则呈现不规律性，与各社会因素均不相关。“反正”轻声音节在各社团中的使用情况，具体见表 2-28。

表 2-28 “反正”四种轻声音节的社会分布

		性别		年龄			文化程度			职业		
		男	女	老	中	青	高	中	低	体力	脑力	学生
[tʂəŋ^{0}]	频次	2.72	7.00	3.73	3.38	7.14	7.31	5.07	2.54	3.46	5.04	9.80
	人数	36	46	22	24	36	29	29	24	26	46	10
[ʐəŋ^{0}]	频次	4.41	5.53	4.27	3.43	6.93	4.95	6.08	4.00	6.11	4.03	5.33
	人数	34	38	22	23	27	19	26	27	28	35	9
[ʐʅ^{0}]	频次	2.11	1.55	2.75	2.17	1.20	1.50	1.57	2.29	1.44	2.33	1.00
	人数	9	11	4	6	10	6	7	7	9	9	2

（续表）

		性别		年龄			文化程度			职业		
		男	女	老	中	青	高	中	低	体力	脑力	学生
［fɐr^{214}］	频次	2.17	1.82	1.89	2.00	2.00	2.20	1.73	2.08	1.88	1.73	6.00
	人数	12	17	9	10	10	5	11	13	17	11	1

通过表 2-28 的数据，我们可以大致看出，［tʂəŋ^{0}］音节主要分布在女性、青年人、高文化程度者以及学生中，［tʂəŋ^{0}］音节是普通话所接受的标准形式，由于前面所讲述的原因，这些群体使用［tʂəŋ^{0}］音节的频次高是很容易解释的。［tʂəŋ^{0}］音节保留在女性、青年人、低文化程度者和体力劳动者中。由于我国的特殊国情，女性的语言使用具有两面性：一是青年女性倾向于使用标准语体；二是老年女性由于文化程度低而保留了较多的老旧形式，比如这里的［tʂəŋ^{0}］音节。至于青年人的使用频率较高，这主要是因为他们的反叛心理在作怪。［zʅ^{0}］由于弱化的程度比较高，发音含混不清，不利于日常交流，因此，整体的使用频率不高，而就其具体的使用情况来说，主要集中在男性、老年人、低文化程度者和脑力劳动者中。脑力劳动者的文化程度一般较高，受普通话影响较大，而且由于工作和交际的需要一般也多使用规范的标准语体，但该群体使用［zʅ^{0}］的频次却远高于体力劳动者和学生。这可能是由于我们调查的是日常随意语境中的话语，被试比较自由，出于发音上的简便省力，他们使用了北京话中弱化了的土音。［fɐr^{214}］是由于弱化吞音而衍生出的儿化韵，是北京话的突出特点之一，该音节主要分布在女性、中青年人、低文化程度者以及体力劳动者中，正是这一部分人保留的老北京话的特点较多；而学生是一个特例，虽只有 1 个人使用，但频次却是最高的，高达 6 次。学生虽然是普通话的先锋队，但由于他们喜欢标新立异，往往使用一些能够突显个性、离经叛道的变体形式，因此，他们使用的由轻声弱化造成的卷舌儿化词较多，除“反儿”外，还有“多儿钱”“不儿道”“我告儿你”等。

2.2.3 小 结

语言变异在大多数情况下都不是随机的，总有大致规律可寻，20世纪80年代北京话轻声的共时变异也不例外。就现阶段来看，轻声仍是人们的日常口语中非常活跃的一种语言现象。但我们通过比较轻声词和弱化音节在各言语社团中的使用情况发现，不仅北京话中特殊的轻声弱化音节在不断消失，就连轻声词的使用个数和频次也都正处于逐步衰减的过程中，其消变过程大致可以描述为由高文化人群向低文化人群、由青年人向老年人、由女性向男性、由脑力劳动者向体力劳动者逐步扩散。

轻声词和弱化音节的这一变化是在内部语言特征和外部社会因素共同作用下产生的。

首先，从内部语言特征上来看，北京话中轻声词的弱化音节存在多种变体，发音含混，吐词不清，这对于外地人来说很难听懂，不利于交流。另外，轻声区分词义、词性的语法功能逐渐减弱，一些同音词根据语境完全可以区别开，而用不着使用轻声，如"大意段落～—— 大意粗心～""孙子人名 —— 孙子"等，现阶段的轻声多是作为一种富有地方特色的语音修饰手段而存在的。在这种情况下，弱化音节和轻声词的衰减也就不足为怪了。现在的新词新语就很少有轻声词。

其次，"语言在变化的过程中，不但要受一定的语言内部结构的制约，同样还要受某些社会因素的制约"（陈松岑，1999），影响轻声使用的外部社会条件主要是人们日益提高的文化水平、普通话和各地方言的影响等等。近几十年来，随着人民群众文化水平的不断提高，再加上普通话的影响，口语中含混不清的弱化音节的使用场合越来越少，土俗轻声词也最终会被同义的其他词语所代替。改革开放以后，北京的社会文化环境发生了翻天覆地的变化，外来人口剧增，北京人为了和外地人交流，也不得不舍弃老北京话中所指狭小、极难听懂的轻声词和弱化音节。

2.3 轻声的历时变化

语言演变是在时间和空间两个纬度上同时展开的，如果我们能在了解共时变异的基础上，进一步分析语言现象在真实时间上的发展演变，将有助于我们对语言变化的实质和过程做出更科学合理的解释。第二节通过比较分析显像时间上各言语社团使用轻声的情况，我们基本能够了解轻声词和轻声弱化音节演变的大致轨迹。为了进一步论证这一演变趋势，我们对轻声在真实时间上①的变化也进行了简单探讨，选取的材料是劲松（2002）。

劲松（2002）比较了《现代汉语词典》1992年版和1998年版的两个不同版本，找出了两者所收录的轻声词的变化，并从不一致的部分中节选了265个轻声词②，通过念词表的方式进行了调查，以探讨《现代汉语词典》不同版本标注的轻声词在口语中的变化。这些轻声词包括1992年版标为轻声而1998年版标为两读的、1992年版标为轻声而1998年版标为非轻声的以及1992年版标为两读而1998年版标为轻声的这三部分。调查被试共有33名北京人，其中，男性20人，女性13人；新北京人11人，老北京人22人；30岁以下的青年人20人，30—50岁的中年人11人，50岁以上的老年人2人；小学文化水平的2人，中学水平的7人，大学以上的24人。作者在调查具体词语在口语中的变化的同时，也分析了三类词语的社会分布，具体调查结果见表2-29和表2-30。

① 由于条件所限，我们很难进行真正意义上的真实时间的研究，这里只能借用其他人的相关研究进行比较。

② 具体调查词表见劲松（2002）。

表 2-29 1992 年版轻声而 1998 年版两读词语的社会分布 [①]

		不读轻声	自由变读
性别	男	40%	31%
	女	54%	21%
新老之分	新北京人	53%	23%
	老北京人	42%	30%
年龄段	30 岁以下	39%	29%
	30—50 岁	57%	23%
	50 岁以上	50%	38%
文化程度	小学	25%	50%
	中学	43%	29%
	大学以上	48%	25%

表 2-30 具体词语在口语中的使用情况 [②]

词语类别	词语	读轻声		不读轻声		两读	
		人数	比例	人数	比例	人数	比例
1	白天	7	21.2%	14	42.4%	12	36.4%
	残疾	8	24%	17	52%	8	24%
	知道	12	36%	11	34%	10	30%
	底细	9	27%	18	55%	6	18%
	得罪	7	21%	19	58%	7	21%

① 见劲松（2002），表头为笔者所加。

② 见劲松（2002），笔者稍作改动，表头为笔者所加。这里的词语类别指上文所说的调查词表中包含的三类词，其顺序和上文的出现顺序一致。

（续表）

词语类别	词语	读轻声		不读轻声		两读	
		人数	比例	人数	比例	人数	比例
1	周到	7	21%	21	64%	5	15%
	支撑	2	6%	16	79%	5	15%
2	近视	9	27%	19	58%	5	15%
	面食	5	15%	24	73%	4	12%
	松动	7	21%	25	76%	1	3%
3	出息	22	67%	8	24%	3	9%
	亲戚	13	40%	7	20%	13	40%
	跳蚤	11	33%	10	30%	12	37%

劲松的调查结果表明：对于1998年版《现代汉语词典》改为两读的词语，女性有54%不读轻声，远远高于男性（40%）；新老北京人在总体使用上（不轻读和自由变读相加）接近（76%∶72%），老北京人不轻读的比例低于新北京人，自由变读比例略高于新北京人；从年龄分布来看，不轻读的反而是中年人最多，青年人最少（作者认为这是由于中年人是各单位的骨干，因工作需要，要使用标准的普通话，因此，不轻读的比例较高，而青年人比较欣赏自由的散漫风格，因此使用的语言也常常不稳定）；就不同文化程度的被试来说，不轻读的比例随着文化程度的提高而增加。换言之，在轻声词的使用上，男性高于女性、青年人多于中老年人、低文化程度者高于高文化程度者。

如第二节所述，在我们的调查中发现，无论是轻声词数还是轻声频次，女性的使用都比男性要高；轻声词的使用与被试的年龄成正比，老年人使用的最多、青年人最少，轻声词随着年龄的减小而出现衰减；轻声词的使用基本是与文化程度成反比的，随着文化程度的增高而逐渐减少，高文化程度者是使用最少的一个群体，而中低文化程度的被试相对较高。

劲松的调查和我们的调查相隔了16年，而这16年正是中国社会自改革开放以来发展最迅速的16年。通过对比，我们可以发现不同言语社团使用轻声词的发展变化。就男女两性来说，在20世纪80年代初期，由于人们的生活和思想相对封闭，女性的社会地位和经济地位都还不如现在，女性的语言仍然带有以往的痕迹。而随着社会的发展、女性的进一步解放，女性越来越倾向于标准发音，以显示自己良好的文化素养，因此，其轻声词的使用出现大幅度的衰减。就不同年龄的人来说，20世纪80年代的老年人口语中保留的轻声词最多，青年人最少。经过16年的发展，20世纪80年代的中年人变成了现在的老年人，其使用的轻声词个数虽然不是最少的，但发展到现代，随着一些土俗词语的自然磨损，这些人使用的轻声词也有所下降；20世纪80年代的青年人使用的轻声词最少，到了现代，随着他们在工作事业上的发展，他们开始自觉地使用普通话，因此，轻声词的使用是越来越少了。至于21世纪初期青年人中出现的“语言逆变现象”，则是由于特定年龄下反叛、求异的社会心理造成的。而随着年龄的增长，该群体的语言使用也会出现相应的改变。就文化程度对轻声词使用的影响而言，文化因素的影响是非常稳定的，两次调查的结果相吻合。

从我国目前来看，女性在家庭教育和学校教育中占主导地位，女性的言语特征将会直接影响到下一代人的语言使用。而随着文教事业的发展和广电传媒的普及，普通话对汉语方言的冲击将会越来越严重。轻声词的衰减也就成了不可避免的趋势。

由于两次调查的方法、词表等各不相同，再加上我们所看到的劲松（2002）的调查结果非常有限，因此，我们仅找到了两个同用的轻声词：“知道”和“亲戚”。现将其在16年间的发展变化统计如下：

表 2-31 “知道”“亲戚”16 年间的演变

词语	20 世纪 80 年代初期				21 世纪初期			
	读轻声		不读轻声		读轻声		不读轻声	
	次数	比例	次数	比例	人数	比例	人数	比例
知道	188	85.07%	33	14.93%	12	36%	11	34%
亲戚	37	75.51%	12	24.49%	13	40%	7	20%

通过对比“知道”“亲戚”在两次调查中的情况可以发现，这两个词在 20 世纪 80 年代初期读作轻声的比例都比较高（85.07%、75.51%），远远高于不轻读的比例；到了 21 世纪初期，这两个词轻读的比例仍然是高于非轻读的比例，但轻读的比例已经大大降低了，非轻读比例却大大提高，尤其是“知道”轻读和非轻读的比例相差不多。

历时比较的结果证明，我们对显像时间上正在进行中的变化的研究推测是正确的，轻声在现阶段的确是在不断衰减。虽然如此，但它作为京腔京韵的突出代表，是北京大都市的特色之一，而中国人又有着非常浓厚的都市情结，因此，北京话的轻声虽然出现了衰减趋势，但短时间内并不会消失。

第三章　儿　化

儿化作为“北语的特征，国语标准音中的重要分子”（黎锦熙、白涤洲，1934），是近代汉语中出现的一种重要的功能性语言现象，涉及语音、词汇、语法、语义乃至语用等多个层面。语音上，儿化韵是一种由特殊的语流音变——合音造成的变韵形式，原本一音节一义的“～儿”尾因表示语法意义，使音节弱化失去独立存在的能力，从而和前一词根语素相互融合共处于同一个音节中；其声学特征是 F3（第三共振峰）显著下降，F3 和 F2（第二共振峰）的距离越近，卷舌的感觉越明显（王理嘉、贺宁基，1985），儿化韵不是发音动作在时间序列上独立的自主音段，其卷舌动作和声调、轻重音一样，属于上加成分，而不是音段成分，我们无法把它从线性序列中分离出来，是一种“超音段音位”。词汇上，不仅儿化是丰富现代汉语词汇、赋予词以特殊色彩的形态单位，儿化词也是普通话中极具地方特色的一类特殊词汇。语法上，儿化是一种有效的构词手段和变换语法作用的单位，后缀“～儿”附着在词根末字音节上，构成一个新的音节的同时也改变了原有词语的词义、词性。语义上，儿化还是表示小称和语义轻化的重要手段。另外，在语用上，儿化成为京味儿言语风格的标志，是文学作品中借以刻画人物性格、塑造人物形象的重要手段。

本章拟从儿化的一般特征、儿化的共时变异以及儿化的历时变化三个方面来详细探讨北京话中儿化词以及儿化韵的社会分布和演变规律。

3.1 儿化的语言特征

3.1.1 儿化词的分布

3.1.1.1 儿化词的来源

北京话的儿化词异常丰富，儿化词的来源也有 5 种之多。赵元任在《汉语口语语法》中指出了 3 个：（1）里，例如“这儿（这里）”“那儿”“哪儿”；（2）日，例如“今儿（今日）”“明儿”“昨儿”“几儿”；（3）儿，一般说是指小，但实际上只是一个名词标记，例如“钢崩儿”“门把儿”“花瓣儿”。李思敬（1986）调查了河北省东部（京东地区）之后又补充了现代汉语北方话儿化音的另一个来源“了”，例如“这下子可要儿我的命喽”（这下子可要了我的命喽）。他还指出，现代汉语北方话中“日、里、了”汇入“儿化音”不自今日始，从历史上看，其来有自。比如，“这儿”“那儿”“今儿”“明儿”“多儿去（X ＋ 了去）”等中的“儿”其实就是“里［li^0］、日［$ʐʅ^0$］、了［$lə^0$］”的语音讹变，虽然也写作“儿”，但实际与“儿”无关。董少文（1995）认为，北京话中的儿化另外还有别的来源，是在口语中的连续语流中形成的，例如“不知道”说快了，变成“不儿道”，由三个音节变成两个音节。在日常口语中，由于交际的特定情境使得有些信息成为冗余信息，再加上语音的自然磨损、语速过快、语音弱化等原因而衍生出了很多儿化词。这种儿化词一般只出现在三音节连读时中间的一个音节，如“多儿钱←多少钱”“反儿←反正”“我告儿你←我告诉你”“横儿←横是”“合儿←合着”“不儿道、不知儿［$ə^0$］←不知道”等。在这些词语中，由于后一音节的声母多是稍带卷舌色彩的舌尖后音［tʂ］、［$tʂ^h$］、［ʂ］（即所谓的翘舌音），因而在随意性谈话中，由于连读音变，这些音节的卷舌音色影响到了前一音节，在使之儿化的同时也削弱了自身的次要特征，使得该音节被前一音节“吞掉”。总之，北京话中的儿化词历时来源异常复杂，但从共时层面已经看不出什么差别了。

3.1.1.2 儿化词在不同音节中的分布

依据构成音节的多少，儿化词可以分成单音节儿化词、双音节儿化词和多音节儿化词。单音节儿化词和双音节儿化词是汉语中最基本的儿化词，其中包括由于词义变化造成的儿化词和由语法结构引起的儿化词，还有很多我们已看不出任何规律的必读的自然儿化词。

1. 单音节儿化词

单音节儿化词和可儿化的不成词语素是双音节和多音节词儿化的基础，绝大多数单音节儿化词都只是名词性的，只有少数是非名词性的，比如“玩儿”和“火儿（他一听这话就火儿啦）”是动词，“这儿”“那儿”“哪儿”是代词，“串儿”“段儿”“拨儿”等是量词，“们儿”是表示复数的词缀。

朴红瑛（2003）把名词性的单音节儿化词分为 4 种情况。

（1）兼有儿化和非儿化两种形式，词性不同但意义相同的单音节儿化词。

这一类儿化词主要是指儿化形式均是名词而非儿化形式是动词或形容词的，如“绊儿、吃儿、过儿、小儿、好儿、亮儿、响儿、托儿”等。这里的“儿”是词缀，“儿”的语法作用是构成一个与原词根不同的词。这些词的儿化形式都是名词，非儿化形式是形容词或动词，但它们的意义都是相关的，如“他把我绊倒了”和“他使了一个绊儿，把我摔倒了”意思是一样的。

（2）兼有儿化和非儿化两种形式，词性相同但意义不同的单音节儿化词。

这一类儿化词儿化和非儿化两种形式都是名词性的，但意义略有不同。一般情况下，儿化形式的意义是源自非儿化形式即词根语素的意义中产生的各种各样的引申义。“儿”所起的作用多是附加某种色彩，一般是在原词或原语素的意义上附加一种比喻义。如：

鼻—鼻儿（门鼻儿、针鼻儿、扣鼻儿、响鼻儿）

心—心儿（菜心儿、灯心儿、气门心儿、夹心儿）

（3）儿化和非儿化形式意思完全相同的儿化词。

有极少数词在同一个义项上有“儿”无“儿”均可单用，并且意义完全相同，如“字—字儿”“词—词儿”。

（4）只有儿化一种单用形式的儿化词。

这类词数量较多，如“鸟儿”“馅儿”“枣儿”“桃儿”“壳儿”“芽儿”“汁儿”等。

2. 双音节和多音节儿化词

双音节儿化词是现代汉语儿化词中的重要部分，数量最多，形式也比较多样。双音节儿化词绝大多数可从单音节儿化词中找到依据，是从单音节儿化词扩展而来的；也有一小部分是由于语法结构造成的儿化。语言毕竟受多种因素的影响，尤其是社会文化、思想观念的影响，所以情况复杂多样，不会是整齐划一的，我们对双音节儿化词应该具体情况具体分析。从儿化音节所处位置的不同，我们可以把双音节儿化词分为末音节儿化和前音节儿化两种类型。

双音节儿化词是以单音节儿化词为基础的，但同时它又和单音节儿化词一起构成汉语的基本儿化词。基本儿化词可以作为构词成分构成无限多的多音节儿化词，虽然构成的新词可能会引申出新的意义，但总体上看，多音节词语中的儿化音节通常也就是单音节或双音节儿化词。

3.1.1.3　儿化词在不同词类中的分布

我们依据词类对语料中的儿化词进行了逐一分类，共得 9 类，具体如表 3-1 所列。

表 3-1　儿化词的词类分布

	名词	动词	形容词	副词	数词	量词	代词	连词	拟声词	总数
个数	310	6	9	12	5	40	11	1	2	396
百分比	78.28%	1.52%	2.28%	3.04%	1.26%	10.10%	2.78%	0.25%	0.51%	
频次	8489	430	16	503	16	1383	1006	24	4	11871
百分比	71.51%	3.625	0.13%	4.24%	0.13%	11.65%	8.47%	0.2%	0.034%	

无论是儿化词的个数还是儿化词的使用频次，都是名词最多（占总数的 78.28%），量词次之（占总数的 10.10%）。代词的儿化词个数虽然很少（11 个，占 2.78%），但因都是高频词，使用频次高达 1006 次也就不足为怪了。连词的儿化词个数最少，只有 1 个（一边儿），占总数的 0.25%。

从共时层面上看，儿化词中名词最多；而从其历史来源上看，部分名词性的儿化词是由动词、形容词、量词等的非儿化形式发展而来的。朱茂汉（1982）曾指出，近古时代，"{动词、形容词＋'儿'}名词"的格式就已开始形成了，如"黄儿""黑儿"，在近代又得到了迅速发展，构成了一批新词，如："你不要捏我的错儿罢咧"（《红楼梦》第四二回）、"或有好事，他就不等人家去家，他先抓尖儿。"（《红楼梦》第六四回）。鲁允中（1995）更进一步指出，儿化对于与之同音同形的非儿化词来说，其功能之一就是改变后者的词性，主要是把名词以外的词改变为名词，即所谓的"名词化"。名词化的范围不仅仅局限于动词、形容词，一些用来指个体的量词加"儿"缀后也可以变成单用名词，表示事物的大小，如"每天交车份儿""这孩子个儿高"等。双音节和多音节儿化词也不例外。由此可见，"儿"作为一种构词手段，能够起到将非名词词语类化为名词的作用，可是在意义上，这些非儿化形式（非名词性）和儿化形式（名词）之间仍然是保持着联系的。

由于儿化常常带有"细小"的含义和轻松随意的语气，而"在语言表达中，有些场合、有些词语需要‘减轻’语言成分原有的‘语义分量’”（曹志耘，2002），这时，儿化就成为一种“语义轻化”的有效手段，逐步由名词的标志扩散至一些动词、形容词、副词的后面，产生了儿化词的泛化现象，如：“玩儿”“纳闷儿”“慢慢儿”“正好儿”“起码儿”等。

3.1.2 儿化韵的音变

3.1.2.1 儿化韵的音变规律

北京话中的儿化韵已经发展得比较成熟了，除房山地区的老年人中还保留着拼合型儿化韵外（张世方，2003），北京其他地区的儿化韵多为融合型，儿尾已经融入前一音节，两音节共存于一个音节中。这是针对由语素“儿、日、里、了”演变而来的儿化词说的。但在北京话中，由于弱化、吞音而衍生出了一部分儿化韵，如上所述。这一部分儿化词在读音上大部分和典型的儿化韵是一致的，但也存在独立的儿尾以及王福堂（1999）所称的“另一种儿化形式”。所谓“另一种儿化”是介于儿化和儿尾之间的一种语音形式，语素“儿”与前一音节已经合为一体，成为一个音节，具有儿化合音的特征，但它又不只是剩下卷舌动作，而是保留自身的音值，具有儿尾的特征。整个音节的音高也是原来前一音节在轻声儿尾前的变调和轻声儿尾本身的音高的组合。林焘（1982）指出，这种儿化韵首先是出现在“普洱茶”“窦尔墩”等 er 音节居于中间位置的三音节词中，后来才逐渐扩散至类似“没人去”“不知道”等舌尖后声母音节中。因此，这部分儿化韵中存在独立儿尾和介于儿化、儿尾之间的儿化形式是可以理解的。不过，这一部分儿化韵是由于特殊的语音作用而形成的，数量也不多，我们仅作简单介绍。

平舌韵卷舌儿化后由于“卷舌除舌前[-齿龈桥前]、[-面状]外，舌体的最自然位置是不高不低、不前不后，因此卷舌进一步影响韵腹将不仅使前高元音趋央趋中，还可能提高低元音的舌位”（王洪君，1999），这样就会使得一些原本不同的平舌韵变成了相同的儿化韵，而某些平舌韵也会在一些因素（通常是声调）的影响下，分化成不同的儿化韵。王理嘉、贺宁基（1985）把北京话儿化韵分成四类：[ar]类、[ər]类、[ur]类和[ɛr]类。现代汉语普通话的儿化韵依照平舌韵韵尾的不同可以分成三类：一是由开尾韵、[i]尾韵、[n]尾韵变来的；二是由[u]尾韵变来的；三是由[ŋ]尾韵变来的。[i]尾韵、[n]尾韵儿化之后失落韵尾，大部分都跟儿化的开尾韵混起来了。[u]尾韵（包括[au]、[iau]、[ou]、[iou]）儿化时加卷舌作用，卷舌作用不是从韵尾[u]开始，是从[a]或[o]开始，一直到末了。由[ŋ]尾韵变来的儿化韵，[ŋ]变成前头那个元音的鼻化成分。北京话儿化的具体音变规律与普通话相近，只是个别读音略有不同，见表 3-2。

表 3-2　儿化音变规律简表

无韵尾或韵尾为 [-u] 的	只加卷舌动作	车儿 [tʂʰɤ] → [tʂʰɤr]
韵尾为 [-i]、[-n] 的	韵尾丢失并卷舌，有的改变韵腹或增音	一块儿 [kʰuai] → [kʰuɐr]
以高元音 [i]、[y] 为主元音的	加央元音并卷舌	小鸡儿 [tɕi] → [tɕiər]
韵母为舌尖元音 [ɿ]、[ʅ] 的	直接变成 ə，并卷舌	瓜子儿 [tsɿ] → [tsər]
韵尾为 [-ŋ] 的	韵尾丢失，元音鼻化，并卷舌；有 i 韵腹的加 ə̃ 并卷舌	帮忙儿 [mɑŋ] → [mɑ̃r] 花瓶儿 [pʰiŋ] → [pʰiə̃r]

儿化在卷舌的同时，处于音节之后的儿尾 r 会向前面的音节施加影响，但是影响的程度可能不同。程度较轻的是影响到前面音节的韵尾，使[ŋ]尾、[n]尾、[i]尾等失落，部分韵母发生合流，如北京话中[ai / an]、[ei / en]儿化后读音相同。程度较重的是影响到前面音节的韵腹，如北京话的舌尖元音、前高元音以及央中元音儿化后合流，前、央韵腹儿化后

合流，而新派发音的无尾韵儿化已经开始与有尾韵合流。总之，北京话中的儿化影响了韵尾、韵腹的音色，并伴随着一系列的脱落、增音、更换、同化等现象，但对韵头和声母没有影响。

3.1.2.2 儿化韵的韵类系统

通过整理语料中的儿化词，我们得出了儿化韵的音位系统，如表 3-3 所示。

表 3-3 儿化的韵类系统

<table>
<tr><th colspan="2">基本韵母</th><th>儿化韵</th><th colspan="2">基本韵母</th><th>儿化韵</th></tr>
<tr><td colspan="2">[ɿ]、[ʅ]、[əi]、[ən]</td><td>[ər]</td><td rowspan="2">[i]
[in]</td><td>阴平、阳平</td><td>[iər]</td></tr>
<tr><td colspan="2">[a]、[ai]、[an]</td><td>[ɐr]</td><td>上声、去声</td><td>[iɛr]</td></tr>
<tr><td rowspan="2">[ia]
[iɛn]</td><td>阴平、去声</td><td>[iɐr|iɛr]</td><td rowspan="2">[iɛ]</td><td>阴平</td><td>[iɛr]</td></tr>
<tr><td>阳平、上声</td><td>[iɐr] ≠ [iɛr]</td><td>阳平、上声、去声</td><td>[iər]</td></tr>
<tr><td colspan="2">[ua]、[uai]</td><td>[uɐr]</td><td colspan="2" rowspan="2">[u]</td><td>[ur]</td></tr>
<tr><td colspan="2" rowspan="2">[uan]</td><td>[uɐr]</td><td>[uor]</td></tr>
<tr><td>[uor]</td><td rowspan="2">[uo]</td><td>阴平、阳平</td><td>[uor]</td></tr>
<tr><td rowspan="3">[ɤ]</td><td>一般情况</td><td>[ɤr]</td><td>上声、去声</td><td>[uər]</td></tr>
<tr><td>阴平</td><td>[ər]</td><td colspan="2">[uəi]、[uən]</td><td>[uər]</td></tr>
<tr><td>高频词</td><td>[ɐr]</td><td colspan="2" rowspan="2">[yɛ]</td><td>[yər]</td></tr>
<tr><td colspan="2">[y]、[yn]</td><td>[yər]</td><td>[yɛr]</td></tr>
</table>

1. [ɿ]、[ʅ]、[əi]、[ən] 四韵儿化后合并为 [ər]。如：

枝儿 [tʂər^{55}] = 针儿 [tʂər^{55}]　　神儿 [ʂər^{35}] = 食儿 [ʂər^{35}]

2. [a]、[ai]、[an] 儿化后合并为儿化韵母 [ɐr]。如：

门把儿 [pɐr^{214}] = 百儿 [pɐr^{214}] 八十 = 板儿 [pɐr^{214}] 车

3. [ia]、[iɛn] 儿化后的分合是以声调为条件的，不同声调合并成不同的儿化韵母。

（1）阴平和去声时，[ia]、[iɛn] 儿化后，部分北京人合并为 [iɐr]，部分北京人合并为 [iɛr]，具体见下文的分析。

几家儿 [tɕiɐr^{55}] = 两间儿 [tɕiɐr^{55}]
老家儿 [tɕiɛr^{55}] = 房间儿 [tɕiɛr^{55}]
价儿 [tɕiɐr^{51}] = 件儿 [tɕiɐr^{51}]
一下儿 [ɕiɐr^{51}] = 馅儿 [ɕiɐr^{51}]

（2）阳平和上声时，[ia] 的儿化韵为 [iɐr]，[iɛn] 的儿化韵是 [iɛr]，二者并不相混。如：

匣儿 [ɕiɐr^{35}] ≠ 三弦儿 [ɕiɛr^{35}]　眼儿 [iɛr^{214}]

4. [ua]、[uai]、[uan] 三韵儿化后合并为 [uɐr]。如：

花儿 [xuɐr^{55}] = 欢儿 [xuɐr^{55}]　　瓜儿 [kuɐr^{55}] = 官儿 [kuɐr^{55}]

个别北京人 [uan] 儿化后读成 [uor]，和 [uo] 的儿化韵相混，如：官儿 [kuor^{55}] = 锅儿 [kuor^{55}]、动换儿 [xuor$^{51-0}$] = 对过儿 [kuor^{51}]。

5. [ɤ] 韵受声调等因素的制约，儿化后分化成三个儿化韵：

（1）在大部分北京人的口语中，平舌韵母 [ɤ] 的儿化韵是 [ɤr]，不跟 [ʅ]、[ən] 等的儿化韵 [ər] 相混。

（2）阴平时，少数北京人把平舌韵母 [ɤ] 的儿化韵跟 [ʅ]、[ən] 等的儿化韵 [ər] 混同起来，如"小车儿 = 小吃儿 ｜ 唱歌儿 = 树根儿"。

（3）在部分北京人口语中，几个高频的 [ɤ] 韵母字儿化后，韵母变成 [ɐr]，如：

整个儿[kɐr^{51}]　自个儿[kɐr^{214}]
哥儿[kɐr^{55}]仨　体格儿[kɐr^{35}]

6. [i]、[in]儿化后，受声调的支配，分化成两个不同的儿化韵母。
（1）阴平和阳平时，[i]、[in]的儿化韵是[iər]，如：

小鸡儿[tɕiər^{55}]＝今儿[tɕiər^{55}]
上衣儿[iər^{55}]＝树荫儿[iər^{55}]

（2）上声和去声时，[i]、[in]儿化后，部分人读成[iɛr]，跟[iɛ]的儿化韵混同起来，如：

玩意儿[iɛr^{51}]＝印儿[iɛr^{51}]＝叶儿[iɛr^{51}]
几儿[tɕiɛr^{214}]＝姐儿[tɕiɛr^{214}]

7. [iɛ]韵受声调支配儿化后分成两个不同的儿化韵。
（1）阴平时，[iɛ]的儿化韵是[iɛr]，如：

台阶儿[tɕiɛr^{55}]

（2）阳平、上声、去声时，[iɛ]的儿化韵是[iər]，与[i]、[in]的儿化韵混同。如：

几儿[tɕiər^{214}]＝姐儿[tɕiər^{214}]

8. [u]儿化后大多数情况下读作[ur]，少数北京人读成了[uor]。如：

个体户儿[xuor^{51}]

这可能是轻声弱化音节的类推作用所致。在北京话中，轻声词“窗户”的末音节常常弱化成[xuo^{0}]，同音类推，“门户儿”等词的儿化音也读成[xuor^{51}]了。

9. [uo]儿化后，受声调的支配分化成两个不同的儿化韵母。

（1）阴平和阳平时，[uo]的儿化韵是[uor]。如：

小桌儿[tʂuor^{55}]　　小工活儿[xuor^{35}]

（2）上声和去声时，[uo]的儿化韵是[uər]，这样，[uo]的儿化韵就跟[uəi]、[uən]的儿化韵合并了。如：

果儿[kuər^{214}]＝鬼儿[kuər^{214}]＝滚儿[kuər^{214}]

10. [uəi]、[uən]儿化后合并为儿化韵母[uər]。如：

鬼儿[kuər^{214}]＝滚儿[kuər^{214}]　　队儿[tuər^{51}]＝顿儿[tuər^{51}]

11. [y]、[yɛn]儿化后，合并成儿化韵[yər]。如：

小鱼儿[yər^{35}]＝白云儿[yər^{35}]

12. [yɛ]儿化后，部分北京人读作[yər]，和[yɛn]的儿化韵[yɛr]并不相混。如：

月月儿[yər^{51}]≠小院儿[yɛr^{51}]

需要指出的是，在部分北京人口语中，除了部分[ɤ]韵母字儿化后韵母变成[ɐr]外，还有其他一些韵母如[iɛ]、[iɛn]、[u]、[uo]儿化后也变成了[ɐr]，如："姐儿[tɕiɐr^{214}]""水果儿[kuɐr^{214}]""上边儿[pɐr^{0}]""各家各户儿[xuɐr^{51}]"，只不过数量很少。在儿化韵中，由于卷舌动作不仅会使前高元音趋央趋中，还能够提高低元音的舌位，因此，[ar]类并入了[ɐr]类，而语音的类推作用又使得这一卷舌发音扩散到了其他儿化词中。就目前来看，这种音变还只是在某些个别词语中有变化，但随着时间的推移，在没有其他因素的干扰下，各儿化韵并入[ɐr]的语音变化可能会逐渐扩散到几个韵母全部的词语中。这一音变还需要我们做进一步的追踪调查。

我们另外还需做的专题研究是声调在儿化韵分合中的作用。由上文儿化韵的韵类系统可以看出，部分儿化韵的分合是以声调为条件的。这可能是由于语料的限制，有些儿化词没有出现，也可能是北京话儿化韵的合并确实就是以声调为其语音条件的。

3.1.2.3 儿化韵的分合

儿化韵形成并定型以后，还会面临进一步的发展，目前学界对儿化的发展趋势大致有两种意见。一是认为儿化音变由分趋合，韵类由多到少，总的发展方向是由繁变简，儿化韵的历史发展，简单地说就是不断从拼合型儿化音中蜕变出融合型儿化音。由于不断地蜕变，儿化韵从古至今总的发展趋势是由简变繁，而不是由繁变简。如薛文萍、王理嘉（1996）认为儿化韵的发展趋势“将是由多到少，由繁趋简的，并且最终也可能进一步由简化到弱化乃至衰亡”。另一种意见认为儿化韵不断分化，韵类逐渐增多，总的方向是由简变繁。如李延瑞（1996）认为：“运用儿化韵的人会逐步增多，普通话里儿化词的数量会有所增加，……从普通话儿化韵的结构格局看，合并的趋向大于分化的趋向，但某些音感区别较大的儿化韵仍有可能分开。”北京话儿化韵近百年来经历了错综复杂的发展变化，存在着明显的个体差异。北京话儿化韵的个体差异的复杂性实际上反映了儿化韵发展的复杂性。北京话儿化韵的发展方向是分是合，大家莫衷一是。就是持合并观点的学者，对具体参与合并的儿化韵有哪些，也存在分歧。

赵元任（1979）指出，北京话某些在二三十年代相互区分的儿化韵“果儿”和“滚儿”、“歌儿”和“根儿”、“街儿”和“鸡儿”、“样儿”和“燕儿”，在四五十年代的年轻人口中已经混淆不分了，表现出归并的趋势。薛凤生（1986）在赵元任观点的基础上进一步指出：“据王辅世说，在‘老北京人’说的‘内城话’里，啊儿（呀儿、蛙儿）与安儿（烟儿、弯儿）的分别已经不存在了。但近二十年来，由于城区的外地人大量增加，区别‘啊儿’与‘安儿’的人反而更多了。”他认为区分“啊儿”与“安儿”是

“儿化韵”的早期形式，虽然在“内城话”里已被一种新形式取代了，但在周围的广大地区里还继续流行着。林焘（1982）、林焘和沈炯（1995）通过社会语言学的调查和分析讨论了北京话儿化韵读音的个体差异问题，认为“果儿”和“滚儿”、“歌儿”和“根儿”、“街儿”和“鸡儿”、“样儿”和“燕儿”、“啊儿”和“安儿”、“神儿”和“绳儿”之类的儿化韵的分合在北京话中存在着明显的个人分歧，性别、民族、文化程度、年龄等社会因素对每一对儿化韵的影响都各不相同，在各种社会因素的制约下，儿化韵都是有分有合。另外，针对北京话中的儿化韵，大家意见有分歧的还有一组，即[y]与[yɛ]的儿化韵读音是否相同。

我们通过对《当代北京口语语料（录音文本）》46万语料的标注，发现20世纪80年代北京日常口语中几组儿化韵的分合情况大致如下（这里，我们暂且不论其合并后的读音，仅从类别上加以归纳）：

1. [iɐr]和[iɛr]的合并：

家儿＝间儿　下儿＝线儿＝馅儿　价儿＝件儿　鸦儿＝沿儿

2. [uor]和[uɐr]、[uər]的合并：

锅儿＝官儿　果儿＝鬼儿＝滚儿

3. [iər]和[iɛr]的合并：

几儿＝姐儿　玩意儿＝叶儿

（4）[ɤr]和[ər]的合并：

唱歌儿＝树根儿　小车儿＝小吃儿

3.2 儿化的共时变异

3.2.1 儿化词的共时变异

3.2.1.1 儿化词的总体使用

我们对 120 个被试使用的儿化词的个数及频次进行了统计，具体结果如表 3-4。

表 3-4 儿化词使用的总体情况

	总数	均数	最小值	最大值	全距	方差	标准差
儿化词数（个）	396	28.56	8	53	45	97.005	9.849
儿化频次（次）	11,871	95.57	23	231	208	2018.617	44.929

由表 3-4 的数据可以看出，46 万语料中共出现了 396 个儿化词，平均每人使用 28.56 个，最多的达到 53 个。而就儿化词的使用频次来说，120 个被试共使用儿化词 11,871 次，大约每 38.75 个字中就会出现一次，平均每人使用 95.57 次，最高的达到 231 次之多。由此可见，20 世纪 80

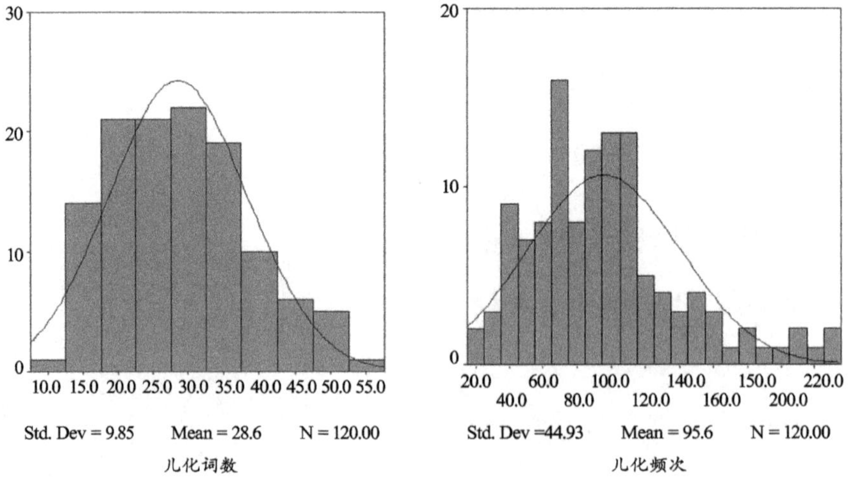

图 3-1 儿化词的正态分布图

年代，儿化词仍然是北京人口语中的一种非常活跃的语言现象。从上表还可以看出，在儿化词个数的使用上，个体差异比较明显，儿化词个数的全距为 45，标准差为 9.849，数据离散度较大；而使用频次上的个体分布相对集中，全距虽然为 208，但标准差较小（44.929）。另外，由图 3-1 中带有正态曲线的直方图可以看出，儿化词数的数据基本呈正态分布形状，而儿化频次则基本是偏态分布，各被试在儿化词频次的使用上呈散乱状态。

3.2.1.2　儿化词的社会分布

所谓儿化词的社会分布，指的是各言语社团中使用儿化词的情况，我们主要根据使用者的社会属性来区分各言语社团。在我们的调查中，主要考虑了被试的性别、年龄、文化程度、职业、民族及地区等 6 种社会特征。从不同社会特征的人群使用儿化词的差异情况入手，我们一方面可以了解儿化词在共时阶段上的变异情况，发现影响儿化词变异的语言系统之外的社会因素；另一方面还可以找寻儿化词正在进行中的变化，并以此来探求儿化词的历时变化轨迹。

表 3-5　各社会因素与儿化词使用的相关性

		地区	性别	年龄	文化程度	职业	民族
儿化词数	相关系数	-.086	-.047	-.211(*)	.274(**)	-.180(*)	.137
	显著值（双尾）	.348	.612	.021	.002	.049	.136
儿化频次	相关系数	-.024	-.095	-.240(**)	.329(**)	-.195(*)	.097
	显著值（双尾）	.791	.304	.008	.000	.033	.294

** 在 0.01 水平上显著相关（双尾检验），* 在 0.05 水平上显著相关（双尾检验）。

由表 3-5 可以看出，无论是在儿化词的使用个数还是使用频次上，年龄、文化程度和职业都与之显著相关，区别仅仅是相关系数的大小、相关程度的高低之分。这三者的一致性决不是偶然的现象，它反映了我国社会中年龄、文化程度以及职业之间的相关关系。老年人一般总体文化程度偏低，青年人总体文化水平较高，而文化程度高的人一般选择脑力劳动为职业，文化程度偏低的人一般从事体力劳动。

1. 年龄因素

表 3-6　不同年龄的被试使用儿化词的情况

		均值	标准差	总数	最小值	最大值	全距	方差
儿化词数	老年人	.8796	.29141	35.18	.40	1.54	1.14	.085
	中年人	.7464	.33318	29.86	.25	1.94	1.69	.111
	青年人	.7270	.24319	29.08	.44	1.37	.94	.059
儿化频次	老年人	2.9710	1.07304	118.84	.97	5.61	4.64	1.151
	中年人	2.2897	1.03586	91.59	.75	5.53	4.78	1.073
	青年人	2.3607	.89369	94.43	.95	5.09	4.13	.799

由表 3-6 可以看出，儿化词数的使用随着年龄的降低而减少，在儿化频次上，老年人仍然是使用频次最高的一个群体，中年人和青年人的使用情况相近。由此可以知道，老年人经常使用儿化词，词汇也比较丰富；而中青年无论是在使用频次还是儿化词汇的丰富度上都大幅度降低，儿化词的使用出现衰减趋势，其衰减是由青年人逐步扩散至老年人的。但这种扩散并不是完全合乎规律的，中间会出现一些偏离规则的现象（如中年人的儿化词使用频率是最低的，而青年人却升至第二位）。一般来讲，老年人往往保留着一些过时的、老旧的语言变体，青年人则会采用新的变体形式。就词汇来讲，不同时代都会有各自不同的词语，老年人口中的土语土词会随着时代的发展，自然地逐渐磨损掉。从这个意义上来讲，老年人使用的一些旧有的儿化词年轻人不用了，这是很正常的，而且也不能因此就说儿化词在逐渐衰减。但是，按词汇的一般发展规律，青年人也会有老年人所没有的新词新语，其词汇量应该是相当的。但青年人的儿化词

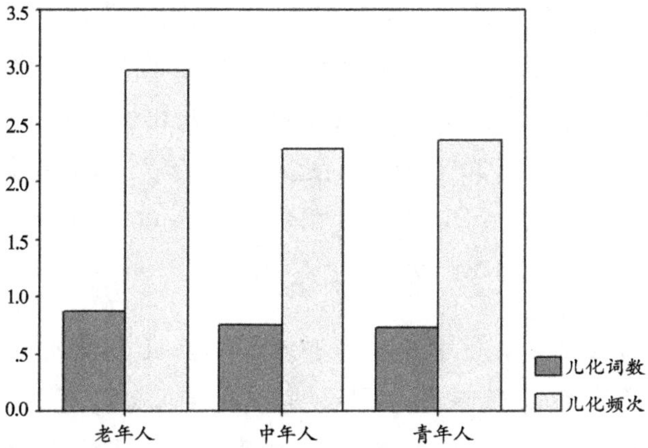

图 3-2 不同年龄的被试使用儿化词的情况

数远远低于老年人，这说明儿化的构词能力大大减弱了。林宝卿（1992）也指出近年来“很少有新词是用儿化的办法来产生的”。由此也可以推测，儿化词出现了衰减趋势。这些被磨损掉的儿化词，要么是因所指称的事物消失了而自然磨损的儿化词，要么是那些形式过时、词义狭小的儿化词，余下的多是形式比较固定的高频词。既然是日常常用的高频词，那么青年人所使用的儿化频次较高也就很容易解释了。

另外，我们通过比较三个社团各自的内部差异发现，青年人的使用相对集中，无论是在儿化词数上还是在儿化频次上，其全距（分别是 0.94、4.13）都是最低的，老年人的群体共性相对较大。而中年人则是共性最小的一个群体，其全距（分别是 1.69 和 4.78）是三个年龄层中最大的。中年人是社会的中坚力量，部分人由于工作需要使用普通话的几率较大（尤其是高文化程度者），另一部分人则保留了较多的北京话特点，因而内部差异比较大，而这在一定程度上也影响了其整体的使用。

为具体了解老年人和青年人在儿化词使用上的差异，我们从语料中摘录了两个不同年龄被试的一段语料（字数相当）。老年被试所使用的儿化词个数较多（19 个），而且多是土俗色彩较浓的老旧儿化词（如“晃晃儿”“后首儿”“个个儿”“一块儿堆儿”“这哈儿”等）；青年人使用的儿化词个数并不多（10 个），多为普通话中规范的必读儿化词（如“时候儿”“事儿”“煤球儿”等），具有地方特色的儿化词只有“自个儿”一个。在总体频次上，老年人（33 个次）也远高于青年人（16 个次），虽然青年人个别高频儿化词（“自个儿”）的使用频次较高（6 次）。

语料一：D01 男 75 岁 文盲 工人 满

整个家里生活，指着我父亲拉车。那**会儿晃晃儿**也有 (#) 挣得着钱、有挣不着钱的**时候儿**。那**会儿**拉洋车又 (X),〈再〉做个小工**活儿**啊，也是那什么。我啦，哎，那**会儿**我小，我才七 (#) 八**岁儿**，就是什么呀？那**会儿**拣个煤**核儿**哇。唉，这**后首儿**了，哎，这就没什么事呀，哎，**个个儿**呀，就是，那国子监**那儿**的房子，是 :: 刘玉书的房，那个房子，人家要占，撵搬家了。搬家搬**哪儿**去了，乍一搬，就搬到**后井儿**去了。打**后井儿**呢，我父亲呢，他们就搬到**花园儿**去了。这打**花园儿**这**后首儿**哇，哎，又搬到**箭厂儿**，我父亲。我们呢，在**后井儿**住，在**后井儿**呢，**后首儿**，又搬到**一块堆儿**去，搬到，也搬到**箭厂儿**去了。打**箭厂儿**呢，这**后首儿**，就我们 (X) 我们就搬到这个**城根儿这哈儿**来了，就这么呢，哎，啊，就这么着，哎，就这么又是做小**买卖儿**啊，哎 (X) 哎，没有我们做买卖，要没**事儿**啦，再拉洋车去，跟人家做小工**活儿**，就这么，就一**辈儿辈儿**地下去了。

语料二：H31 男 22 岁 大学 学生 汉

就我家呢，这个房子吧，是 (#)，都是**自个儿**盖的。电，这个北房呢，是家**里面儿**这个，是 (#)，就我奶他们买的，而东房、西房呢，是**自个儿**盖的。就说在这个盖房的过，盖房的过程中吧，由于什么，缺少资金呀，或者缺少那个**材料儿**什么的，所以呢，得**自个儿**去跑。**自个儿**去跑呢，**自个儿**去 (X) 去联络什么的，或是通过谁给搭个**桥儿**，买**点儿**什么东西。完了那个 (X) 那个钱，这个钱的积 (#)，钱的积累吧，也是，通过省吃俭用，完了呢，就是把这房算盖起来啦。当然说，**自个儿**住一**院儿**呢，非常舒服，但是呢，就是说包含着家里那个全家人的辛苦吧。这个，哦，还 (X) 还有一件**事儿**就是，我是比较有那个自身体会就是说，现在吧，就是这个北，就是北京平房这个煤气吧，嗞，哦，很成问题。你像说，到冬天吧，那个笼 (X) 笼**煤球儿**炉子，完了呢，就是，到**天天儿**晚上都是，天，嗯，**天天儿**晚上睡觉**时候儿**吧，还得注 (X) 注意不要中了煤气。

2. 文化程度因素

表 3-7　不同文化程度的被试使用儿化词的情况

		均值	标准差	总数	最小值	最大值	全距	方差
儿化词数	高	.6658	.23337	26.63	.25	1.52	1.27	.054
	中	.8233	.33498	32.93	.30	1.94	1.64	.112
	低	.8640	.28295	34.56	.26	1.44	1.18	.080
儿化频次	高	2.1143	.82383	84.57	.75	3.96	3.21	.679
	中	2.5563	.89173	102.25	1.24	5.52	4.29	.795
	低	2.9508	1.21565	118.03	.97	5.61	4.64	1.478

表 3-7 很清楚地告诉我们，儿化词数和儿化频次的使用均随着文化程度的提高而降低，二者之间成反比。社会语言学一般认为，文化程度越低，保留的土俗成分就会越多；反之，文化程度越高，语言就会越接近标准语体。北京话中儿化词异常丰富，而普通话在接受儿化的时候是有选择地吸收的，儿化词相对要少。随着人们文化程度的提高、生活范围的扩大以及普通话水平的提高，老北京话中的一些含混不清、不利于交流的土俗儿化词就会逐渐消失。儿化词的衰减表现为从高文化社团到低文化社团的逐步扩散。

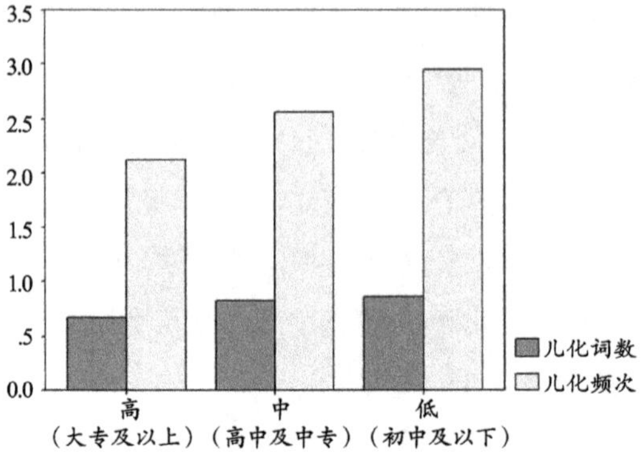

图 3-3　不同文化程度的被试使用儿化词的情况

表 3-8　年龄和文化程度对儿化词使用的交互作用

		老年人			中年人			青年人		
		高	中	低	高	中	低	高	中	低
儿化词数	均值	.70	.9255	.9343	.65	.77	.80	.66	.82	.77
	标准差	.21	.34	.28	.38	.36	.27	.15	.31	.31
儿化频次	均值	2.37	3.00	3.22	1.91	2.28	2.60	2.10	2.58	2.78
	标准差	.92	.71	1.21	.88	.98	1.18	.77	.81	1.29

由表 3-8 中的数据可以看出，在儿化频次上，老中青三个年龄层都是随着文化程度的提高而降低；在儿化词数上，老年人（中低文化程度者相差不多）和中年人的使用也都是随着文化程度的提高而减少的，而青年人虽仍是高文化程度者使用的个数最少，但低文化程度者的使用个数也出现了减少，仅次于中文化程度者。如前所述，低文化程度者的语言形式一般倾向于偏离标准语体，保留的老旧成分较多，因而他们所使用的儿化词较多。但低文化程度者的社会地位一般较低，他们尤其是青年人有时为了提高自身地位而在语言变体上向社会声望较高的规范语体靠拢，甚至还会出现矫枉过正的现象。低文化程度者的这一特点在儿化词使用上

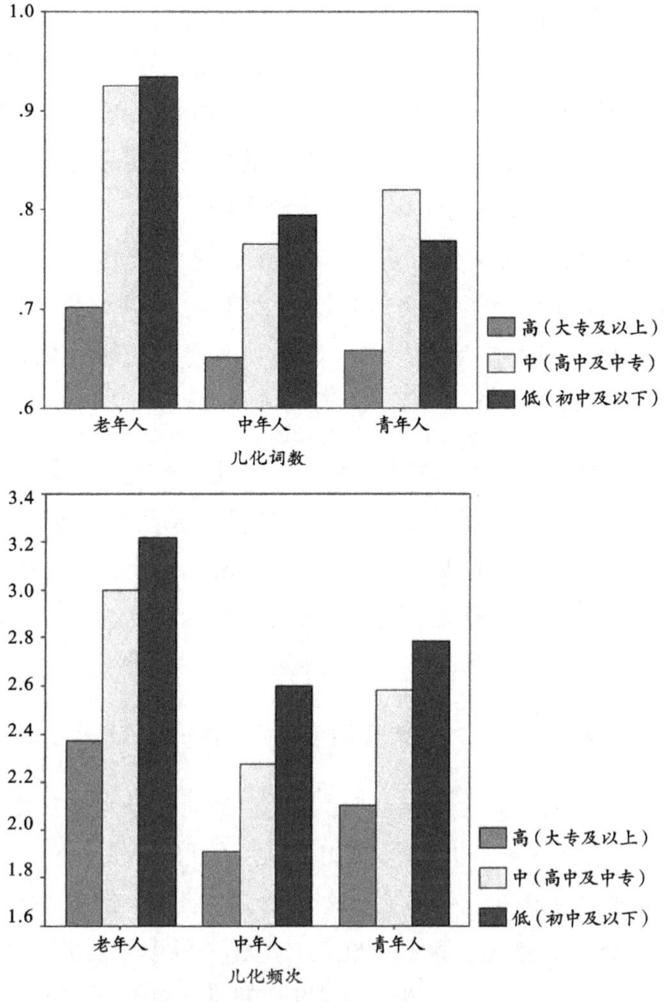

图 3-4　年龄和文化程度的交互作用图

的表现就是儿化词个数大量减少。

如前所述，儿化词由低文化社团到高文化社团逐渐减少，而文化程度低的青年人在使用上的大量减少就更加速了儿化词的磨损和衰减。同样是低文化程度的青年人，为什么使用的儿化词个数较少而在儿化词频次的使用上却很高呢？这一方面是由于他们使用的儿化词多是高频词；另一方面我们通过比较青年社团中的中低文化程度者的儿化频次的使用，也不难发现，低文化程度者在儿化频次上也出现了降低的趋势，只是还没有儿化词数的衰减那么明显罢了。据此我们推测，低文化程度者先是减少儿化词个数，一些儿化词（反映老北京话特点的土语土词）逐步退出使用舞台，而后才开始减少儿化词的使用频次的。

为进一步了解不同文化程度的被试在儿化词使用上的差异，我们仍以第二章中选出的同一年龄段（60 岁以上的老年组）不同文化水平、不同性别、不同职业的 6 位被试为例，来看一下他们使用儿化词的情况。

被试一：文盲 男 75 岁 工人 满（44 个 207 次）

班儿、辈儿、厂儿、车儿、村儿、胆儿、道儿、一点儿、一块堆儿、地方儿、个个儿、城根儿、箍儿、～哈儿、合儿、煤核儿、横儿、时候儿、花儿、话儿、晃晃儿、会儿、活儿、家儿、过节儿、空儿、口儿儿、块儿、面儿、哪儿、那儿、钱儿、人儿、事儿、后首儿、头儿、从小儿、样儿、员儿、园儿、月儿、一阵儿、豆汁儿、执事儿

被试二：文盲 女 71 岁 家庭妇女 满（49 个 231 次）

班儿、边儿、裤衩儿、点儿、法儿、反儿、份儿、工夫儿、媳妇儿、个个儿、作根儿、～哈儿、孩儿、时候儿、户儿、话儿、会儿、伙儿、几儿、间儿、关节儿、口儿、一块儿、这半拉儿、脸儿、溜儿、慢慢儿、门儿、流氓儿、面儿、哪儿、那儿、娘儿、皮儿、桥儿、人儿、晚半晌儿、婶儿、事儿、后首儿、数儿、天儿、头儿、腿儿、四喜儿、样儿、售货员儿、院儿、子儿

被试三：中专 男 63 岁 小学老师 汉（24 个 87 次）

本儿、边儿、串儿、村儿、点儿、法儿、反儿、整个儿、孩儿、时候儿、一块儿、起码儿、门儿、面儿、那儿、胡琴儿、人儿、事儿、纹丝儿不动、条儿、玩儿、样儿、一阵儿、座儿

被试四：中专 女 65 岁 护士 满（26 个 126 次）

伴儿、边儿、点儿、礼儿、这儿、地方儿、媳妇儿、哥儿、整个儿、自个儿、孩儿、时候儿、会儿、大伙儿、劲儿、口儿、一块儿、见面儿、那儿、球儿、人儿、事儿、后头儿、玩儿、下儿、样儿

被试五：大专 男 63 岁 干部 汉（33 个 90 次）

班儿、包儿、边儿、噗噗噔儿、底儿、点儿、法儿、杆儿、整个儿、~哈儿、孩儿、时候儿、个体户儿、口儿、门脸儿、铃儿、葫芦儿、路儿、苗儿、哪儿、那儿、桥儿、球儿、人儿、数儿、摊儿、两头儿、玩儿、样儿、影儿、这儿、主儿、嘴儿

被试六：大学 女 63 岁 中学老师 汉（41 个 163 次）

课本儿、边儿、拨儿、车儿、刺儿、袋儿、板凳儿、点儿、洞儿、段儿、钢崩儿、法儿、地方儿、整个儿、自个儿、孩儿、好好儿、时候儿、花儿、大家伙儿、冒尖儿、腿脚儿、今儿、劲儿、一块儿、毛料儿、轮儿、面儿、哪儿、那儿、人儿、事儿、摊儿、趟儿、玩儿、文儿、样儿、金圆券儿、一阵儿、没准儿、铜子儿

由上文可以看出，文化程度低的两位被试使用的儿化词数和儿化频次都远高于其他四位，中等文化程度的被试使用的最少，而高文化程度的两位老年被试（尤其是被试六的女性）使用的儿化词仅次于低文化程度者。这虽然与上文的结论不一致，但上文是针对整个言语社团而言的，我们不排除某些个体对整个社团的偏离，如第二章所言，被试六文化程度虽然很高，但她已经退休，当时在居委会帮忙，其交际对象多是同龄的居委会老太太，其语言难免会受到一些影响。另外，从具体使用的儿化词上看，除自然儿化词（“哪儿”“那儿”“事儿”“样儿”“时候儿”等）均为这六位被试所共同使用外，儿化词的老旧变体形式大部分保留在文化

程度较低的老年人中，如“后首儿”“一块堆儿”“个个儿”“作根儿”“这半拉儿”等，而文化程度较高的被试已不再使用这些土俗色彩较浓的儿化词。就是被试六虽然儿化词数较多，但多是为普通话所吸收的自然儿化词，土俗儿化词已基本不使用。由此可见，具有老北京本土特色的土俗儿化词将会随着人们文化水平的提高而逐步消失，取而代之的则是那些文雅的新儿化词或非儿化词。

3. 职业因素

表 3-9 不同职业的被试使用儿化词的情况

		均值	标准差	总数	最小值	最大值	全距	方差
儿化词数	体力劳动者	.87	.34	36.49	.26	1.94	1.68	.11
	脑力劳动者	.74	.27	50.09	.25	1.52	1.27	.07
	学生	.75	.25	7.54	.47	1.37	.90	.07
儿化频次	体力劳动者	2.91	1.20	122.18	1.01	5.61	4.60	1.45
	脑力劳动者	2.30	.84	156.39	.75	4.92	4.17	.698
	学生	2.63	1.22	26.28	1.18	5.09	3.91	1.48

由表 3-9 可以看出，无论是在儿化词数还是在儿化词频次的使用上，体力劳动者都明显高于脑力劳动者。这是因为体力劳动者的语言形式多是粗犷的、不规范的；而脑力劳动者的语言多是文雅的、标准的语体形式。儿化是“京味儿”的重要特点之一，普通话虽然认可了这种语言现象，但却是有选择地吸收的。目前，由于普通话的强大影响，儿化的使用出现了衰减，这种纯正的京腔京韵还部分地保留在体力劳动者的口语中。

在我国目前，文化程度和职业之间是有着直接的对应关系的。文化程度高的人多从事脑力劳动，而文化程度低的人多从事体力劳动。职业和文化程度的交互作用详见图 3-5。在儿化频次上，体力劳动者和脑力劳动者都是随着文化程度的升高而减少儿化词的使用，这与不同文化程度

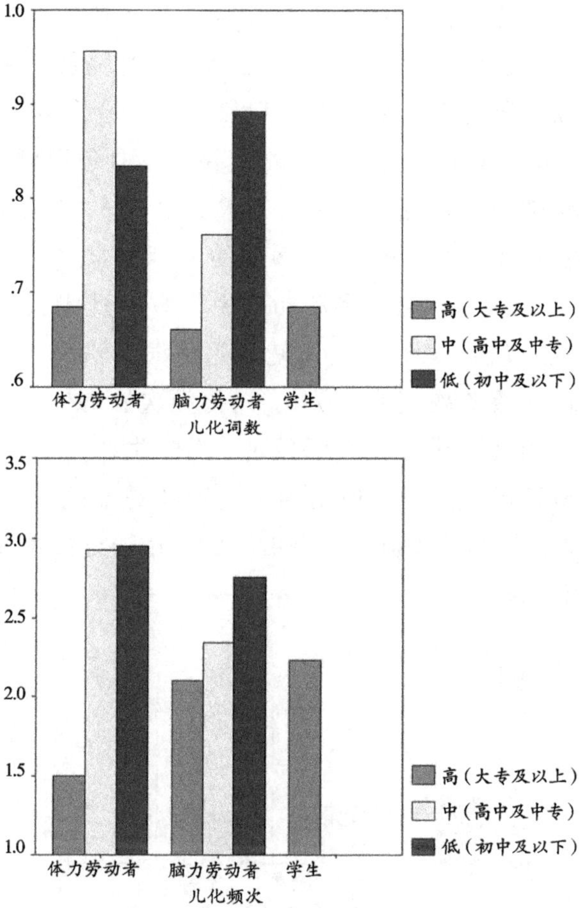

图 3-5　文化程度和职业的交互作用

的三个言语社团的总体使用趋势是一致的，尤其是高文化程度的体力劳动者衰减得最厉害；在儿化词数上，脑力劳动者同样也是随着文化水平的升高而减少，体力劳动者中虽然仍是高文化水平的被试使用的最少，但低文化程度的被试出现了大幅度的衰减，甚至比同一文化程度的脑力劳动者使用的还少。其原因仍然与这一群体更加注重提高自身社会地位有关，他们使用的减少更加快了儿化词的衰减。

学生作为一个特殊的群体在儿化词的使用上也表现出与前两者不同

的地方。学生在儿化词数的使用上是和脑力劳动者差不多的，远远低于体力劳动者；而在儿化频次的使用上，虽然仍是体力劳动者最高，但学生的使用频次要高于脑力劳动者，学生和体力劳动者同属一个亚组。学生一般是最接近标准语体的一个社团，按理说应该是使用频次最少的一个，那为什么会出现这种现象呢？在我们的被试中，一共有 10 个学生，被试样本较小，而在这些学生中又以 20 多岁的大学生为主（8 个），高中生和初中生各只有一个。由于高中生和初中生样本不具代表性，我们将这两个被试去掉后重新统计 8 个大学生使用儿化词的情况。结果发现，这 8 个样本使用儿化词数的均值为 0.686，儿化频次的均值为 2.234。我们再与其他两个职业的被试进行比较后发现，大学生在儿化词数和儿化频次的使用上都是最低的，大学生使用的语言变体是最接近标准语体的。我们将那两个样本去掉后，其余 118 个被试的使用情况如图 3-6。

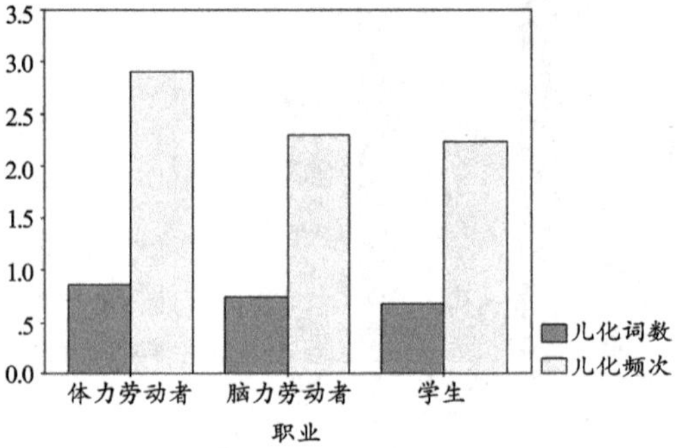

图 3-6 不同职业的被试使用儿化词的情况

4. 性别因素

由于男女两性的社会地位和社会角色不同，造成了他们在言语行为上的差异。但具体到儿化词的使用上，性别因素的影响不显著，男女两性在儿化词使用个数（0.80%∶0.77%）及使用频次（2.64%∶2.44%）上基本相当，女性略低，具体如表 3-10 所示。女性较之于男性，还是倾向于使用标准语体。

表 3-10　不同性别的被试使用儿化词的情况

		均值	标准差	总数	最小值	最大值	全距	方差
儿化词数	男	.80	.27	47.89	.26	1.54	1.28	.07
	女	.77	.32	46.23	.25	1.94	1.69	.10
儿化频次	男	2.64	1.01	158.32	.95	5.09	4.13	1.01
	女	2.44	1.07	146.53	.75	5.61	4.86	1.16

性别与儿化词的使用虽然不显著相关，但通过两因素方差分析，我们发现，性别与年龄及文化程度交互起作用时却会影响儿化词的使用，其具体作用详见图 3-7。

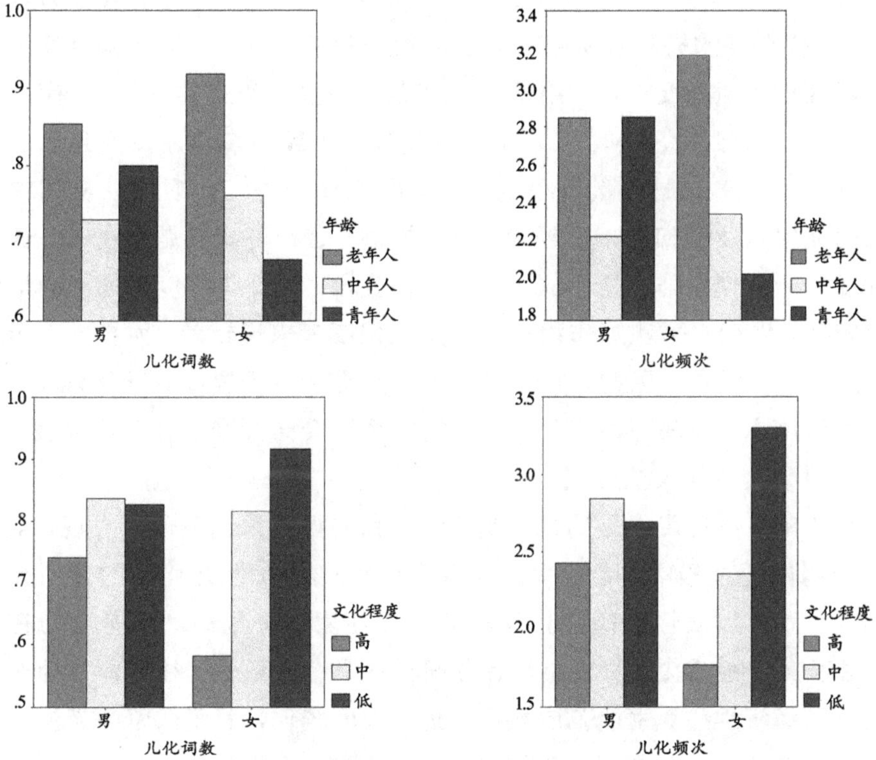

图 3-7　性别与年龄及文化程度的交互作用

由图 3-7 的 4 幅图可以看出，无论是儿化词数还是儿化频次，中老年男性和高中文化水平的男性的使用都随着年龄的减小而减少、随着文化程度的提高而减少，符合一般规律。但青年男性在儿化词的使用上不降反升，低文化程度者不升反降，出现了不合乎规律的现象。我们说，任何语言变化都是由其社会动因的。具体来看，青年男性一般比较叛逆，喜欢离经叛道、追求新奇的形式，反映在语言行为上，他们往往使用一些非标准语体。另外，他们又比较喜欢凸显个性，追求粗犷，因此他们认为只有那些有土俗特色的语言形式才能体现他们的个性。这就使得青年男性多选择使用那些能体现“京片子”特色的特殊儿化词。由于不同年龄的人在社会上所担任的角色不同，人们对他们的社会期待也相应地不同。人们一般对青年男性是比较宽容的，因此默许了他们的这种语言行为。而“随着教育程度的提高或从事社会活动的经验的增加，一般人都有增用高社会威信的变体 / 变式，减用低社会威信的变体 / 变式的趋势”（徐大明等，1997）。那么，这些青年男性会不会随着年龄的增长而改变自己的语言变体呢？针对这种年龄级差的变化，我们还需进一步研究。根据中老年人的使用以及我们的一般经验，我们推测，这种可能性是存在的。低文化程度者一般使用非标准形式的较多，在我国，低文化程度者的社会地位一般较低，生活水平和工作相对于高文化程度者来说较差，而男性又承担着家庭生活的重担，因此，文化程度较低的男性急于提高其社会地位、改变其生活状态，反映在语言行为上，他们往往会向标准语体急剧靠拢，儿化的使用频次也就大幅度减少。

女性在总体使用上是略低于男性的，我们再具体比较一下发现，女性内部分化成两个极端：老年女性和低文化程度的女性儿化词的使用频次特别高，而青年女性和高文化程度的女性使用得特别少。这是因为在我国，老年女性和低文化女性（两者之间往往具有一致性）往往没有什么社会地位和经济地位，生活范围狭小、文化程度较低，因而保留的老派的语言特点比较突出。建国后，我们提倡男女平等，女性得到了解放，但由于传统观念的束缚，女性的社会地位虽有了提高，却没有从根本上解决，女性仍然需要仰仗她们的仪表谈吐来博得人们的认可，因此，青年女性往往会追求社会声望较高的标准的语言形式。

由前文可知，在儿化频次的使用上，中年人降至最低，青年人升至第二位；在儿化词数上，青年人虽仍是高文化程度者使用的个数最少，但低文化程度者的使用个数也出现了减少，次于中文化程度者。结合这一部分的分析，我们可以知道，青年人和低文化程度者的异变主要是由于该社团中的男性被试的特殊表现而造成的。在儿化词的衰减中，男性所起的作用要大于女性。

5. 民族和地区因素

表 3-11　不同民族的被试使用儿化词的情况

		均值	标准差	总数	最小值	最大值	全距	方差
儿化词数	汉	.7654	.26589	61.99	.26	1.52	1.26	.071
	满	.7772	.32625	17.10	.25	1.44	1.19	.106
	回	.8626	.36495	12.94	.46	1.94	1.48	.133
	蒙	1.0461	.69626	2.09	.55	1.54	.98	.485
儿化频次	汉	2.4669	.98520	199.82	.95	5.53	4.57	.971
	满	2.7382	1.19562	60.24	.75	5.61	4.86	1.43
	回	2.5314	1.08247	37.97	1.01	5.52	4.51	1.172
	蒙	3.4113	1.49569	6.82	2.35	4.47	2.12	2.237

由于我们的被试中，蒙古族人人数太少（只有 2 个），其数据不足以反映蒙古族人的使用情况，信度较差，我们不做分析。而就汉族、满族和回族来说，无论是在儿化词的个数还是频次的使用上，汉族都是最少的，满族和回族比汉族北京人更多地使用儿化词。这是因为满族和回族的调查对

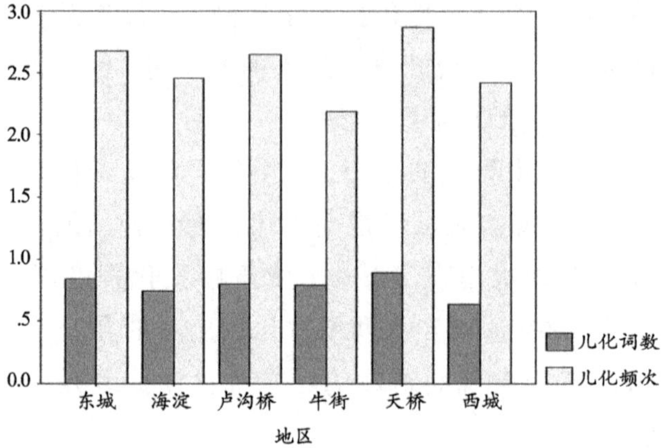

图 3-8　不同地区的被试使用儿化词的情况

象大多世居北京，说地道的老北京话，而汉族居民中很多是新北京人，所说的北京土音自然会少一些。另外，赵杰（1996）指出，北京话中的某些儿化与满语有着深厚的渊源关系。季永海（1999）也认为，儿化音的发生既有汉语的来源，又有外来的影响。如果他们二位的分析成立的话，满族人比汉族人所使用的儿化词多也就很容易理解了。

地区因素在我们的统计中并不是主要因素，我们仅简单介绍一下。

综上所述，我们发现，儿化词在 20 世纪 80 年代出现了衰减趋势，这种衰减是从青年人、高文化程度者以及男性社团中开始的。而低文化程度者在儿化词的使用上也出现了衰减趋势，这就更加速了儿化词的衰减和消亡。

3.2.1.3　具体儿化词的使用

我们仔细比较了被试使用的儿化词，发现正在消变的儿化词主要有三类。一是表示旧事物、旧思想的儿化词，因所表达的事物、观念等的消失而自然消失，如“共和面儿”“金圆券儿”“拉晚儿”“请蹲儿安”“主麻儿”“号坎儿”“铛铛儿车”等。二是土俗色彩较浓的儿化词，因人们整体文化水平的不断提高，或逐步减少了其使用频次，如“动换儿”“晃晃儿”“午晌儿”等；或为其他非儿化词语所代替，如“早清儿→早上”“后尾儿→后来、后面”等。三是由弱化吞音造成的儿变词，这些词本身不是儿尾词，而是由于语流中的弱化吞音等引起卷舌，从而在语音形式上类同儿化词。像“几儿（几时）”“多儿（多少）”“合儿（合着）”“横儿（横是）”等由于轻声弱化造成的儿化词今大都因普通话的影响而得到补足；像“今儿”“明儿”“这儿”“那儿”等由“日”“里”的弱化而造成的儿化词或与新形式同时共存（如“今儿—今天”“明儿—明天”）；或已固化为自然儿化词（如“这儿”“那儿”，被试很少用同义同根的“这里”“那里”）。在这三类中，第二类儿化词变异程度最深，各言语社团在儿化词使用上所表现出来的差异就主要是因为在这类儿化词的使用上不平衡。我们从中挑选出8个具有代表性的词语，通过分析它们在不同言语社团中的使用情况，来探究儿化词消失扩散的过程。

1. 二类儿化词的使用

表3-12　部分二类儿化词的使用情况

代表词语	～哈儿	那当儿	动换儿	那前儿	那往儿	后首儿	一块堆儿	个个儿
最大值	14	4	2	2	1	32	3	30
总次数	83	5	3	3	3	48	7	37
使用人数	32	2	2	2	3	4	4	5
平均值	2.59	2.5	1.5	1.5	1	12	1.75	7.4

“～哈儿”表示“这、那、哪＋哈儿”，意思是“这（那、哪）儿”；“那当儿”意思是“这（那）时候”。“那前儿”“那往儿”意思是“那时候儿”，“后首儿”意思是“后来、后面”，“一块堆儿”意思是“一块儿”，“个个儿”意思是“自己、自个儿”。

由表3-12可知，这些儿化词的使用频次都不高，适用范围也不广，仅限于少数人使用，“～哈儿”最多，但也仅有32人使用了83次。一般来说，“卷舌韵惟口语习用的词类中有之”（黎锦熙、白涤洲，1934）。而这些土俗色彩较浓的儿化词已不再是日常口语中的常用词，它们必将会逐步缩小使用范围，并最终退出生活舞台或为同义的其他新形式所代替。

那么，这些带有土俗色彩的儿化词的适用人群有何特点呢？我们以使用人次较多的“～哈儿”为例来说明土俗儿化词在不同言语社团中的分布特点，具体详见表 3-13。

表 3-13 “～哈儿”的社会分布

	性别		年龄			文化程度			职业			民族			
	男	女	老	中	青	高	中	低	体力	脑力	学生	汉	回	满	蒙
频次	33	50	64	9	10	16	18	49	42	39	2	41	22	19	1
人数	15	17	18	6	8	9	8	15	13	17	2	18	8	5	1
均值	2.2	2.94	3.56	1.5	1.25	1.78	2.25	3.27	3.23	2.29	1	2.28	2.75	3.8	1

由表 3-13 可知，“～哈儿”的使用均值是随着被试年龄的减小、文化程度的增高而减少的；在不同职业被试中的分布是体力劳动者最多、脑力劳动者次之、学生最少；在不同民族中的分布是满族最多、回族次之、汉族第三、蒙族最少。这些都是与儿化词的总体使用趋势相一致的。而由男女两性的使用情况来看，女性使用得较多，使用频次为 50，使用人数为 17 人，平均每人使用 2.94 次，远高于男性。一般情况下，女性的语言比男性更接近正式的规范语体，而这里反而是女性较多地使用旧形式。仔细分析发现，女性的这种使用特点是由其文化程度决定的，17 人中 2 人是大专及以上、6 人为高中或中专、9 人为初中及以下，而这些低文化程度者往往是老旧语言形式的保留者。我们知道，人们对语言变体的选择往往是多种社会因素交互作用的结果，因此，这里反而是女性使用的多于男性。总之，“～哈儿”作为北京话中土俗色彩较浓的一个词语，主要

集中在女性、老年人、低文化程度者、体力劳动者以及满族人中。

2. 三类儿化词的使用

第三类儿化词如“几儿（几时）”“多儿（多少）”“今儿”“这儿”等是一类特殊的儿化词。从共时层面上看，这些词语在发音上有卷舌动作，语音形式类同儿化词；但从历时来源上说，这些词本身不是儿尾词，其卷舌动作是弱化、吞音等现象的伴随品。依照其来源，我们可以把这类词分为两部分：一是由“日”“里”“了”弱化而来的，如“明儿”“那儿”“多儿去了”等；二是由于轻声弱化造成的，如“合儿（合着）”“横儿（横是）”“不儿道（不知道）”等。前者是部分语素的弱化形成的，形式比较稳定，在北京话中的使用也比较普遍；而后者是由语流中的轻读造成的，形式不够固定，更由于其吞音严重而成为北京话中的一类特殊的儿化词。

由轻声造成的儿化词主要有“多儿（多少）”“反儿（反正）”“告儿（告诉）”“合儿（合着）”“横儿（横是）”等。这些词大都是口语中的常用词，大家都比较熟悉，没必要每个音节都吐字清晰，再加上由于轻读这些词，末音节的音势减弱，因此比较容易卷舌儿化。由于“反儿”已经在第二章中提到了，这里主要介绍一下其他4个儿化词的使用情况。

表 3-14 “多儿”“告儿”“合儿”“横儿”的总体使用

	人数	频次	均值	最大值	最小值	全距	总数	百分比
多儿	12	15	1.25	4	1	3	131	9.16%
告儿	16	32	2	5	1	4	32	50%
合儿	3	4	1.33	2	1	1	11	27.27%
横儿	1	1	1	1	1	0	7	14.29%

在4个词语中，“告诉”一词儿化的比例最高（50%）；“合着”虽然总的使用频次不多，但儿化的比例居中（27.27%）；“横是”作为低频词，总频次也不多，儿化比例也比较低（14.29%）；“多少”的总频次最高，但

儿化的比例却最低，只有 9.16%。总体而言，除“告儿”以外，其他 3 个词语儿化的比例都不太高，这是由于这种发音毕竟吞掉了末尾的实词语素，发音含混，很难让人明白词语的意义，不利于交际。“告诉”是同义并列的联合型合成词，两个构词语素意义一致，语义表达上没必要两个都强调，将末音节省略也不会造成理解上的困难，因而该词儿化的情况相对比较普遍。

而就其社会分布来讲，“多儿”“合儿”以及“横儿”的使用人群主要是男性、老年人、低文化程度者以及体力劳动者；“告儿”的分布相对普遍，其他社团中的使用频次稍微增加了一些，但仍然是主要集中在这些社团中。也就是说，这些儿化词只是北京话的特点，并没有被吸收进普通话中来，是颇具地方特色的语音形式。

表 3-15 “多儿”“告儿”“合儿”“横儿”的社会分布

	性别		年龄			文化程度			职业		
	男	女	老	中	青	高	中	低	体力	脑力	学生
多儿	1.43	1	1.5	1	1	1	1	1.6	1.6	1	1
告儿	2.57	1.56	2.25	1.67	1.8	1.5	2	2.1	2.08	1.67	2
合儿	1.5	1	1.33	0	0	0	0	1.33	1.33	0	0
横儿	1	0	1	0	0	0	0	1	1	0	0

3.2.1.4 原因分析

就 20 世纪 80 年代的北京话来看，儿化词仍活跃在人们的日常口语中，但我们通过比较儿化词在各言语社团中的使用情况发现，儿化词的使用个数、频次都正处于逐步衰减的过程中，其消变过程大致可以描述为由高文化人群向低文化人群、由年轻人向老年人逐步扩散。年轻人所使用的儿化词的个数和出现频次都大幅度减少，土俗色彩较浓的儿化词大都为新形式的儿化或非儿化词所代替，就是一些新词语也处于儿化和非儿化的自由变读之中。

儿化词的这一变化是在内部语言特征和外部社会因素共同作用下产生的。

首先，从内部语言特征上来看，儿化韵是由“儿”尾和前一语素合音而成的一种合音变韵现象，其特点是“儿”尾和前一语素共存于一个音节之中，这种合音方式违背了汉语“一个音节一个语素”的语音规则，因此，王福堂（1999）认为磨损、衰亡是儿化韵发展的必然趋势。再加上“儿”尾所承担的语法功能毕竟有限（区别词义和词性），其语义特征有轻化、泛化的倾向（很多儿化词已不再表示细小和喜爱之义），儿化的构词能力也大大减弱。在这种情况下，儿化词出现衰减就很容易理解了。

其次，“语言在变化的过程中，不但要受一定的语言内部结构的制约，同样还要受某些社会因素的制约”（陈松岑，1999），影响儿化词使用的外部社会条件主要是人们日益提高的文化水平、普通话和各地方言的影响以及人们对儿化态度的转变等等。大量儿化词的存在曾是北京话的一个重要特点，但是近几十年来，随着人民群众的文化水平不断提高，再加上普通话的影响，口语中土腔土调的儿化词的使用场合越来越少，最终会被同义的其他词语所代替。改革开放以后，北京的社会文化环境发生了翻天覆地的变化，外来人口剧增，北京人为了和外地人交流，也不得不舍弃老北京话中所指狭小、极难听懂的儿化词。不仅如此，北京人对儿化词的语言态度也是造成儿化词剧减的一个重要原因。以往，人们总以说一口京味儿十足、地地道道的“京片子”为荣，当时，人们给予儿化很高的评价；但据 Barale（1981）的调查显示，人们对儿化没有明确的社会评价（徐大明，2004）。人们对卷舌发音的认同感和宽容度的下降使得儿化陷入了一种尴尬的境地。

综合上述种种原因，儿化词在 20 世纪 80 年代的使用已显示出衰减的征兆，而近 20 年来，儿化词的消亡则更为严重，彭宗平（2004）对此进行了深入的研究。我们不否认儿化有其自身无法克服的缺陷，我们也无法改变其衰亡的宿命，但是儿化的消亡只是一个趋势，而不是即时的现象，儿化目前仍活跃在人们的日常口语中，我们应该正确对待。

3.2.2 儿化韵的共时变异

北京话儿化韵形成并定型以后，近百年来经历了错综复杂的发展变化，存在着明显的个体差异。这些个体差异的复杂性实际上反映了儿化韵发展的复杂性。北京话儿化韵的发展方向是分是合，众说纷纭。那么，儿化韵发展的原因、方式、结果到底如何呢？这些个体差异对北京话儿化韵的发展有何意义？这些差异最终会消亡还是进一步扩大？这都是目前汉语学界比较关心的问题。但由于大家考察的材料、角度、方法不同，得到的结论也有很大差别，具体研究此处不再赘述。我们依据口语语料库中的语料来说明 20 世纪 80 年代儿组儿化韵的分合情况。

在我们的语料中出现合并情况的儿化韵共有 4 组：

（1）[iɐr]和[iɛr]的合并，代表词有“家儿”“间儿”“价儿”“件儿”“鸦儿”，为叙述方便，我们把它简称为“家儿组”。

（2）[uor] 和 [uɐr]、[uər] 的合并，代表词是“官儿”“水果儿”，我们简称为“官儿组”。

（3）[iər]和[iɛr]的归并，代表词是“节儿”“姐儿”“意儿(玩意儿)”，我们简称为“节儿组”。

（4）[ɤr]和[ər]、[ɐr]的合并，代表词是“车儿”“歌儿”“哥儿”“个儿（自个儿、整个儿）”“格儿”，我们简称为“车儿组”。

目前学术界对于儿化韵的分合，持合并观点的人较多，但他们对具体哪些儿化韵出现了归并趋势却意见各异。我们从语料中归纳出来的这四组儿化韵与赵元任所提及的四组儿化韵略有不同，赵元任提到的“样儿”和“燕儿”的归并在我们 46 万字的语料中并没有出现，其区分率为 100%，而“家儿”和“间儿”的归并赵元任虽然没有提及，但近 20 年的文章中却偶有论述，这应该是一种新近的变化。另外，大家认为，有归并趋势的另一组儿化韵“月儿”和“玉儿”（[yɛr]和[yər]）在我们的语料中没有发现合并的情况。这大概和我们的语料有限有关。下面我们分别对其进行讨论。但由于自然语料不同于读字表的调查方法，可以成对比较，这四组儿化韵不仅组间不相等，就是组内各个词语的使用人数和使用频次也是不相等的，因此，我们在分析时对每组儿化韵进行了逐词计算。

1. 家儿组

这一组儿化韵所涉及的词语比较多，主要是“家儿”和“间儿”，“价儿”和“件儿”，“鸦儿”和“沿儿”，“下儿”和“馅儿”。这一组儿化韵的合并出现了两种情况。第一种情况是平舌韵母[ia]儿化后归入[iɛn]的儿化韵[iɛr]，这四组代表词都或多或少地出现了这种情况。“家儿”一词在我们的语料中共出现了48次，其中有26次被读成了[tɕiɛr]，等同于“间儿”，占总数的54.17%，比例比较高。“鸦儿”共出现了两次，[iɐr]和[iɛr]各占一次，其中，[iɛr]的读音出现在“寒鸦儿”一词中，而在“鸦儿胡同”中并没有像前人研究中提到的那样变读为[iɛr]，仍然读作[iɐr]。另外，“价儿”和“下儿”也各有1次读作[tɕiɛr]、[ɕiɛr]，但出现数量比较小，各占总数的7.69%、1.04%。第二种情况和第一种情况正好相反，就是平舌韵母[iɛn]儿化后并入[ia]的儿化韵[iɐr]，但这种情况比较少，只有“间儿”“件儿”和“沿儿”3例，远不如第一种情况普遍。“间儿”在我们的语料中共出现了26次，其中有3次读成了[tɕiɐr]，占总数的11.54%；“件儿”的读音中有78.85%保留了原读音[tɕiɛr]，[tɕiɐr]的比例只有21.15%；“沿儿”共出现了2次，[iɛr]和[iɐr]的读音各占1次。综合比较两种音变规律，第一种音变规律涉及的词语较多且出现频次较高，其平均比例为18.23%；第二种所涉及的词语有三个，但频次较低且均是第一种音变中混同词语的反例，平均比例也只有18.75%。由此，我们可以推测，在[ia]和[iɛn]的儿化韵的合并中，[ia]儿化后并入[iɛr]的情况是主流趋势，至于第二种情况，可能是在词汇扩散过程中的一些个别变异。具体见表3-16。

表 3-16 [iɐr]和[iɛr]的分合情况

	家儿		价儿		鸦儿		下儿		
读音	[tɕiɐr]	[tɕiɛr]	[tɕiɐr]	[tɕiɛr]	[iɐr]	[iɛr]	[ɕiɐr]	[ɕiɛr]	[iɐr]
次数	22	26	12	1	1	1	94	1	1
比例	45.83%	54.17%	92.31%	7.69%	50%	50%	97.92%	1.04%	1.04%
总数	18.23%								

	间儿		件儿		沿儿	
读音	[tɕiɛr]	[tɕiɐr]	[tɕiɛr]	[tɕiɐr]	[iɛr]	[iɐr]
次数	23	3	41	11	1	1
比例	88.46%	11.54%	78.85%	21.15%	50%	50%
总数	18.75%					

由表 3-16 的数据可以知道，这些儿化韵的归并中，除了“家儿”“件儿”的频次比较高以外，其他都只是个别现象。我们下面对这些例子作一下简单介绍（“鸦儿”因其数量太少不予考虑）。

“价儿”读作[tɕiɛr]的例子，出现在一位从事体力劳动文化程度较低的老年女性的口语中，就其出现语境来说，处于语句结尾，内容上在重复前一句话，声调上读作轻声。

被试 T02 女 59 岁 文盲 工人 回

东西呢，也是一天一价儿[$tɕiɐr^{51}$]，一天一价儿[$tɕiɛr^{0}$]。

“价”在北京话中常跟在“别”“不”的后面，用作后缀，读作轻声[$tɕiɛ^{0}$]。据此，我们认为“价儿”读作[tɕiɛr]的现象是由于轻声弱化音节的类推扩散而造成的儿化韵的音变。由轻声引起的儿化韵的归并还有很多，我们语料中的例证还有“功夫儿[fur^{0}] → [$fər^{0}$]”“工夫儿[fur^{0}] → [$fər^{0}$]”“媳妇儿[fur^{0} → $fər^{0}$]”“地方儿[$f\tilde{a}r^{0}$] → [$f\tilde{ə}r^{0}$]”

“户儿[xur^{0}]→[xuor^{51}]”等。

“下儿”读作[ɕiɛr]的例子，出现在一位从事脑力劳动文化程度较高的青年男性的口语中。该被试的语料中一共用到了3次“下儿”，分别是“把脚崴了一下儿[ɕiɐr^{51}]”“今年一下儿[ɕiɐr^{51}]”“一下儿[ɕiɛr^{0}]就买了”。就其出现语境来说，读作[ɕiɛr]的例子同样也是重复前文内容，而且在语义上也不属于强调部分。

被试L23 男 31岁 大学 中学教师 汉

这样儿今年一下儿[ɕiɐr^{51}]就是上个星期吧，一下儿[ɕiɛr^{0}]就买了四个电，四个电扇，啊，这个这，一个一百多块钱，这钱也不少了。

“间儿”读作[tɕiɐr]的这三次都只是出现在一位从事体力劳动的中等文化程度的青年女性的口语中，均用作量词，并且没有其他读音，从其语境上我们也看不出有什么特别之处。

被试L06 女 21岁 高中 工人 汉

其中呢一间儿[tɕiɐr^{55}]能住人儿，那两间儿[tɕiɐr^{55}]呢就是，两个那个过道儿。

那两间房呢是隔着的，就是单独的两小间儿[tɕiɐr^{55}]。

“件儿”读作[tɕiɐr]的用例主要集中在4位被试的口语中，具体如表3-17所示。

表3-17 件儿[tɕiɐr]的分布

	地区	性别	年龄	文化	职业	民族	频次	用例
被试1	东城	女	老	低	脑力	满	1/1	条件儿
被试2	海淀	女	老	低	体力	汉	1/1	做件儿衣裳
被试3	卢沟桥	男	老	中	体力	汉	4/6	条件儿
被试4	卢沟桥	男	中	中	体力	汉	5/16	备件儿3 铁件儿1 铸件儿1

由表 3-17 可以看出，把“件儿”读作［tɕiɐr］的主要集中在体力劳动者、中低文化程度者、中老年人以及男性群体中，由其构成的词语都是实词，使用频次也相对较高。

如果说是由于轻声弱化音节的扩散导致了“价儿”“下儿”的特殊音变，而“间儿”和“件儿”并入［iɐr］，则是儿化韵中卷舌动作和韵腹结合更加紧密的结果，卷舌动作使得主元音舌位变低，这是语言内部机制在起作用。

下面，我们再来看一下“家儿”的具体使用情况。

表 3-18 “家儿”的读音与各社会因素的相关分析

		性别	年龄	文化程度	职业	民族	地区
家儿［tɕiɛr］	相关系数	.069	.198	-.198	-.107	.584(*)	-.267
	显著值（双尾）	.801	.463	.463	.692	.018	.318
家儿［tɕiɐr］	相关系数	.455	.179	.053	-.220	-.049	.266
	显著值（双尾）	.077	.506	.844	.413	.856	.319

* 在 0.05 水平上显著相关（双尾检验）。

由表 3-18 可以看出，“家儿［tɕiɐr］”的使用呈离散状态，各社会因素都不与之相关，这说明这种形式已经是非常普遍了，约定俗成为一般形式了。“家儿［tɕiɛr］”的使用只与民族有关系，二者的显著系数为 0.018，在 0.05 水平上相关，其具体使用情况见表 3-19。

表 3-19 “家儿［tɕiɛr］”的读音及其社会分布①

	性别		年龄			文化程度			职业			民族		
	男	女	老	中	青	高	中	低	体力	脑力	学生	汉	满	回
人数	12	4	7	6	3	3	6	7	5	10	1	8	4	4
频次	19	7	11	8	7	7	8	11	5	17	4	15	4	7

① 因为地区和民族在我们的调查中并不是主要的社会因素，在此不予考虑。

由表 3-19 可以知道,“家儿”读作“[tɕiɛr]”的读音主要集中在男性、老年人以及低文化程度者中。而从职业上来看，脑力劳动者却使用得较多，仔细分析一下这十名被试发现，他们大多是满族男性。从民族上看，虽然汉族人数最多，但这是因为我们被试的民族比例不对等造成的，从其各自所占比例来看，回族最高（26.67%），满族次之（18.18%），汉族最少（9.88%）。根据上文的分析，男性、老年人以及低文化程度者大多是北京话中土音成分的保留者，满族和回族被试也因为多世居北京而保留了一些土音，[tɕiɛr] 作为一种非标准语形式存在于这些社团中，这是合乎规律的。

而从音理上看,“家儿”由 [$tɕiɐr^{55}$] 变读为 [$tɕiɛr^{55}$] 应该也是轻声弱化后类推扩散的结果，其演变过程大致可描述为：人家别人 [$tɕiɛ^{0}$] → 人家儿家庭 [$tɕiɛr^{0}$] → 儿家儿 [$tɕiɛr^{55}$]。由此还可以看出，轻读是儿化韵合并的一个重要原因。轻声引起儿化韵合并以后，又逐渐扩散至同音同字的非轻读音节乃至其他非轻读音节，造成更大词汇范围内的儿化韵的合并。

2. 官儿组

在我们的语料中，[uor] 是一个变动较大的儿化韵，一方面表现为其他儿化韵归入 [uor] 韵，如 [ur] 和 [uɐr]；另一方面表现为部分 [uor] 韵母的字归入其他儿化韵，如归入 [uər] 和 [uɐr]。

平舌韵母 [u] 儿化后归入 [uor] 的主要是“户儿”。“户儿”在我们的语料中一共有 27 个被试使用了 47 次，读作 [xuor] 的情况共出现了 6 次，集中在 5 个被试的语料中，具体见表 3-20。在北京话中，轻声词“窗户”“客户”等的末音节常常弱化成 [$xuə^{0}$][①]、[xuo^{0}]，这一弱化音节又逐渐扩散至其他一些由“户”组成的非轻声词中，这样，“门户儿”等词的一些儿化音也读成 [$xuor^{51}$] 了。这里儿化韵的归并同样是由轻声的弱化引起的。

---

① 在我们的语料中，客户的“户”轻化为 [$xuor^{0}$]，而窗户的“户”因其语义的虚化和结构上的非强调地位更进一步弱化为 [$xuər^{0}$]。

表 3-20 “户儿[xuor]”的使用情况

被试	性别	年龄	文化	职业	民族	用例	频次
D08	女	71	文盲	家庭妇女	满	门户儿	2/2
D12	女	21	高中	街道干部	汉	各家各户儿	1/1
H35	男	63	高中	小学教师	满	老户儿	1/2
T13	男	63	大专	干部	汉	个体户儿	1/2
T38	女	46	中专	小学教师	汉	三户儿	1/6

除“户儿[ur]>[uor]”外，轻声还造成了[ur]韵和[ər]韵的归并，例词是“功夫儿”和“媳妇儿”。“功夫儿”在我们的语料中共出现了 8 次，其中 7 次读作了[fər^0]，轻化为[fər^0]的频率非常高(87.5%)；“媳妇儿”的合并率更高，44 次中有 42 次读作了[fər^0]，发音混淆率为 95.45%。这说明儿化韵[ur]和[ər]的归并比其他儿化韵的归并速度快。

[uor]韵的另一个来源是[uɐr]，词语不多，主要是“官儿”一词。“官儿”在我们的语料中共有 3 个被试使用了 4 次，其中只有一位被试把它读成了[kuor]，我们可以把它看作是个体变异，其出现语境具体如下：

被试 H33 男 16 岁 高中 学生 汉

> 我要如果我一说重了管吧，有时候儿他们什么呀，好像我是那什么似的，拿官儿[kuor^{55}]那个压人似的。

贾采珠（1992）指出，在北京话中有 9 个儿化韵由于主元音的轻读音变而发生了韵母的合并现象，这九个儿化韵可分成 6 种情况：（1）[ɑr]、[or]、[ur]>[ər]；（2）[iɑr]>[iər]；（3）[uɑr]、[uor]>[uər]；（4）[ɑ̃r]>[ə̃r]；（5）[iɑ̃r]>[iə̃r]；（6）[uɑ̃r]>[uə̃r]。这六种合并情况的共同特点就是主元音 ɑ、o、u 央化，变成了央元音 ə。这样，通过韵类的调整和归并，轻读儿化韵的数目就大大减少了，这其实也是儿化作为一种轻声现象进一步弱化的结果。比照贾采珠[ur]>[ər]、[uɑr]>[uər]的说法，我们可以说，这里“户儿”“官儿”并入[uor]是向[uər](或说 ər)归并的中间阶段，即[ur]>[uor]>[uər]>[ər]、[uɑr]>[uor]>[uər]。

至于[uor]和[uər]的分合，赵元任(1979)指出，二者在四五十年代的年轻人口中已经混淆不分了，表现出归并的趋势。四五十年代的年轻人也就是80年代的老年人，不过在我们的语料中并没有发现老年被试合并的情况，反而是青年人和中年人的口语中存在这种现象。我们的120个被试中，共有13个被试使用了20次“果儿”，但读作[kuər]和“鬼儿”合并的情况只存在于2个中青年男性被试中，相混次数为6次，占总频次的30%，混淆率较低，其词语范围也仅限于“水果儿”一词。 由于“水果儿”是常用词，容易进一步弱化，例如在我们的语料中就发现了一例把“水果儿[kuor²¹⁴]”读作“水果儿[kuɐr²¹⁴]”的现象，出现频次较低，占总频次的7.69%。这三个被试的基本情况如表3-21。

表 3-21 “水果儿[kuor²¹⁴]”和其他韵的相混

	地区	性别	年龄	文化	职业	民族	读音	频次	比例
被试 1	东城	女	37 岁	大学	医生	满	[kuɐr²¹⁴]	1 次	7.69%
被试 2	海淀	男	28 岁	高中	售货员	满	[kuər²¹⁴]	5 次	30%
被试 3	牛街	男	54 岁	初中	售货员	回	[kuər²¹⁴]	1 次	

虽然“果儿”和其他儿化韵相混的分布样本比较小，不足以进行社会语言学的统计，但若我们对其进行个案分析就可以看出，这三个被试的社会特征的差异虽然较大，但其共同点是他们都不是汉族。结合前面几组儿化韵的分合情况，我们也可以知道，满族和回族的合并率较高。满族人的儿化韵发展速度要比汉族人慢得多。赵元任在《汉语口语语法》(1979)中就曾指出，满族人口语中还存在着自成音节的“儿”。 但据林焘、沈炯

（1995），辛亥革命后，满族人不再处于统治地位，而是和汉族人混居在一起，语言也越来越接近汉族，刻意模仿汉族人的口音，在这过程中可能出现了“矫枉过正”的倾向，这样，满族人的合并率就反而高于汉族人了。

3. 节儿组

这也是赵元任提到的存在合并趋势的一组儿化韵，该组儿化韵在我们的语料中也出现了方向相反的两种合并情况。一是部分［iɛn］韵母的字儿化后并入［iər］韵，代表词是“节儿”和“姐儿”；二是部分［i］韵母的字儿化后归入［iɛr］韵，如“意儿（玩意儿）”。

表 3-22 ［iər］和［iɛr］的分合情况

	节儿			姐儿		意儿（玩意儿）		
读音	［tɕiɛr］	［tɕiər］	［tɕʰiər⁰］	［tɕiɛr］	［tɕiər］	［iər］	［iɛr］	［ʐɛr］
使用人数	2	2	1	4	2	11	7	1
使用频次	2	3	1	4	3	16	9	1
总人数 / 总频次	40% / 53.85%					38.89% / 38.46%		

在我们的语料中，共有 10 人[①]使用了“节儿”和“姐儿”这两个儿化词，读作［iər］的有 4 人，占总人数的 40%；读［iɛr］的有 6 人，占总数的 60%。“节儿”和“姐儿”的总使用频率是 13，读［iər］的有 7 次，占总数的 53.85%；读［iɛr］的有 6 次，占 46.15%。由此可见，［iɛr］归入［iər］的频率较高，但主要集中在部分北京人口语中，具体社会分布见表 3-21。使用“意儿（玩意儿）”的有 19 人，读作［iɛr］的有 8 人[②]，占总人数的 38.89%；［iɛr］的使用频次是 26 次，占总频次的 38.46%。无论是人

① 在这十人中，一个人同时使用了“过节儿”［tɕiər³⁵］和［tɕʰiər⁰］，因其读音不同，我们在表中单列，但统计时算作 1 个。

② “玩意儿”读作［ʐɛr］是轻声的作用，我们在这里仍然算作［iɛr］的一种变体。

数还是频次，[iər] 归入 [iɛr] 的情况都不太多。从两种音变的出现频率来说，平舌韵母 [iɛ] 和 [i] 儿化后相混的总频率是 43.59%，区分的总频率是 56.41%，总体趋势是相分但混淆率仍然很高。就其相混的方向来说，[iɛ] 儿化后归入 [iər] 的要比 [i] 儿化后归入 [iɛr] 的多。

表 3-23 “节儿”“姐儿”读[iər]的社会分布

	性别		年龄			文化程度			职业	
	男	女	老年人	中年人	青年人	高	中	低	体力	脑力
人数	1	3	2	1	1	0	2	2	3	1
频次	2	5	4	2	1	0	4	3	6	1

由表 3-23 可以看出，“节儿”“姐儿”读 [iər] 的情况主要出现在女性、老年人、中低文化程度者以及体力劳动者的言语社团中。这说明这种现象是老北京话的一种旧有现象，而非现在的新变化。

4. 车儿组

这组儿化韵的分合主要表现为，[ɤ] 儿化后或归入 [ər] 或归入 [ɐr]，代表词是车儿、歌儿、哥儿、个儿（自个儿、整个儿）和格儿。这五个儿化词中，“车儿”的音变表现为在部分北京人的口语中和“吃儿”混同起来，[ɤr] 归入 [ər]；哥儿、歌儿或归入 [ər] 或归入 [ɐr]，两种情况皆有；个儿和格儿则归入 [ɐr]。

表 3-24 [ɤr] 和 [ər]、[ɐr] 的分合情况

	车儿		哥儿			歌儿			个儿		格儿	
读音	[tʂʰɤr]	[tʂʰər]	[kɤr]	[kər]	[kɐr]	[kɤr]	[kər]	[kɐr]	[kɤr]	[kɐr]	[kɤr]	[kɐr]
使用频次	25	8	13	2	15	4	4	5	133	85	6	5
百分比（%）	75.76	24.24	43.33	6.67	50	30.8	30.8	38.46	61	38.99	54.55	45.45

由表 3-24 可以看出，平舌韵母[ɤ]儿化后大部分归入[ɐr]，少部分归入[ər]。[ɤ]儿化后和[ər]或[ɐr]相混的混淆率是 40.66%，区分率是 59.34%，其总体趋势是相分的。就 5 个词各自的情况来看，“车儿”的区分率最高，为 75.76%；“个儿”次之，为 61%；“格儿”的区分率为 54.55%；“哥儿”为 43.33%；“歌儿”最少，为 30.80%。由此可见，[ɤ]韵母儿化后相混的情况主要集中在[kɤ]音节中。林焘（1982）的调查结果也表明，“车儿”和“吃儿”的分别是很明显的，但[ɤr]和[ər]两套韵母在舌根音声母[k]、[kʰ]、[x]之后有合并的趋势。由于我们的语料中仅出现了[kɤ]音节的儿化韵，对于其他两音节的情况我们无从知晓，林焘的调查可以验证我们的分析。[kɤ]音节读阴平时，区分率是 39.53%，混淆率是 60.47%；读阳平、上声和去声时，区分率是 60.7%，混淆率是 39.3%。这说明该音节儿化后相混的主要是阴平字，声调的变化在儿化韵的合并中起了很大作用。另外，在我们的语料中，这五个儿化词共出现了 305 次，读作[ɤr]的有 181 次，占使用总频次的 59.34%；读作[ər]的有 14 次，占总频次的 4.6%；读作[ɐr]的有 110 次，占总频次的 36.07%。这固然是由于[ɤ]儿化后归入[ɐr]的主要出现在高频词“个儿”中，由于“个儿”的频次较高，而使得它的总频次上升。但从另一方面看，[ɤr]归入[ɐr]所涉及的词汇较广，在单个词语中的频次也较高，这说明与[ɐr]相混是儿化韵[ɤr]音变的趋势。这主要是因为[ɤ]儿化后，主元音的舌位只有央化、低化才能和卷舌动作共存并同时发音。

表 3-25 [ɤ]儿化后归入[ər]、[ɐr]的社会分布

[ər]										
	性别		**年龄**			**文化程度**			**职业**		
	男	女	老	中	青	高	中	低	体力	脑力	学生
人数	5	3	2	1	5	3	2	3	2	3	3
频次	1.0	3.0	2.5	1.0	1.6	1.0	2.5	2.0	2.5	2.0	1.0

（续表）

[ɐr]										
	性别		**年龄**			**文化程度**			**职业**	
	男	女	老	中	青	高	中	低	体力	脑力
人数	30	25	27	15	13	17	12	26	18	37
频次	2.3	1.7	2.0	2.3	1.5	1.8	1.7	2.3	2.4	1.8

表 3-25 告诉我们，[ɤ] 儿化后归入 [ər] 的情况主要集中在女性、老年人、中低文化程度者以及体力劳动者中；归入 [ɐr] 的情况主要集中在男性、中老年人、低文化程度者和体力劳动者中；二者出现的言语社团基本吻合。就其分布来说，这组儿化韵的相混应该也不是新近的变化，而是老北京话中所固有的。

5. 4 组儿化韵分混的总体情况

我们上文分别讨论了 4 组儿化韵各自的分混情况及其社会分布，下面我们从总体上来比较一下它们的分合情况。

表 3-26　4 组儿化韵的分混情况①

	家儿组	**官儿组**	**节儿组**	**车儿组**
区分率	81.86%	66.67%	56.41%	59.34%
混淆率	18.14%	33.33%	43.59%	40.66%

从表 3-26 可见，4 组儿化词的区分率都很高，尤其是“家儿组”，区分率高达 81.86%，这说明这一组儿化词基本不存在相混的现象。“官儿”组的发音区分率虽然很高（66.67%），但混淆率仍然超过了 30%，发音上的混淆也比较明显，虽然混淆率较高，但互相区分仍是这组儿化韵的主要

① 我们这里不管这些儿化韵具体和哪个儿化韵相混，只管其是否相混。

特征，“节儿组”“车儿组”的发音区分率和混淆率相差不多，这两组儿化韵合并的程度最高。由此可见，这四组儿化词在 80 年代的北京口语中都是以分为主，尤其是“家儿”“官儿”两组；但也应该看到，这些儿化词仍不同程度地存在着相混的迹象，尤其是“节儿组”和“车儿组”。

就其社会分布而言，我们详细考察了 4 组儿化韵在性别、年龄、文化程度和职业方面的差异，详见表 3-27。

表 3-27 4 组儿化韵区分率及混淆率的社会差异 *

		家儿组（%）	官儿组（%）	节儿组（%）	车儿组（%）	总体均值（%）
性别	男	43.04/12.66	29.17/25	33.33/25.64	36.72/23.93	35.57/21.81
	女	38.40/5.91	37.5/8.33	23.08/17.95	22.62/16.72	30.4/12.23
年龄	老	21.52/8.44	20.83/4.17	17.95/23.08	27.21/19.67	21.88/13.84
	中	32.07/5.49	29.17/8.33	23.08/12.82	17.38/11.80	25.43/9.61
	青	27.85/4.64	16.67/20.83	15.38/7.69	14.75/9.18	18.66/10.59
文化程度	高	21.94/3.38	25/4.17	12.82/7.69	19.02/11.15	19.70/6.60
	中	35.86/8.86	29.17/20.83	12.82/10.26	15.08/8.20	23.23/12.04
	低	23.63/6.33	12.5/8.33	30.77/25.64	25.25/21.31	23.04/15.40
职业	体力	33.33/5.06	37.5/25	35.90/30.77	29.84/15.74	34.14/19.14
	脑力	42.19/11.81	29.17/8.33	15.38/12.82	22.30/23.93	27.26/14.22
	学生	5.91/1.69	0/0	5.13/0	7.21/0.98	4.56/0.67

* “/”前为发音区分率，后为混淆率。

由表 3-27 可以看出，北京话 4 组儿化韵读音的个人分歧比较大，各言语社团间的规律不明显。从总体均值上看，这四组儿化韵在女性、中青年人、高文化程度者以及学生中以分为主；在男性、老年人、低文化程度者以及体力劳动者中以合为主。具体来看，这四组儿化韵的发音混淆率男性都远高于女性。而就年龄差异来说，除“官儿组”的混淆率是随着年龄的减小而增加外，其他3组的混淆率都随着年龄的减小而减少，老年人的混淆率最高。从文化程度的差异上来说，除中文化程度者外，这四组儿化韵的混淆率基本是与文化程度成反比，随着文化程度的提高而降低，而其区分率则正好相反。从职业上来说，学生的混淆率远远低于其他两种职业者，尤其是“节儿组”儿化韵，学生的混淆率为0。

6. 原因分析

由4组儿化韵分合的社会分布并参照社会语言学的一般理论，我们可以知道，合并混淆应该是北京话中的一种旧有的现象（赵元任的论说可以作为旁证），而分化则是后起的变化。从各言语社团的使用来看，我们很容易就会得出结论：老年人已经合并了的这些儿化韵在20世纪80年代的青年人中又开始相互区分了。北京话儿化韵这种不是由繁趋简而是由简趋繁的现象，王福堂（1999）称为儿化韵调整归并中的“逆行”现象；林焘和沈炯（1995）认为北京话“儿化韵以从分不从合为主要趋势”。“分化”的儿化韵与合并的几组儿化韵基本相同。那么，这些儿化韵是不是合而又分了呢？

单从音理上分析，北京话的儿化韵应该是向着合并的方向发展，林焘、王福堂和王洪君都持这种观点。林焘和沈炯（1995）认为，北京话儿化韵合并的动因是元音的央化和鼻音的弱化。王福堂（1999）则认为，儿化韵的调整和归并是因为“方言中基本韵母的元音音位系统对儿化韵元音音位的配置起着制约作用”。他认为半个世纪前北京话儿化韵以分为主，儿化韵中有两个低元音音位 /a/ 和 /ɐ/，四个中元音音位 /ɤ/、/e/、/ə/ 和 /o/，超过了基本韵母中一个低元音音位 /a/、两个中元音音位 /ə/ 和 /o/ 的数量，于是在基本韵母元音音位系统的制约下，儿化韵[ar]组变为[ɐr]组，[er]组变为[ər]组，减少了儿化韵元音音位的数目。音位数量的减少导致了儿化韵组数的减少，儿化韵总量也随着减少。而这一制约过程是在本世纪四五十年代完成的。王洪君（1999）从生成音系学角度进一步指出，认为［ar］类并入［ɐr］以及［iɛr］类和［iər］类的合流等等都是卷舌与韵腹结合更紧密的结果。

从音理上看，北京话儿化韵的合并的确可以得到合理的解释，但这又不符合现实的语言事实。如上文所述，各组儿化韵的混淆率都远低于区分率，老年人口中已经合并了的儿化韵到了青年人那里却又出现了分化。可已经合并了的儿化韵重新分化，这不符合经济原则，也很难从音理上进行解释，因为我们很难找到导致分化的条件。那么，又为什么会出现这种现象呢？

赵元任提及的儿化韵的合并发生在20世纪四五十年代的年轻人口中，而此次调查的老年人正是当时的年轻人。作为语言变异的先锋，四五十年代的年轻人首先开始了儿化韵的调整和合并，而目前儿化韵的归并现象也主要集中在现在的老年人即当时的年轻人中。从历时角度看，这一变异一直保留在该言语社团中，虽早已露出归并端倪，但并没有迅速扩展至整个社会，至少是扩散得不彻底（其他言语社团中也存在合并现象）。这要归因于外部社会因素对语言发展的制约。儿化韵的合并始于四五十年代，而随后随着推普、中华人民共和国成立后新北京人的增加以及大众传媒和公共交通的发展、语文规划意识的空前强大，人们开始注意提高北京话的清晰度和沟通度，开始向着社会威望较高的标准语——普通话靠拢。而这半个世纪恰恰是儿化韵合并发展的关键时期，在这种情况下，儿化韵合并的势头被遏制，只是保留在变化初期的言语社团中，而分化则成为儿化韵发展的主要趋势，例如新时期的青年人、学生、女性以及高文化程度者都以分化为主。

根据以上分析，我们可以看出北京话儿化韵发展中出现的“分”和“合”的完全逆向的分歧，实际上是音系内部制约因素与社会制约因素相互竞争造成的。就目前的具体情况来看，社会因素在儿化韵的发展中起主导作用，推普、新北京人的增加等都使得儿化韵从分的势力较从合的势力强大，比如我们的4组儿化韵中，混淆率最高的（“节儿组”儿化韵）

也只有 43.59%，而赵元任所提到的已经出现合并的第四组儿化韵“样儿”和“燕儿”在语料中却找不到一例合并的情况，其区分率是 100%。所以在一定时期内，北京话儿化韵仍将以分为主，社会因素的制约占据优势。但合并是语言系统内在的规律，社会因素的制约只是推延合并的进程，很难从根本上改变这一规律。因此，从长远来看，调整和归并仍是儿化韵发展的主要趋势，北京话儿化韵在经历了目前无序变异的阶段后，还会进入有序发展的阶段，仍将出现一定类别之间的合并（张世方，2003）。4 组儿化词的分化并不是儿化韵发展演变的主流，而是北京话内部的语言分歧，而儿化韵发展的主流依旧是合并、减少和由繁趋简。

3.3　儿化的历时变化

通过上述分析，我们大致了解了儿化在各言语社团中的分布情况，对儿化词的演变以及儿化韵的合并也有了整体印象。为了进一步论证这一演变趋势，我们对儿化在真实时间上[①]的变化也进行了简单探讨，选取的材料是孙德金（1992）。

孙德金（1992）就北京话中部分儿化韵的分合情况调查了 23 名 60 岁以上的老北京人。采用的调查方法是念词表和让被试自报儿化韵的分合，词表包括 28 对声母和声调都相同的儿化词，涉及 7 组儿化韵，分别是：-ɤ+r 和 -ei+r / -ən+r、-ie+r 和 -i+r / -in+r，-ie+r 和 -ian+r，-uo+r 和 -uei+r / -uən+r，-uo+r 和 -uan+r，-y+r 和 -ye+r，-ian+r 和 -iaŋ+r。调查结果具体如表 3-28 所示。

① 和第二章一样，这里也不是真正意义上的真实时间的研究。

表 3-28　北京话 7 组儿化韵的分合情况表①

儿化韵	阴平		阳平		上声		去声		总百分比（%）	
	分	合	分	合	分	合	分	合	分	合
-ɤ+r 和 -ei+r / -ən+r	23	0	23	0	8	15	11	10	70.65	27.17
-ie+r 和 -i+r / -in+r	23	0	28	15	0	19	2	21	46.09	47.83
-ie+r 和 -ian+r	16	30	无	无	23	0	23	0	67.39	32.61
-uo+r 和 -uei+r / -uən+r	23	0	23	0	7	19	8	14	66.30	35.87
-uo+r 和 -uan+r	16	30	23	0	23	0	23	0	73.91	26.09
-y+r 和 -ye+r	23	0	23	0	无	无	5	15	73.91	21.74
-ian+r 和 -iaŋ+r	23	0	无	无	无	无	23	0	100	0

我们的语料中，反映出来的存在分合情况的儿化韵有 4 组：（1）家儿组，即［iɐr］和［iɛr］的合并；（2）官儿组，即［uor］和［uɐr］、［uər］的合并；（3）节儿组，即［iər］和［iɛr］的归并；（4）车儿组，即［ɤr］和［ər］、［ɐr］的合并。实际上，第二组包含了两组儿化韵，即［uor］和［uɐr］、［uor］和［uər］的分合。下面我们逐组进行对比。

1. 家儿组

在我们的语料中，这一组儿化韵的情况比较复杂混乱，其合并的方向也各不相同。若不管其合并后的读音，而只看是否合并的话，这两组儿化韵的合并率为 18.41%。而在 1992 年的调查中，这组儿化韵的合并率为 32.61%，合并程度比 80 年代初期又深了一层。在 20 世纪 80 年代初期，这组儿化韵中存在合并的主要限于去声和阴平，但在 90 年代的调查中，我们没有发现去声合并的情况，合并的主要是阴平的儿化韵，而且

① 我们根据原表（孙德金，1992）稍作调整，表中超过 23 的是由于调查表中有两组儿化词，我们在此合在一起统计，不足 23 人的是由于部分调查对象没能说出儿化形式或根本不儿化。表中的“无”表示调查词表中没有这组儿化词。

同是阴平调，不同的儿化词合并率也不同，如“贴儿＝天儿”的出现率为60.87%，“街儿＝尖儿”的出现率为69.57%。

2. 官儿组

在我们的语料中，[uan]儿化后归入[uor]的只发现了一个儿化词“官儿”。“官儿”在我们的语料中共使用了4次，其中只有1次和[uor]混同起来，读成了“[kuor^{55}]”，合并率只有25%。在90年代的调查中，[uor]和[uɐr]的合并率为26.09%，总体情况和80年代基本相同。在两次调查中，出现合并情况的都只局限于阴平字，但也不是所有阴平调的[uɐr]和[uor]词读音都混同了，有代表性的词语是“窝儿＝弯儿”和“锅儿＝官儿”，但由于语料的限制，我们没有发现前者合并的情况。两次调查的另一个不同之处在于：80年代的调查语料表明，[uan]儿化后读作[uor]，与uo的儿化韵合并；而90年代的调查则正好相反，uo儿化后读作[uɐr]。这组儿化韵的合并情况虽然是一致的，但合并方向却截然相反。由此我们联想到在第一组儿化韵中，同时期的语料中也出现了方向相反的合并情况，“家儿”读作[tɕiɛr^{55}]的比例为54.17%，“价儿”读作[tɕiɛr^{51}]的比例为7.69%，“间儿”读作[tɕiɐr^{55}]的比例为11.54%，“件儿”读作[tɕiɐr^{51}]的比例为21.15%。综合两组儿化韵的分合比例可以看出，无论是80年代还是90年代，都是以分化为其主体趋势，合并仅限于少数人少数词，合并后的读音也有两种不同的方向，合并情况非常不稳定。

至于[uor]和[uər]的分合，在我们的语料中主要表现为“果儿”和“鬼儿”的分混。“果儿”共出现了20次，相混次数为6次，占总频次的30%，混淆率较低，其词语范围也仅限于“水果儿”一词。20世纪90年代的调查表明，这组儿化韵的合并率为35.87%，比80年代的合并程度略高一些。80年代这组儿化韵的合并仅限于上声，而90年代的合并不仅包括上声还包括去声。就上声和去声来说，合并多于分化，这组儿化韵的上声和去声词在90年代基本是以合并为趋势的。

3. 节儿组

这组儿化韵在我们的语料中也出现了方向相反的两种合并情况。一是部分[iɛn]韵母的字儿化后并入[iər]韵，代表词是“节儿”和“姐儿”，合并率为53.85%，主要是上声儿化词；二是部分[i]韵母的字儿化后归入[iɛr]韵，如“意儿（玩意儿）”，合并率为38.46%，主要是去声儿化词。就其总体情况而言，这组儿化韵在20世纪80年代的总合并率为43.59%。这组儿化韵的混淆率是比较高的，[iɛn]儿化后并入[iər]的还超过了50%。在90年代的调查中，这组儿化韵的合并率仍然很高，占47.83%，合并程度比80年代又更深一步。90年代存在合并现象的同样也是主要集中在上声和去声中，合并率分别是100%、91.30%；阳平调虽然也有合并的情况，但以分为主，分合比例是65.12%∶34.88%；阴平调比较整齐，没有一例合并，但却存在和别的儿化韵合并的情况，部分阴平调的[iɛr]读作[iɐr]，具体见家儿组。

4. 车儿组

在20世纪80年代，这组儿化韵的分合主要表现为[ɤ]儿化后或归入[ər]，或归入[ɐr]，代表词是“车儿、歌儿、哥儿、个儿（自个儿、整个儿）和格儿”。这五个儿化词中，“车儿”的音变表现为在部分北京人的口语中和“吃儿”混同起来，[ɤr]归入[ər]，合并率为24.24%；“哥儿、歌儿”或归入[ər]（13.95%），或归入[ɐr]（46.51%），两种情况皆有；“个儿和格儿”则归入[ɐr]（39.30%）。总体来看，[ɤr]和其他两个儿化韵的合并率为40.66%，并入[ər]的占4.6%，并入[ɐr]的占36.07%。从90年代的调查来看，[ɤr]和[ər]的合并率是27.17%，远远高于80年代的4.6%，而且这种合并主要集中在上声和去声，阴平和阳平没有出现合并现象。也就是说，80年代出现合并的“车儿、哥儿、歌儿”和“吃儿”“根儿”到了90年代都分化了；而“歌儿”读作[kɐr]的在90年代也只有1例（80岁的女性文盲被试）。而针对[ɤr]的分合，林焘（1982）认为韵母 e[1] 儿化后老派读作[ɤər]，这时“儿”已经和前面的音节合并成一个音节，但音节内部的元音还没有合并；而新派读作[ɤr]，代表了儿化韵发展的一个新阶段。新派内部[ɤr]又有和[ər]合并的趋势，比如，在年轻人嘴里，“车儿”和“吃儿”虽然不同音，但“歌儿”和“根儿”则没有什么区别了，都读作[kər]。这说明北京话的儿化韵还是有进一步合并的趋势的。

综合三次调查，我们可以将[ɤr]和[ər]、[ɐr]的分合过程大致描述如下：

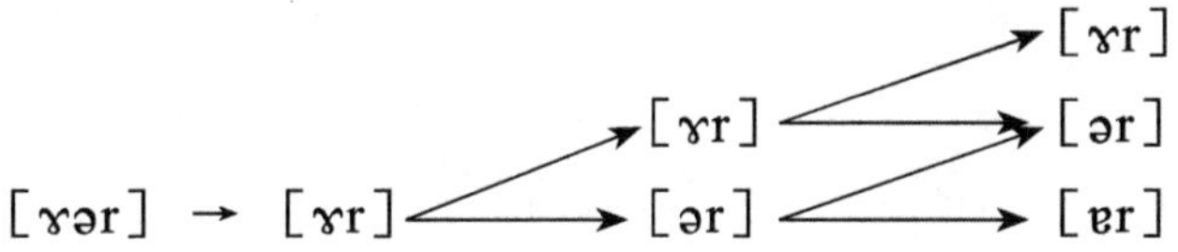

综合比较了这四组儿化韵的分合情况之后，我们发现这些儿化韵在近 10 年的时间内都是以分化为主的，合并的只是少数儿化词。在本章中我们已经讨论了儿化韵的分合问题，语言音系内部规律要求儿化韵进行合并，因此，在 20 世纪四五十年代的年轻人嘴里，一些二三十年代还区分的儿化韵出现了合并。然而，语言变化不是一夜之间完成的，同一变化在语言系统中的表现有快有慢（[iɛr]和[iər]、[uor]和[uər]、[iɛr]和[iɐr]的合并要比[uor]和[uɐr]、[ɤr]和[ər]归并快），由于外来因素（普通话的影响、外来人口入京等）的干扰，这种合并至今仍未扩散至整个语言系统，反而受到阻碍（10 年间前三组儿化韵合并的比率虽都有增加，但增加得不多），甚至出现已经合并的儿化韵又再次分化的情形（比如车儿组[ɤr]和[ər]）。

而就目前的具体情况来看，社会因素的制约占据优势，北京话儿化韵从分的势力较从合的势力强大。但合并是内在的规律，社会因素的

① 这里指的是汉语拼音的 e，用音标表示是[ɤ]。

制约只可能延缓合并的进程，很难从根本上改变这一规律。因此，从长远来看，北京话儿化韵在结束了目前这种无序的阶段后，还会进入有序发展的阶段，仍将会出现一定类别之间的合并。至于合并的程度如何，“则要看儿化韵在标准语中的地位，即能否保持表小称的主要手段这一地位，因为在儿化韵向央元音靠拢、鼻化弱化等因素引起的合并完成后，制约儿化韵发展的因素也将由语音为主转向语义为主。从南部吴语（曹志耘，2002）、西南官话等一些方言儿化发展的历史来看，儿化韵表小称功能的磨损及新形式的小称手段的出现是一种必然趋势”（张世方，2003）。

第四章　清入字

入声虽然是四声之一，但却和其他三声的性质不完全相同。中古时期，入声调的特征是“短促”，入声韵的特征是“带塞音尾”，它的音高可能只是一个羡余特征，其韵母的塞音尾才是区别特征。入声作为汉语音节的一个特殊类型，在其历史发展中，随着入声韵塞音尾的散失或弱化，促音特征也随之消失，音段增长，入声也具有了曲折变化的调型，音高成为其主要的区别特征。根据入声的这种性质，可以看出，入声不仅是声调的问题，更是韵母的问题。入声问题，无论是其历史演变情况，还是目前的分布状况，都是汉语中十分重要的语音现象。北京话，作为普通话的标准音，代表着汉语的发展趋势，北京话同时也是汉语入声变化最快的方言之一。在现代北京话中，入声字和中古的阴声韵字完全合并，失去了赖以区别的塞音韵尾，同时也没有了独立的调值。古代入声字虽然消失了，但却在现代北京话里留下了许多问题，造成了大量的异读现象（特别是清入字）。清入字的异读包括自由变读和别义变读两种类型，前者是指不同的人或同一个人在不同的场合使用同一个字时出现的无条件的变读，如“国家”有时读作［kuo^{214} $tɕia^{55}$］，有时读作［kuo^{35} $tɕia^{55}$］；后者是指具有区别意义作用的变读。北京话清入字的异读更多地表现为前一种类型。另外，清入字的异读不仅涉及声调的不同，还包括声母和韵母的变读（当然更多的是声调的异读）。总之，北京话的清入字异常复杂，因此有必要全面地研究一下这个问题，这对普通话的正音也会有很大帮助。

本章首先对语料中清入字的异读情况进行了梳理，并在此基础上对有异读的清入字的共时变异以及历时变化情况进行了探讨。

4.1 清入字的异读

在我们统计的语料中，共出现了 227 个清入字，因是日常口语，一些生僻字没有出现。这 227 个清入字是：

八掰百柏北逼笔必毕碧壁憋鳖别区~拨剥伯博不擦册测侧策插察拆彻撤吃尺赤饬出触绰促撮错~开搭答得德的目~滴督掇恶凶~发法福幅佛仿~复腹胳鸽割搁阁革格葛隔各给供~谷骨刮郭国壳害喝黑忽豁霍击迹积绩缉激吉级即急脊夹甲角脚接揭节洁劫结决觉磕渴克刻客哭窟酷扩括阔率拍劈匹僻泼迫魄仆扑朴七戚漆恰曲屈缺却确撒萨塞色杀刹设摄失湿虱识式室适释叔束刷说肃速宿住~宿一~缩踏塌塔忒剔踢贴帖秃托脱挖沃握屋吸析息悉惜锡熄媳削楔歇胁泄畜~牧薛雪血压鸭押腌噎一揖亿抑益约则责扎轧只一~手折哲着织执职栅摘窄质粥竹嘱祝筑桌捉拙涿琢足作

由于我们的语料主要是日常口语，这些清入字的异读主要表现在调类的归属上，声韵母方面的差异表现不显著。但为了对口语中的清入字有个整体的把握，我们对这些清入字的声韵调分别进行了统计分析。

4.1.1 清入字的声调异读

4.1.1.1 无异读的清入字[①]

在声调上无异读的清入字共有 159 个字，其中：

阴平（74 字）：

---

① 这里所说的是否存在异读的情况只是针对声调而言的，有些字在声韵上存在异读，但声调上没有区别，我们这里仍然算作无异读的例子。

掰逼憋鳖拨剥擦插拆吃出撮搭滴督发胳鸽搁阁郭喝忽击缉接揭磕哭窟拍漆屈缺萨杀失湿虱叔刷说缩踢贴帖秃脱挖屋吸析息悉惜锡熄削楔歇薛织押鸭腌噎只一~手揖扎摘粥桌捉涿

阳平（24 字）：

别博察答德腹革格葛隔吉急洁劫决壳仆胁哲着执则责琢

上声（13 字）：

尺的目~给供~谷饺脚渴朴宿一~塔雪窄嘱

去声（43 字）：

碧壁绰册测侧策彻撤促错~开恶霍绩克刻客扩括阔率魄恰却刹设摄式释速宿住~踏剔沃握泄畜~牧亿抑益轧祝筑

轻声①（5 字）：

饬倒~掇拾~佛仿~戚亲~栅大~栏

无异读的清入字占总数的 69.60%，其中只读阴平的 74 个字，占无异读字的 46.54%；只读阳平的 24 个字，占 15.09%；只读上声的 13 个字，占 8.18%；只读去声的 43 个字，占 27.04%。读阴平的最多，去声次之，上声最少。

4.1.1.2 异读清入字的归调

声调有异读的清入字共 69 个，声调上的分歧具体如下②：

两调异读：

阴平 / 阳平（16 个字）：

① 这些字在我们的语料中只以轻声的形式出现，我们把它们另列一类。

② 例字后面括号里的数字代表其出现频次，顺序和该字所属的异读类型的顺序一致。

伯（2 / 2） 割（2 / 13） 积（59 / 1） 激（16 / 1）
级（15 / 192） 脊（1 / 4） 夹（5 / 3） 匹（1 / 1）
泼（7 / 2） 扑（7 / 9） 七（408 / 28） 托（95 / 1）
折（17 / 4） 职（14 / 71） 竹（1 / 3） 足（15 / 98）

阴平 / 上声（6 个字）：

笔（1 / 11） 刮（7 / 1） 黑（35 / 3） 甲（6 / 1）
曲（1 / 27） 撒（7 / 2）

阴平 / 去声（12 个字）：

必（6 / 113） 豁（4 / 2） 迹（1 / 5） 率（1 / 14）
僻（1 / 6） 迫（1 / 6） 肃（1 / 13） 塞（12 / 1）
式（2 / 60） 缩（1 / 1） 塌（3 / 1） 压（69 / 1）

阳平 / 上声（9 个字）：

柏（1 / 1） 北（3 / 687） 得（183 / 721） 阁（2 / 1）
骨（1 / 10） 国（486 / 15） 角（1 / 17） 节（35 / 214）
媳（50 / 1）

阳平 / 去声（4 个字）：

幅（8 / 1） 害（1 / 3） 即（2 / 6） 束（1 / 7）

上声 / 去声（5 个字）：

百（261 / 2） 各（1 / 309） 酷（1 / 3） 色（7 / 27）
血（71 / 6）

三调异读：

阴平 / 阳平 / 上声（1 个字）：

觉（1 / 655 / 32）

阴平 / 阳平 / 去声（5 个字）：

八（338 / 19 / 1）　结（197 / 148 / 1）　适（8 / 2 / 68）
忒（5 / 1 / 1）　作（5 / 5 / 1179）

阴平 / 上声 / 去声（2 个字）：

确（1 / 2 / 190）　发（123 / 1 / 7）

阳平 / 上声 / 去声（2 个字）：

毕（5 / 6 / 223）　赤（1 / 2 / 3）

四调异读：
阴平 / 阳平 / 上声 / 去声（7 个字）：

不（116 / 2361 / 1 / 2443）　触（6 / 1 / 2 / 45）
法（62 / 2/ 194 / 5）　福（1 / 92 / 1 / 1）
复（3 / 1 / 16 / 34）　一（2220 / 2898 / 1 / 1648）
质（5 / 2 / 24 / 35）

实际上，“觉色忒赤触绰”等字既有声调上的异读又有同调之内声韵的异读，我们将分别论述。另外，“息质识一不”等字有轻声异读，此处不包括在异读字之内。

我们从上文可以看出，这些清入字虽然异读情况异常复杂，但就其出现频率来看，各字不同的声调频率也各不相同，都有一个占绝对优势的主字音，该字音往往是普通话所采用的读音，如“国国家[kuo^{35}]”使用了476 次，占总数的 97.14%，当然也有例外（只是少数），如“室[$ʂʅ^{51}$]”只出现了 13 次，占总使用频次的 12.75%。由此我们可以推测，随着普通话影响的加大，这些主字音将慢慢冲刷掉那些频率较少的异读音，北京话清入字的读音将变得统一规范起来。

北京话清入字声调异读类型所占各异读字的比例见表 4-1。

表 4-1　北京话清入字异读类型及其所占比例

类型	阴阳	阴上	阴去	阳上	阳去	上去	阴阳上	阴阳去	阴上去	阳上去	四调
字数	16	6	13	9	4	5	1	5	1	2	7
比例（%）	23.19	8.70	18.84	13.04	5.80	7.25	1.45	7.25	1.45	2.90	10.14

两调异读中，阴阳异读的清入字比例最高（23.19%），其次是阴去异读（18.84%），超过 10% 的还有阳上异读（13.04%）；三调异读中，阴阳去异读最多（7.25%），阳上去的异读次之（2.90%）。此外，三调异读还有两个特点：（1）4 种异读类型中分别有 3 种与阴平、去声有关，说明归入阴平和去声的清入字在北京话中的声调还不太稳定；（2）4 种异读类型主要是阴平、阳平和去声三者之间的关系，其中可能蕴涵了北京话清入字声调演变的一些信息。

将所有异读字进行归纳后发现，有阴平调的清入字 49 个，有阳平调的 44 个，有上声调的 31 个，有去声调的 37 个，仍然是阴平最多，上声最少。

4.1.1.3　清入字去声前的变调

在北京话中有 4 个字具有特殊的变调形式，那就是“一、不、七、八”，而这四个字恰恰都是古清入字。在我们的语料中“一、不”两个字的出现频率特别高，而且都在四调异读的同时又有轻声的读音。根据其使用频率，“一、不”的使用情况和普通话基本一致（在去声前变为阳平、在非去声前变为去声），但我们的语料中，“一、不”还出现了读上声的情况，只各有一次，其具体语境如下：

被试一：L32 女 21岁 大学 学生 汉

因为那地(X)地哈，并不[pu^{35}]像咱们[m^{0}]想象的南方那种沙滩，是沙子的，而是石头的，大大小小的石头，所以都不[pu^{214}]平。

被试二：X25 男 64岁 大专 医生 满

交通事故杜绝不[pu^{51}]了，经常出现一[i^{214}]些[$ɕiɛ^{35}$]个恶性的交通事故。

通过分析，我们认为这两例应该属于个人变异。被试L32是在大连读书的大学生，“不”读作曲折调214可能是受当地方言影响所致；“一”读作上声的例子出现在词语“一些”中，这里被试X25把“些[$ɕiɛ^{55}$]”误读作阳平[$ɕiɛ^{55}$]，这种误读可能也影响到前字，使得“一”也出现了误读。

另外，在“一、不、七、八”4个有特殊变调现象的清入字中，“一”可以做定语直接修饰中心名词，而无论中心语是何声调，“一”都变读为阳平。如：“一人儿”“一盖儿”“一插队的”“过了一村儿”等等。在这些例子中，我们发现，这一现象其实是量词“个”的省略，而“一”的变调形式并不因造成变调的音节的省略而发生改变，体现了这种变调形式的顽固性。

“七、八”的变调没有“一、不”那么复杂，只是在去声的前面变读为阳平，而且变调的比例也远不如“一、不”，“七”变读为阳平的比例是6.42%，“八”读阳平的比例更低，是5.31%。

针对这四个字的特殊变调现象，平山久雄（1990）认为，在清入字开始消失的时候，古清入字都有了和现在的“一”一样的变调，但由于这种变调是不规则的，于是变调规则逐渐被废除，清入字的变调开始变得和其他字一样了。任何一种语言中，高频词都常常具有一定的保守性，因此，“一、不、七、八”这四个字保留了原有的特殊变调，而“七、八”由于使用频次稍差于“一、不”，只保留了在去声前的变调。

而根据我们的语料，“七、八”在去声字前读阳平的情况也出现了衰减，部分情况下在去声字前不变调。就其出现的语境来讲，“七”在“～块、～个、～号、～岁”的词语组合中一般读为阳平，而在“～路、～月”等词语中一般保留本调；“八”主要在“～个、～岁、～趟”以及专名前(如“八大学院”“八大处”“八月节”“胡说八道”“八达岭”)中大部分变读为阳平。另外，不仅“七、八”变调的词语范围在缩小，就是这些大部分变调的词语也有部分被试保留本调。以“八岁”为例，在我们的语料中共出现了8次，其中，5次变调，3次不变调，不变的比例占37.5%。这就预示着，“七、八”在去声前的变调现象将会逐渐衰减乃至消失，这是符合语言的经济性原则的。

另据黄晓东（2001），北京话清入字在去声前读阳平的情况，除了人们熟知的“一、七、八、不”以外，还有“[$kɤ^{35}$]麦、作[$tsuo^{35}$]料、识[$ʂʅ^{35}$]字、克[$khɤ^{35}$]化、克[$khɤ^{35}$]扣、发[fa^{35}]送、的[ti^{35}]确、结[$tɕie^{35}$]束、隔[$tɕie^{35}$]夜茶”等。平山久雄（1990）把这一现象总结为“规律Ⅳ：在字组的非末位而在去声前面（叫环境Ⅳ），变了阳平”，并作了解释。

4.1.2 清入字的声韵异读

我们的语料虽然来自日常口语，文读音一般很少出现，但这些清入字的异读在声韵方面仍有一些很有特点的表现。

4.1.2.1 声母方面

1. 舌尖音在文白异读中的区别

北京话清入字的文白异读在声母方面的一个体现是，白读常用舌尖后音[tʂ]、[$tʂ^h$]、[ʂ]，而文读则常用舌尖前音[ts]、[ts^h]、[s]。例如：“侧[$tʂai^{55}$]侧棱着、歪着｜[$ts^hɤ^{51}$]侧面”（“｜”前为白读，后为文读，下同），“色[$ʂai^{214}$]黑色儿｜[$sɤ^{51}$]颜色”。另外，值得一提的是，我们发现“束、琢”的文白异读恰恰与此相反，其白读音是舌尖前音，而其文读音则是舌尖后音，如“束[su^{51}]约束｜[ʂu^{51}]束缚、拘束”“琢[tsuo^{35}]琢磨、[tʂuo^{35}]、[tsɤ^{35}]”。这种现象还体现在“只”的读音上，文读音是[tʂʅ]“只[tʂʅ^{55}]一只鸡、[tʂʅ^{35}]只有、[tʂʅ^{214}]只是”，白读音是[tsɿ]，如“只[tsɿ^{35}]你只一回家”。正如我们在第一章中提到的，这些白读音大多是历史遗留下来的语言现象，是受方音影响而造成的特殊读音。

2. 送气与不送气的互换

俞敏（1986）从发音省力的角度出发，认为北京话轻声音节里容易丢掉送气成分。实际上，在北京口语中，不送气音变为送气音的例子也有不少。我们在清入字异读的调查中也发现了上述两种情况，而且为数不少，如（1）送气变不送气：泼[p^{h}o^{55}｜po^{55}]／括[k^{h}uo^{51}｜kuo^{51}]／触[tʂ^{h}u^{51}｜tʂu^{51}]／迫[p^{h}o^{51}｜po^{51}]强迫；（2）不送气变送气：琢[tʂuo^{35}｜tʂ^{h}uo^{35}]／刮[kua^{55}｜k^{h}ua^{55}]。

3. 卷舌声母字的音变

调查中发现，卷舌声母的字比较容易产生异读，其异读又分为以下几种情况：（1）卷舌音变为平舌音，如“朔、琢”二字的声母比较特殊。二字规范读音分别为[ʂuo^{51}]、[tʂuo^{35}]，符合北京话古今对应规律。但北京人中大多数老年人及部分青少年都把这两个字读成[suo^{51}]和[tsuo^{35}]。另有“促[ts^{h}u^{51}｜tʂ^{h}u^{51}]”等，这可能是受外方言影响的结果。（2）舌尖后塞擦音变为擦音，如“出[tʂ^{h}u^{55}｜ʂu^{55}]派出所”。（3）清音变为浊音，如“适[ʂʅ^{51}｜ʐʅ^{51}]”“栅[ʂʅ^{0}｜ʐʅ^{0}]大栅栏”。

最特殊的是“什刹海”中“刹”字的读音。我们的语料中该字共有[ʂA^{51}]、[tA^{51}]两个读音，另据黄晓东的调查（2001），该字共有[tʂ^{h}a^{51}]、[tʂa^{51}]、[ʂa^{51}]、[ta^{51}]、[tɕie^{0}] 5 个读音。黄晓东认为，读为[ʂ]声母可能是由“杀”字类推而来，其他 4 个音的声母音变规律可能是：

[tʂ^{h}] → [tʂ] → [t]
→ [tɕ]

即先丢送气成分，再经发音部位前移或后移而成。

4. 舌根音和舌面音

见系开口二等字文白异读是汉语方言中普遍存在的现象：文读不腭化、白读腭化。这类字在北京话中也存在，只是其文白读的情况与各方言是相反的：文读腭化、白读不腭化。大家熟知的例子有“耕[kəŋ^{55} | tɕiŋ^{55}]”“更[kəŋ^{55} | tɕiŋ^{55}]”等。

这类字在我们的口语语料中仅出现一例：“给供给”，该字读为[kei^{214}]。正如李如龙（1999）提到的：“北京音古见系声母逢三等韵都腭化为[tɕ]、[tɕʰ]、[ɕ]，例外只有一个‘给’（文读[tɕi^{214}]，白读[kei^{214}]），声母未变，韵母则变读为一等（如北、贼、黑）以相适应。”也就是说，“给”是腭化音变至今还未扩散到的“剩余”。

5. 声母的脱落

我们的语料中有两个字“客”和“出”出现了声母脱落、韵母央化为[ə]的现象。“客”在“顾客”一词中异读为[ə^{51}]、[ə^{0}]，各出现了1次；“出”在“派出所”一词中异读为[ə^{0}]，出现了13次。这种现象出现范围较窄，频次也很少，是轻声弱化的结果。

4.1.2.2　**韵母方面**

北京话清入字在韵母方面的突出特点就是宕、江、曾、梗、通各摄的入声韵的文白异读，主要体现在德、陌（麦）、铎、药、觉、屋（烛）等的例字上，这方面的研究有很多（如靳光瑾，1991；平山久雄，1990、1995；高晓虹，2000等）。我们的材料来自于日常口语，文白异读的现象并不太多，只有个别字的韵母存在这种文白异读现象，如：百[pai^{214} | pei^{214} / po^{214}]、柏[po^{35} | pai^{214}]、剥[pau^{55} | po^{55}]、伯[po^{35} | pai^{55} / pei^{55}]、色[ʂɤ^{51} | ʂɐr^{214}]、忒[tʰei^{55} | tʰuei^{55} / tʰuei^{51} / tʰuei^{35}]、绰[tʂʰuo^{51} | tʂʰau^{51}]、触[tʂʰu^{51} | tʂʰuo^{51}]、角[tɕiau^{214} | tɕyɛ^{35}]、觉[tɕyɛ^{35} / tɕyɛ^{214} | tɕiau^{35} / tɕiau^{214}]、血[ɕyɛ^{214} / ɕyɛ^{51} | ɕiɛ^{214} / ɕiɛ^{51}]、约[yɛ^{55} | iau^{55}]”（“ | ”前为文读，后为白读；“ / ”表示前后两种读音并存，下同）。

人们在发现北京话宕江曾梗通五摄入声字的韵母有文白异读的同时，

还发现韵母有文白异读的清入字声调往往也有不同（如陈刚，1988；高晓虹，2000）：韵母为文读，声调多为阳平或去声；韵母为白读，声调多为阴平或上声，如上文提到的“伯[po^{35}|pai^{55} / pei^{55}]”“柏[po^{35}|pai^{214}]”。另外，“觉”的文白读音虽然声调相同，但频次是不一样的，同样也体现了这种现象，“觉[tɕyɛ^{35}]（655 次）/ [tɕyɛ^{214}]（3 次）| [tɕiau^{35}]（1 次）、[tɕiau^{214}]（32 次）”，其文读音声调以阳平为主（655∶3），白读音声调以上声为主（32∶1）。当然，这个规律是针对大部分的文白异读字而言的，仍然是存在例外的，如“血[ɕyɛ^{214}]（64 次）/ [ɕyɛ^{51}]（4 次）| [ɕiɛ^{214}]（6 次）/ [ɕiɛ^{51}]（2 次）”，其文白读音都是以上声为主。

故此，前人得出结论：

清入字的归调与文白异读有关：白读音的声调多为阴平或上声，而文读音则多为阳平或去声。这就暗示了清入字归调无规律的状态与方言接触有关。

清入字的归调显示了不同的历史层次，即清入字不是同时从一种声调变为四种声调的，而是在不同的时间发生变化的。

下面列举语料中深臻开三、宕江曾开一、曾开三庄组、梗开二、通合三的清入字声调，来看一下清入字的声调和韵母的关系。根据韵母文白的不同，这些字可分为三种情况：只有白读、文白兼有、只有文读。

（1）只有白读。

> 拍拆摘粥（以上阴平）饺窄（以上上声）黑（阴平 / 上声异读）北（阳平 / 上声异读）

（2）文白兼有（“/”前为白读音声调，后为文读音声调；右下角的数字是该声调的出现频次）。

> 约$_{43}$剥$_{15}$（以上阴平）绰$_{5}$（去声）百（去声$_{2}$、上声$_{2}$/上声$_{259}$）色（上声$_{7}$/去声$_{27}$）柏得（上声$_{722}$/阳平$_{184}$）伯（阳平$_{1}$/阴平$_{2}$、阳

平$_{1}$）角（阳平$_{1}$/上声$_{17}$）觉（阳平$_{1}$、上声$_{32}$/阴平$_{1}$、阳平$_{655}$、上声$_{3}$）忒（阴平$_{4}$、阳平$_{1}$、去声$_{1}$/阴平$_{1}$）血（上声$_{64}$、去声$_{4}$/上声$_{6}$、去声$_{2}$）

（3）只有文读。

博托郭桌涿捉削（以上阴平）德则格责革琢（以上阳平）朴索脚（以上上声）却扩霍握刻克测魄策肃筑祝恶（以上去声）足（阴平/阳平）作（阴平/阳平/去声）迫（阴平/去声）阁国（阳平/上声）各（上声/去声）确（去声/阴平、上声）

韵母为白读的清入字，声调或为阴平（5个字），或为上声（4个字）。但韵母为文读的清入字，如果同时兼有白读，那么白读音声调多为阴平（3个字63次）和上声（5个字108次），文读音声调则以阳平和上声较多；如果只有文读，则声调既有归阳平（10个字）、去声（17个字）的，也有归阴平（11个字）、上声（7个字）的，归阳平、去声的占多数。可见，整体而言，阴平和上声基本属于白读层，而阳平和去声则属于文读层。

4.2 异读清入字的共时变异

4.2.1 异读清入字的总体使用

中古清入字在今北京话中存在极为丰富的异读现象，这一点早已为世人瞩目。刘援朝（1992）提出："只从语言本身而不去结合社会的变化与方言之间的相互影响，北京话清入字调类归并的研究就不会有新的突破。"曹志耘（1998）指出："从理论上说，内因和外因可能同时起作用，也可能单独起作用。但在一定时代一定地区的方言里，常常以其中某一类原因为主。因而在具体的方言里，声调的演变常常是以某一种类型为主要形式的。"他认为，北京话清入字的演变缺乏系统性，符合"他变型"（由语言系统外部的原因所导致的演变）的特点。因此，我们有必要考察一下各社会因素对北京话清入字异读的影响。

我们首先对清入字异读的总体情况进行了简单考察，如表 4-2 所示（我们所说的异读字包括各种情况的异读，因为“一、不”的使用和普通话基本一致，我们在此没有把它们统计在内）。

表 4-2　清入字异读的总体情况

	均值	标准差	方差	最小值	最大值	全距	总数
使用字数	5.71	2.705	7.318	0	16	16	67
使用频次	11.08	7.473	55.851	0	43	43	1329

由表 4-2 的数据可以看出，46 万语料中共出现了 67 个异读词，平均每个被试使用了 5.71 个异读字，最多的达到 16 个。而就儿化词的使用频次来说，120 个被试共使用异读词 1329 次，平均每人使用 11.08 次，最高的达到 43 次之多。由此可见，存在异读的清入字并不是很多。

这可能跟我们所使用的语料有关，因为是日常口语，很多生僻的字词都没有出现，被试所使用的清入字总数很有限，而且多是日常的高频词。高频词一般是发展比较迅速的，异读现象逐渐被统一。

从上表还可以看出，清入字异读词无论在使用个数上还是使用频次上，个体差异都相对较小，使用字数的全距为 16，标准差为 2.705，使用频次的全距为 43，标准差为 30.82，清入字异读的社会分布相对集中。就其分布规律来看，图 4-1 中带有正态曲线的直方图告诉我们，清入字异读词的字数基本呈正态分布形状，被试所使用的异读字个数多集中在 10 个以内，超过 12 个的人数极少；而使用频次上个体差异虽然相对不大，但极个别被试的使用频次较高，数据呈偏态分布。这说明各被试在异读词个数的使用上规律性较强，而在异读词的使用频次上则相对散乱。

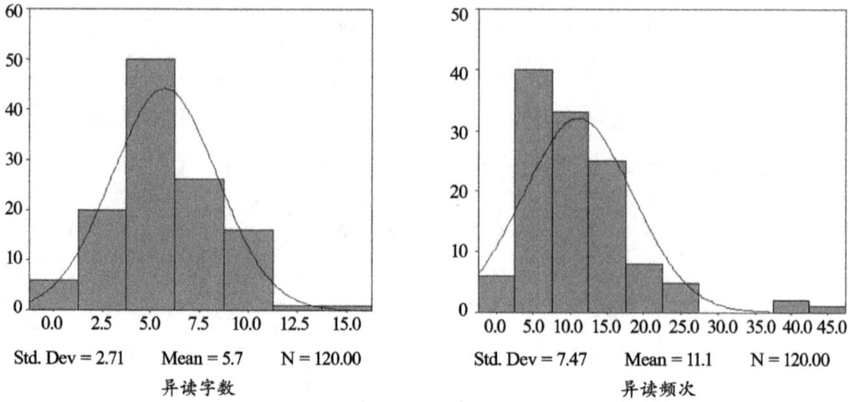

图 4-1 清入字异读的正态分布图

4.2.2 异读清入字的社会分布

我们主要调查了各言语社团中不同被试使用的异读字的个数和频次，以此来了解清入字异读现象在共时阶段上的变异情况，至于具体异读字的变异情况如何，我们将在下文进行论述。

表 4-3 各社会因素与异读清入字使用的相关性

		地区	性别	年龄	文化程度	职业	民族
异读字数	相关系数	-.062	.012	.108	-.009	-.127	.085
	显著值（双尾）	.502	.896	.238	.925	.167	.356
异读频次	相关系数	-.039	.025	.110	.038	-.091	.133
	显著值（双尾）	.676	.787	.233	.683	.323	.146

由表 4-3 可以看出，无论是在异读字的使用个数还是使用频次上，各社会因素都与之无关。可见，80 年代清入字异读的使用在各言语社团中的分布不成规律性，由下文的具体分析也可以看出来。我们随后的方差分析（结果略）也发现，各因素与清入字异读情况的显著系数都远大于

0.05，由 S-N-K 检验也发现各社会因素影响下的被试都处于同一个亚组中，社团内部差异基本不存在（具体结果略），由此也证实相关分析的结果是可靠的。

1. 年龄因素

表 4-4　不同年龄的被试使用异读清入字的情况

	年龄	均值	标准差	总数	最小值	最大值	全距	方差
异读字数	老年人	.1387	.0686	5.55	0	.27	.27	.005
	中年人	.1606	.0702	6.42	0	.36	.36	.005
	青年人	.1565	.0634	6.26	.04	.30	.27	.004
异读频次	老年人	.2642	.1599	10.57	0	.75	.75	.026
	中年人	.2890	.1728	11.56	0	.93	.93	.030
	青年人	.3098	.1790	12.39	.05	.94	.89	.032

由表 4-4 可以看出，各个年龄段的被试所使用的异读字的个数和频次都基本是随着年龄的减小而增加的（中年人在字数使用上超出青年人）。按照我们的一般思维，随着普通话的推广和异读字审音表的执行，异读清入字的使用应该是越来越少才对，但我们语料中的结果却恰恰相反。异读字音既不是一个标准语形式，也不是一个具有较高社会声望的形式（由上文的相关分析也可以看得出来，它跟职业、文化程度等都不相关），然而，这种异读形式却盛行于青年人中，原因是什么呢？ 上文的分析中提到，青年人是标准语体的追随者，但同时也要看到，青年人同样追求新奇、喜欢创新。虽然同样是偏离标准语的形式，但清入字的异读和轻声、儿化弱化音节的含混模糊不同，它作为一种主要以声调变异为特征的语言现象，具有改变音节节奏、婉转优美的特点，这就不可避免地为喜欢新奇的青年人所接受，从而在使用上表现出一种扩大的趋势。不仅 80 年代的青年人如此，就是现在的青年人也同样如此，“室[ʂʅ^{214}]、质[tʂʅ^{214}]”的上

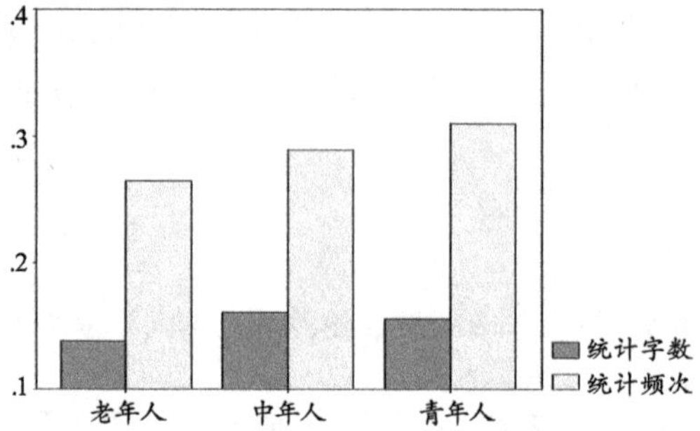

图 4-2 不同年龄的被试使用异读清入字的情况

声读法如今已为人们所广泛接受，并有超出原来去声读音之势。据黄晓东调查（2001），今天至少有一半的北京人“室、质”都有上、去两读（不论其年龄、文化程度、职业等），有的人甚至只读上声。

至于中年人为什么会是异读字使用最多的一个社团，这可能与我国近代历史上的几次语言规范有关。比如民国时期的“读书统一会”和“国语统一筹备会”等，特别是1932年的“新国音”，其读音表现了屈从北京土语土音的倾向，这对强调异读清入字中的老北京音起到了一定的作用。而我们被试中中年人的学话时代大都在此之后，这就在一定程度上强化了他们的变异现象。虽然此后推广的普通话对人们的语言使用有着很强的规范作用，中年人由于工作的需要和交际范围的扩大逐渐减少了轻声、儿化词语的使用，但学话时代的语音特征却不太可能在很短的时间内整齐划一地趋向于规范形式。

有关不同年龄段的被试清入字异读的具体情况，我们还可以从下面列举的3个被试的使用中窥豹一斑①。老年男性和中年男性所使用的清入字总数一样（24个），老年被试有异读的5个，占20.83%，中年男性的异读清入字较多，有8个，占总数的33.33%；青年人使用的清入字总数较多（36个），存在异读的有7个，占19.44%。但若只从异读字个数上来

① 我们这里的举例仍然不包括“一、不”的使用。

说，中年人最多、青年人略低、老年人最少。

被试一：男　75 岁　文盲　工人　满

八 [pɤ^{55}] 九岁	六七 [tɕ^{h}i^{55}] 年	过节儿 [tɕiər^{0}]
执 [tʂʅ^{35}] 事	国 [kuo^{214}] 子监	工作 [tsuo^{51}]
做 [tsuo^{35}] 父亲	百 [pai^{214}] 货	毕 [pi^{51}] 业
结 [tɕiɛ^{55}] 婚	出 [tʂ^{h}u^{55}] 去	说 [ʂuo^{55}]
懂得 [tɤ^{35}]	得 [tei^{214}]	知识 [ʂʅ^{55}]
吃 [tʂ^{h}ʅ^{55}]	东北 [pei^{214}]	印刷 [ʂua^{55}]
平谷 [ku^{214}]	错 [ts^{h}uo^{51}]	汁儿 [tʂər^{55}]
革 [kɤ^{35}] 命	粥 [tʂou^{55}]	喝 [xɤ^{55}]
渴 [k^{h}ɤ^{214}]		

被试二：男　52 岁　初中　民警　满

结 [tɕiɛ^{55}] 婚	房屋 [u^{55}]	面积 [tɕi^{0}]
宽绰 [tʂ^{h}au^{0}]	工作 [tsuo^{51}]	出 [tʂ^{h}u^{55}] 租
错 [tsuo^{51}]	职 [tʂʅ^{55}] 工	吃 [tʂ^{h}ʅ^{55}]
感觉 [tɕiau^{214}]	刮 [kua^{55}]	灰屑 [ɕiau^{55}]
办法 [fa^{214}]	确 [tɕ^{h}yɛ^{51}] 实	解决 [tɕyɛ^{35}]
北 [pei^{214}] 海	黑 [xei^{55}] 山	满足 [tsu^{35}]
古迹 [tɕi^{55}]	福 [fu^{35}] 建	得 [tei^{214}]
说 [ʂuo^{55}]	复 [fu^{214}] 杂	国 [kuo^{214}] 家

被试三：男　31 岁　大学　中学教师　汉

说 [ʂuo^{55}]	错 [ts^{h}uo^{51}]	北 [pei^{214}]
得 [tei^{214}]	觉 [tɕyɛ^{214}] 得	百 [pai^{214}]
素质 [tʂʅ^{51}]	贝壳儿 [k^{h}ɤr^{35}]	折 [tʂɤ^{55}] 腾 [t^{h}eŋ^{0}]
骨 [ku^{214}] 折 [sɕɤ^{35}]	毕 [pi^{51}] 业	毕 [pi^{35}] 业

年级[tɕi^{35}]　　十八[pᴀ^{55}]个　　出[tʂ^{h}u^{55}]去
脚[tɕiau^{214}]　　发[fa^{55}]现　　休息[ɕi^{0}]
约[yɛ^{55}]　　性格[kɤ^{35}]　　负责[tsɤ^{35}]
方式[ʂʅ^{51}]　　接[tɕiɛ^{55}]受　　成绩[tɕi^{51}]
七[tɕ^{h}i^{55}]　　目的[ti^{0}]　　组织[tʂʅ^{55}]
色[sɤ^{51}]　　作[tsuo^{51}]文儿　　刻[k^{h}ɤ^{51}]苦
踢[ti^{55}]　　足[tsu^{55}]球　　决[tɕyɛ^{35}]心
团结[tɕiɛ^{55}]　　扑[p^{h}u^{55}]　　扑[p^{h}u^{35}]克儿[k^{h}ɤr^{51}]
屋[u^{55}]　　摘[tɕai^{55}]

2. 文化程度因素

表 4-5　不同文化程度的被试使用异读清入字的情况

		均值	标准差	总数	最小值	最大值	全距	方差
异读字数	高	.1557	.07098	6.23	0	.30	.30	.005
	中	.1458	.06483	5.83	0	.27	.27	.004
	低	.1543	.06808	6.17	.03	.36	.34	.005
异读频次	高	.2961	.15079	11.84	0	.64	.64	.023
	中	.2551	.11718	10.21	0	.46	.46	.014
	低	.3117	.22428	12.47	.03	.94	.91	.050

不同文化程度的被试在异读字的使用上表现出很大的差异。从异读字的使用频次上来说，它基本是随着文化程度的提高而降低的，中等文化程度者减少得尤其迅速，这与我们的预先假设是一致的。但从异读字数上来说，虽然最大值出现在低文化程度者中，但高文化程度者总体上略高于低文化程度者，中文化程度者最少。综合起来说，低文化程度者保留的异读字音还是相对较多的，由低文化程度者到中文化程度者，清入字的异

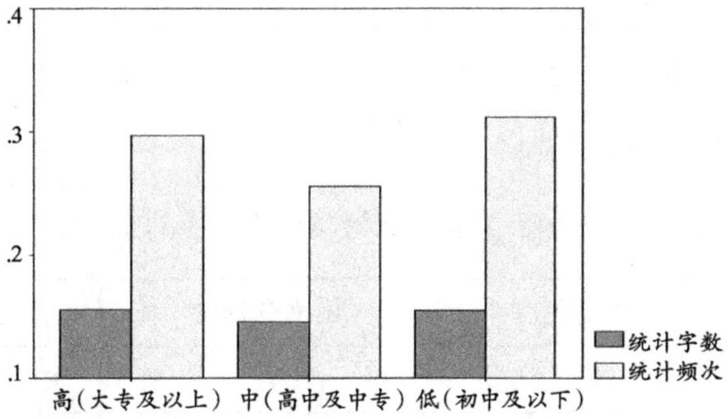

图 4-3　不同文化程度的被试使用异读清入字的情况

读现象出现了大幅度的衰减。这是由于北京话中清入字的读音非常不稳定、不利于交流，而普通话在北京话的基础上参照中古音韵地位进行了审定，剔除了一些非标准读音，因此，随着人们文化程度以及普通话水平的提高，老北京话中的一些异读字音就会逐渐消失，清入字的读音将趋向统一。

但是这种衰减到了高文化程度者那里就中止了，反而出现了“逆行”现象，高文化程度者所使用的异读字的个数和频次都有不同程度的增加。从音理上说，已经统一的读音是很难再分化的，而且其分化条件也已经不存在了；从社会语言学上说，我们一般认为，文化程度越低保留的土俗成分就会越多；反之，文化程度越高，语言就会越接近标准语体。那么，高文化程度者为什么会频繁使用异读字呢？这可能是由于当时的社会人文生活所造成的。自 20 世纪 50 年代以来，我国开展了全国范围内的“推普”工作，到了 80 年代，普通话的观念已经深入人心，尤其是在大中城市，普通话成为“四用”语言。但随着市场的开放、交通的便利，人口流动越来越频繁，方言对普通话的冲击也越来越大，这使得大众传媒的语言规范程度有所下降。例如在电视和电台中随时能听到主持人、演员或播音员说“质[tʂʅ^{214}]量、办公室[ʂʅ^{214}]、复[fu^{214}]杂、结[tɕiɛ^{55}]婚”等不规范音。这在一定程度上推动了这些读音在人们口头上的传播。另外，由下文的交互分析可以知道，高文化程度者中的老年人使用频率较高，而且老中青的使用相对一致，内部差异较小，这在一定程度上使得整个言语社团的使用频率较高。

表 4-6 年龄和文化程度对异读清入字的交互作用

		高文化程度			中文化程度			低文化程度		
		中	青	老	中	青	老	中	青	老
异读字数	均值	.1580	.1534	.1558	.1355	.1498	.1484	.1319	.1801	.1767
	标准差	.0761	.0851	.0652	.0932	.0572	.0516	.0523	.0750	.0854
异读频次	均值	.3011	.2814	.3009	.2529	.2532	.2594	.2538	.3415	.4501
	标准差	.1837	.1724	.1316	.1450	.1082	.1150	.1616	.2330	.3439

在高文化程度者中，清入字异读的使用基本是随着年龄的减小而减少的，只不过中年人的衰减速度快于青年人，这是符合社会语言学上的一般规律的：当一种语言形式向着社会声望较高的标准语体发展时，青年人往往走在老年人的前面。而中低文化程度的被试中，中青年人的使用都远远高于老年人。由于青年人的新奇、创新，他们往往会使用一些新的、原标准语体中所没有的语言形式，因此，他们总体上使用频率较高（就是高文化程度的青年人在使用异读字音上也高于中年人）。而青年人的这种偏离标准语形式的言语行为是从中低文化程度者中开始的。我们说，低文化程度者一般保留的非标准语形式比较多，而其中的青年人又将这种形式进一步扩大。

3. 职业因素

表 4-7　不同职业的被试使用异读清入字的情况

	职业	均值	标准差	总数	最小值	最大值	全距	方差
异读个数	体力劳动者	.1579	.06914	6.63	.03	.36	.34	.005
	脑力劳动者	.1537	.06727	10.45	0	.30	.30	.005
	学生	.1151	.05676	1.15	.04	.21	.18	.003
异读频次	体力劳动者	.3015	.20011	12.66	.03	.94	.91	.040
	脑力劳动者	.2869	.15430	19.51	0	.75	.75	.024
	学生	.2344	.14100	2.34	.05	.48	.43	.020

由表 4-7 可以看出，无论在异读字的个数还是频次上，都是体力劳动者最高、脑力劳动者次之、学生最低。清入字的异读在职业上表现出较强的规律性。学生作为最接近普通话的一个群体，使用的异读字较少是很明显的。脑力劳动者使用书面语的机会一般高于体力劳动者，因而受标准语体的影响较大，使用的异读字也就会相应减少。

在我国目前，文化程度和职业之间是有着直接的对应关系的，虽然在各个职业内部仍然是高文化程度者使用得较多，但不同文化程度的被试

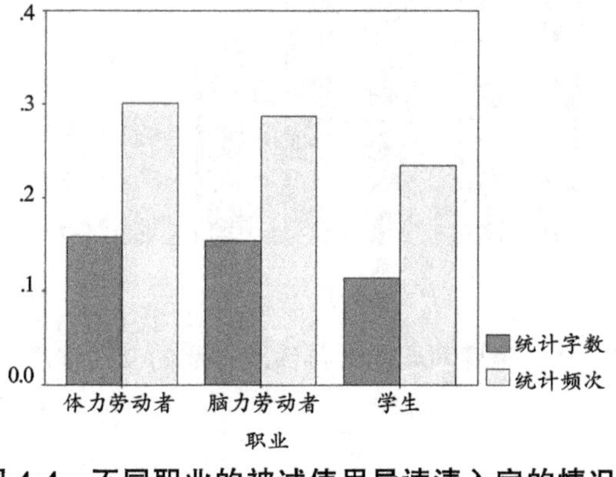

图 4-4　不同职业的被试使用异读清入字的情况

使用异读清入字的特点在职业总体上却没有表现出来。职业和文化程度的交互作用具体见图 4-5。

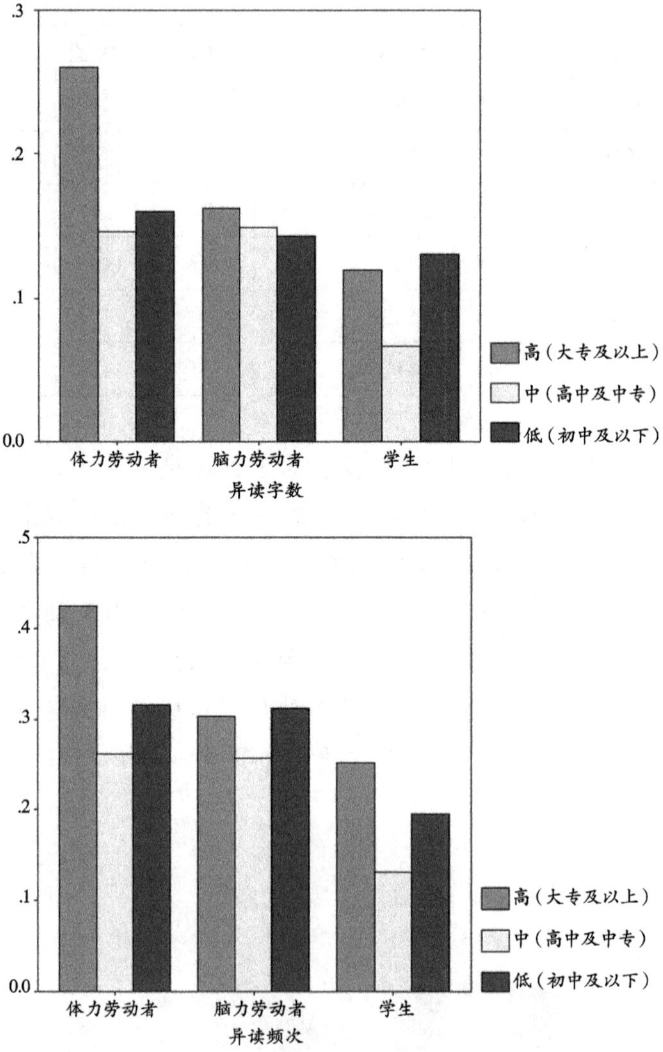

图 4-5 文化程度和职业对异读清入字的交互作用

4. 性别因素

由于男女两性的社会地位和社会角色不同，造成了他们在言语行为上的差异。但具体到异读清入字的使用上，男女两性在使用个数（0.1511%：0.1527%）及使用频次（0.2834%：0.2919%）上都基本相当，女性略高，差异不明显，具体如表 4-8 所示。

表 4-8　不同性别的被试使用异读清入字的情况

	性别	均值	标准差	总数	最小值	最大值	全距	方差
异读个数	男	.1511	.06814	9.07	0	.36	.36	.005
	女	.1527	.06758	9.16	.04	.30	.26	.005
异读频次	男	.2834	.16957	17.01	0	.93	.93	.029
	女	.2919	.17241	17.51	.05	.94	.89	.030

性别与异读字的使用虽然不相关，但通过两因素方差分析，我们发现，性别与年龄交互起作用时却会影响异读字的使用，其具体作用详见图 4-6。

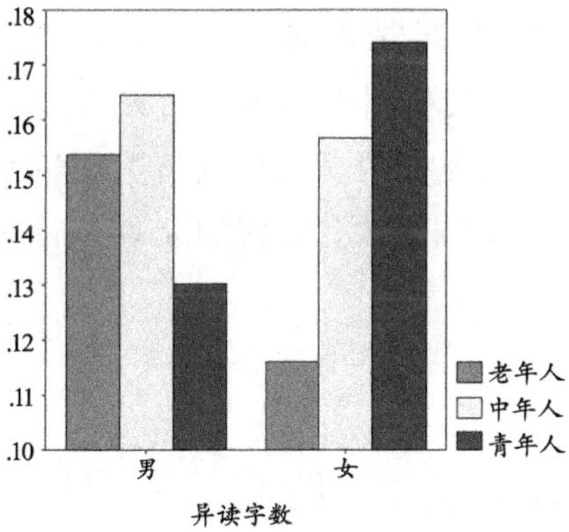

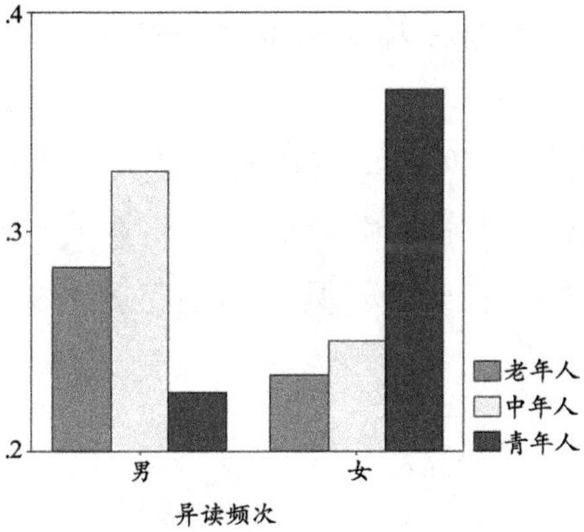

图 4-6　性别与年龄对异读清入字的交互作用

由图 4-6 的两幅图可以看出，无论是异读字数还是异读频次，女性都随着年龄的减小而增加，青年女性的使用远远高于其他两个年龄组的女性。男性中除中年人外，老年男性和青年男性相比，青年男性的使用远低于老年男性，符合一般规律。而将男女两性分别进行比较后发现，中老年人都是男性的使用高于女性，而青年女性则是大幅度增加，反超青年男性。我们说女性高于男性，主要是因为青年女性高于青年男性。根据一般规律，女性往往倾向于使用标准语体。而在清入字的异读上，女性却大量地使用这种非标准形式。如前所述，清入字的异读主要表现在声调上，而声调的变化则会使语句变得抑扬顿挫、富有音乐感，清入字的这种对标准语体的偏离成为一种委婉优美的语音形式。而“女性在语言形式上比男性更积极、努力地追求优美、漂亮和女性特点”，这就使得女性大量地使用一些创新成分，“实际上她们经常在创造”（曹志耘，1987）。

5. 民族和地区因素

由于我们的被试中，蒙古族人人数太少（只有 2 个），其数据不足以反映蒙古族人的使用情况，信度较差，我们不做分析。而就汉族、满族和回族来说，无论是在清入字的个数还是频次的使用上，汉族都是最少的，满族和回族比汉族北京人更多地使用异读字。与轻声、儿化不同，清入字的异读是一种单纯的语音现象。目前这种纷繁的情况是由于北京话在不同历史时期受到不同方言的影响所致。而满族和回族的调查对象大多世居北京，外地方音的每一次冲击都能波及到他们，因而其异读情况比较复杂；汉族居民中大多是新北京人，受普通话影响较大，保留的北京土音也自然会少一些。具体结果见表 4-9。

表 4-9 不同民族的被试使用异读清入字的情况

	民族	均值	标准差	总数	最小值	最大值	全距	方差
异读字数	汉	.1470	.07045	11.91	0	.36	.36	.005
	满	.1646	.05875	3.62	.06	.30	.24	.003
	回	.1589	.06564	2.38	.05	.26	.20	.004
	蒙	.1593	.08548	.32	.10	.22	.12	.007
异读频次	汉	.2729	.16239	22.10	0	.93	.93	.026
	满	.2963	.10882	6.52	.10	.55	.44	.012
	回	.3618	.26458	5.43	.05	.94	.89	.070
	蒙	.2355	.08134	.47	.18	.29	.11	.007

地区因素在我们的统计中并不是主要因素，我们仅简单介绍一下。

4.2.3 具体异读清入字的使用

我们选择了语料中异读次数较多、具有一定代表性的 6 个清入字：国国家、觉、质质量、复、结、室，并对其异读音进行了统计。

表 4-10 6 个异读清入字的总体使用 ①

	国国家	觉			质质量
	[kuo^{214}]	[tɕyɛ^{214}]	[tɕiau^{35}]	[tɕiau^{214}]	[tʂʅ^{214}]
人数	5	4	1	5	11
频次	14	20	1	12	21
均值	2.8	5	1	2.4	1.91
总频次	490	660			26
百分比	2.86%	3.03%	0.15%	1.82%	80.77%

① 为节省空间，我们这里只列出了异读音的使用情况，标准读音不予统计，下同。

（续表）

	复			结		室
	[fu^{55}]	[fu^{35}]	[fu^{214}]	[tɕiɛ^{55}]	[tɕiɛ^{51}]	[ʂʅ^{214}]
人数	3	1	11	61	1	37
频次	6	1	15	200	1	89
均值	2	1	1.36	3.28	1	2.4
总频次	54			349		102
百分比	11.11%	1.85%	27.78%	57.31%	0.29%	87.25%

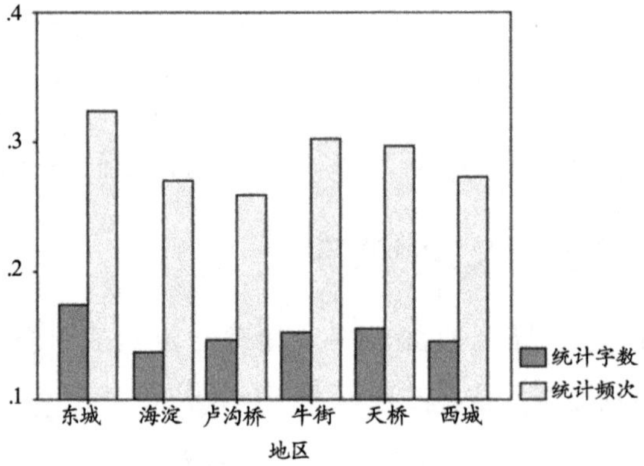

图 4-7 不同地区的被试使用异读清入字的情况

在这六个清入字中，“觉、复”属于四调异读，“结”是“阴平阳平去声”三调异读，“国”是“阳平上声”异读，“质质量、室”则是“上声去声”异读。其中，“觉”还涉及韵母的文白异读，情况比较复杂，但其异读音的使用频次并不高（只有 5%），大部分是上声异读（占 4.85%）。“复”的 3 个异读音中频次较高的也是上声[fu^{214}]，该音只出现在“复杂”一词中，占该词总次数（17 次）的 88.23%。异读为上声的还有“室”（占总频次的 87.25%）、“国国家”（2.86%）、“质质量”（80.77%）。清入字的异读是由多方面的原因造成的。近年来，随着普通话的推广和文化教育事业的迅猛发展，异读现象已大大减少。在这些异读中，部分非上声字读作上声的情况不但没削弱，反而得到了加强，这是由汉语的韵律特点决定的。众所周知，汉语是一种富有音乐感的语言，而曲折的上声更能体现其抑扬顿挫之美，因而人们在使用清入字时常常会强调其上声异读，再加上广电传媒的强化，这些读音慢慢流传开来，甚至有超越普通话标准音的趋势（如“复复杂、室”等）。至于“结”则主要是“阴平阳平”异读，阴平占57.13%，略高于标准的阳平读音，而读作去声的只是一种个人变异，只有一例。

表 4-11 6个清入字异读现象的社会分布①

		性别		年龄			文化程度			职业		
		男	女	老	中	青	高	中	低	体力	脑力	学生
国	频次	7	7	11	3	0	0	0	14	12	2	0
	均值	1.75	7.00	3.67	1.50	0	0	0	2.80	3.00	2.00	0
觉	频次	20	13	28	5	0	9	20	4	2	31	0
	均值	2.86	4.33	4.00	1.67	0	3.00	4.00	2.00	2.00	3.44	0
质	频次	12	9	0	17	4	1	7	13	13	8	0
	均值	2.40	1.50	0	1.89	2.00	1.00	1.75	2.17	2.17	1.60	0
复	频次	14	8	4	5	13	5	13	4	4	13	5
	均值	1.75	1.14	1.33	1.67	1.44	1.25	1.63	1.33	1.00	1.44	2.50
结	频次	101	100	94	61	46	57	44	100	66	125	10
	均值	3.48	3.03	3.76	3.05	2.71	2.71	2.59	4.17	2.87	3.57	2.50
室	频次	26	63	20	29	40	37	29	23	19	65	5
	均值	2.00	2.62	2.86	2.42	2.22	2.47	2.42	2.30	1.90	2.71	1.67

① 这里暂且不管这六个清入字的具体读音，只统计其异读的总体分布。

这六个清入字的异读情况就其性别差异来看，女性的异读比例远高于男性，尤其是“国、觉”两个字，“质、复、结”虽然是男性的使用均值较高，但女性与之相比还是比较接近的。在年龄上的分布基本是随着年龄的减小而降低，如“国、觉、室、结”；“复”在各年龄段的分布比较均衡，中年人的人均使用频次虽然最高，但青年人无论是从总频次还是使用人数上都是最高的；“质”的异读则是与年龄成反比，但主要是分布在中年人中。而其异读在不同文化水平的社团中比较散乱，6个字分布各异，总体上来说，还是文化程度低的被试使用的较多，高文化程度者在“室”的异读上人均使用值最高，在“复”的异读上人数和频次都最多。这也说明“室、复”的异读音的确流行很广。职业分布上的突出特点是学生使用异读音的比例非常低，“国、觉、质”在该社团中均不存在异读，其他诸如“复”虽然均值较高，但使用人数和总频次都很少，由于其生活环境和教育背景，该社团的语言是最接近标准音的，即便是某些非标准音（如“复、室”等）扩散很广，也很难波及这一社团。

如前所述，清入字异读在满族和回族中分布较多，而汉族的使用频率则相对较小，因此，我们对这六个清入字在汉、满、回3个民族中的分布进行了专门的统计，见表4-12。结果表明，虽然满族和回族的被试使用总频次较少，但人均频率较高，这与其总体使用情况基本相符合。

表4-12　6个清入字在不同民族中的分布

	国国家		觉		质质量		复		结		室	
	频次	均值	频次	均值	频次	均值	频次	均值	频次	均值	频次	均值
汉	11	2.75	33	3.30	17	1.89	15	1.67	131	3.12	67	2.31
满	3	3.00	0	0	1	1.00	3	1.00	37	2.47	16	3.20
回	0	0	0	0	3	3.00	4	1.33	33	6.60	6	2.00

综上所述，我们发现，清入字的异读现象在20世纪80年代各言语社

团中的分布出现了不同于轻声、儿化的特点，这是由于这三者的性质不同而决定的。青年人、高文化程度者以及女性大量使用异读字音，这就使得这些异读音在很长时间内还不能统一起来。

4.3 清入字的历时变化

在清入字的历时比较中，我们选用的材料是黄晓东（2001）。在这篇文章中，黄晓东就清入字的异读问题进行了调查，他依据有关材料制作了调查字表，采用随机抽样的方式共调查了200个北京人。调查时，他尽量避免让调查对象读词表，而采用手势、实物、语境等办法，或让其选择说哪个音，同时反复询问调查对象是否为日常所说、是否听别人说过而本人不说、是否以前说过而现在很少说或不说了。这样，基本保证了语料的可靠性。结果发现：随着年龄的增大，异读的比例也就越大，年龄越小，就越接近普通话；文化程度越高，读音越接近普通话，在有异读时多使用标准形式；三种职业中，体力劳动者保留白读和土音最多，脑力劳动者次之，而学生最接近普通话，年龄、文化程度和职业之间交互起作用；老北京人比新北京人说话更白、更土，对于有异读的清入字多采用白读或土音，即非标准形式；而在清入字的异读上，性别差异不明显，男女调查对象中的比值都非常接近；满族和回族的调查对象比值相对较高，说明他们说话比汉族北京人更多地采用白读和土音；而地区差异已经基本不存在了。

表 4-13 部分清入字在不同年龄被试中的使用情况①

读音	少儿		青年		中年		老年	
	常说	偶尔说	常说	偶尔说	常说	偶尔说	常说	偶尔说
头发［fa^{51}］	0.00	0.00	0.00	0.00	0.00	0.00	0.11	0.00

① 我们根据语料中出现的清入字的情况，对原表中的内容进行了删减，以方便下文的比较。表头为笔者所加。

（续表）

读音	少儿		青年		中年		老年	
	常说	偶尔说	常说	偶尔说	常说	偶尔说	常说	偶尔说
剥削［pau⁵⁵~po⁵⁵ çiau⁵⁵］	0.00	0.00	0.00	0.00	0.20	0.20	0.72	0.00
八［pa³⁵］个人	0.00	0.00	0.10	0.00	0.33	0.00	0.79	0.00
七［tçʰi³⁵］个人	0.00	0.00	0.22	0.00	0.21	0.00	0.82	0.00
黑［xei²¹⁴~xai²¹⁴］豆	0.05	0.00	0.20	0.00	0.67	0.06	0.83	0.00
掉色［ʂai²¹⁴］	0.13	0.00	0.83	0.00	0.79	0.07	1.00	0.00

表 4-14 部分清入字在不同职业被试中的使用情况

读音	学生		脑力劳动者		体力劳动者	
	常说	偶尔说	常说	偶尔说	常说	偶尔说
头发［fa⁵¹］	0.00	0.00	0.00	0.00	0.07	0.00
剥削［pau⁵⁵~po⁵⁵ çiau⁵⁵］	0.00	0.00	0.18	0.00	0.48	0.04
八［pa³⁵］个人	0.07	0.00	0.27	0.00	0.61	0.00
黑［xei²¹⁴~xai²¹⁴］豆	0.03	0.00	0.64	0.00	0.74	0.04
七［tçʰi³⁵］个人	0.13	0.00	0.20	0.00	0.60	0.00
掉色［ʂai²¹⁴］	0.36	0.00	0.78	0.11	0.91	0.04

为便于比较，我们从语料中选择出了相应的清入字，并做了简单的统计，结果如表 4-15。在我们的语料中，“发头发”共出现了 8 次，全部读作［fa⁵¹］，没有出现上声的情况。而在黄晓东的调查中，老年人（11%）和体力劳动者（7%）有时读成上声。“剥削”读［pau⁵⁵çiau⁵⁵］的情况出现在老年人、体力劳动者中。这和黄晓东的调查结果是一致的，老年人中 72% 的人常常说，中年人有 20% 的人常常说；体力劳动者 48% 的人常说，

脑力劳动者中只有18%的人常说。“黑”读作“[xei^{214}]”，在语料中仅出现在“黑豆”一词中，就其社会分布而言，出现在老年女性、体力劳动者中。黄晓东的调查表明，“黑豆[xei^{214}]”与前两个词不同，出现范围较广，其使用随着年龄的减小而减少；体力劳动者使用得最多，脑力劳动者次之，学生最少。“色[ʂɐr^{214}]”在我们的语料中只有儿化形式，一般的词语范围局限于口语词“颜色词＋色”，书面语词“颜色、景色”等中的“色”都读作[sɤ^{51}]。而就其分布来说，老年人使用得较多，使用率为71.43%，中年人的使用率为28.57%，青年人的使用率为0；体力劳动者的使用率为42.86%，脑力劳动者为57.14%，学生为0。但在2001年的调查中却发现，青年人的使用率却超过了中年人，少儿和学生中也有部分人常说。

表4-15　部分清入字在20世纪80年代口语语料中的使用情况

读音	人数	频次	例词	性别	年龄	文化	职业	民族
头发[fa^{51}]	2	5	理发	男	69	大学	医生	满
		2	烫发	女	19	大学	学生	满
		1	理发	男	56	初中	民警	回
剥削[pau^{55} çiau^{55}]	1	2	剥削	男	71	小学	司机	汉
黑[xei^{214}]豆	1	3	黑豆	女	60	小学	工人	满
掉色儿[ʂɐr^{214}]	5	2	黑色儿 棕色儿	女	60	小学	工人	满
		2	深色儿	男	69	高中	干部	满
		1	绿色儿	男	62	小学	工人	汉
		1	脸色儿	女	53	中专	小学 教师	回
		1	带色儿	男	40	大专	干部	满

第五章 三种语言现象的变异机制和原因

语言是一个有序异质的符号系统，引起语言演变的不仅仅有内部的语言机制，还有外部的各种社会因素。前三章我们主要讨论了北京话三种语言现象在共时变异和历时变化上的一些特点和规律，并就其动因进行了简单的分析，本章将对引起变异的语言机制和外部原因进行综合探讨。

5.1 变异现象的语言内部机制

语言是由语音、语义、语汇和语法构成的一个多层级的综合符号系统，其各个子系统之间是相互作用、相互制约的，一个子系统的变化往往会引发其他相关系统的变化，并最终导致整个语言系统的变化。轻声和儿化都是近代汉语产生的一种功能性语言现象，它们涉及语言系统的各个层面。通过第二章、第三章的分析，我们知道，轻声和儿化之间存在着一种相同的演变趋势。从语言内部来说，这是由于其语法功能的弱化造成的。

轻声和儿化是北京话里的两种重要的语音现象，二者在性质、功能、音变以及共时变异上都具有一定的共性。儿化现象的实质是"儿"失去音节的地位，附着在前一音节末尾，引起前一音节的相应变化。"儿"与前一音节的结合有两种情形：一种是拼合型，"儿"音节尚未与前面的音节结合，不过"儿"这时已经失去原有的调值，也就是变为轻声了，这为它与前一音节的融合创造了条件；另一种是融合型，"儿"与前面的音节融合后，或者在前面的音节里完整地保留一个韵母[ɚ]，或者只留下一个卷舌动作，声母（本来就是零声母）和声调的特征都已经不存在了（在北京话里并没有引起前一音节的变调。其实这也很好解释，因为“儿”在融入前一音节前已经变为轻声，北京话非上声变来的轻声作为后字时，前字是不变调的）。

从上面的分析可以看出，儿化在一定程度上也是一种轻声现象，具有轻声的一般特征，如前文提到的，儿化会引起基本音节声母、韵母的一系列变化，这与轻声引起的声母、韵母变化有不少相似之处。不仅如此，由于语音轻化而形成的儿化词（如“多儿”“合儿”“横儿”等）和由于主要元音的轻读音变而产生合并的儿化韵在北京话中也是非常普遍的。具体论述见第三章的相关章节，这里我们仅以轻声儿化韵“地方儿”为例来说明。

“地方儿”在语料中共出现了 136 次，其中有 29 次读作［fə̃r^0］，主元音［ɑ］央化，变成了央元音［ɑ̃r］>［ə̃r］。虽然［ɑ̃r］和［ə̃r］两个儿化韵的混淆率不高，仅为 21.32%，基本是以相分为主，但却是轻声可以引起儿化韵归并的一个例证。这 29 个相混的例子主要集中在 16 个被试中，其具体分布如表 5-1 所示。

表 5-1　“地方儿［fə̃r^0］”的社会分布

	性别		年龄			文化程度			职业	
	男	女	老	中	青	高	中	低	体力	脑力
人数	11	5	10	5	1	3	3	10	6	10
频次	21	8	15	12	2	4	4	21	13	16
均值	1.91	1.60	1.50	2.40	2.00	1.33	1.33	2.10	2.17	1.60
比例（%）	72.41	27.59	51.72	41.38	6.90	13.79	13.79	72.41	44.83	55.17

表 5-1 的数据显示，“地方儿”读作［fə̃r^0］的情况主要出现在男性、

中老年人、低文化程度者和体力劳动者（脑力劳动者虽然总频次较高，但使用均值远低于体力劳动者）中，其社会分布和轻声弱化音节是基本一致的。这是因为[ãr]和[ə̃r]相混主要是由于轻声弱化而引起的，而轻声其实也是一种弱化。

前文已经说过，北京话轻声对韵母的一个重要影响是使其主要元音向央元音靠拢，具体到儿化音节来说，如果儿化音节读轻声，则儿化韵经常会发生进一步的归并。由轻声引起的儿化韵的归并现象比较常见，而这些儿化韵合并以后，又逐渐扩散至同音同字的非轻读音节乃至其他非轻读音节，造成更大词汇范围内的儿化韵的合并。由此可见，轻读是儿化韵合并的一个重要原因。

从宏观的角度看，儿化和轻声其实都是一种语音弱化现象。下面是我们对汉语中的语音弱化现象的一点初步的思考。

1. 语音弱化的动因。语音为什么会弱化？弱化应该是一种历史现象，在以单音节词为主的古汉语时代，每个字（也就是每个词）都有特定的字形，表示一定的意义，有固定的语音形式，这时候词的语音弱化是很难想象的，或者说，如果有语音弱化现象，那么弱化的内容也应该跟今天不同。

魏晋以后，随着词汇双音化趋势的发展，原先由一个字（单音词）负载的语义、语音信息改由两个字（双音词）来负担，音节的负荷减轻了。双音化并不是弃单音词于不顾，而是以原有单音词作为构词语素，利用或发展构词方法造出新词，所以双音词与原有的单音词之间有着割不断的联系。双音词的两个语素之间，概言之，或为并列关系，或为偏正关系。并列关系最初是一种对等关系，构成双音节词的两个语素很难说谁轻谁重，各自负担词义的50%，当然双音节词的词义却并不完全等同于两个语素意义之和；偏正关系最初就不是对等的，两个语素有“正”“偏”之别。随着语言的发展，处于并列关系、偏正关系的两个语素，在长期的“磨合”中，其中一个语素可能会占据主导地位，或者说其中另一个语素会慢慢退居次要地位，从而其语义脱落，或者本来由两个语素共同承担的词义发生偏移，使得整个复合词的语义重心偏向其中某一个语素。语义脱落或语义重心的偏离往往会跟语音弱化相伴而行。双音化可以认为是语音弱化现象如轻音、儿化等现象的最重要的动因。今天的双音节词“动静”“窗户”“知道”“事情”等后字读轻声可以看作是后一个语素语义脱落或偏离的结果。

弱化常常出现在非重读音节中或句子中的虚词上。实词变为虚词的过程是词汇意义逐渐丧失的过程。在词内部的自我调节中，词义弱化，形成语法意义，从而导致“词源中断”，因而使弱化形式与原词形成对立。有时还伴有语音弱化变为轻声，词义的弱化伴随着语音的弱化而分化成独立的词。

2. 语音弱化的过程。语音弱化，无论是轻声还是儿化，最初都是从音强的减弱、音长的缩短、音高的减轻开始的，进而影响到音色即声母和韵母的变化。

当实词语法化为虚词的时候，语音上就发生弱化。语义弱化与语音形式上往往存在着相对应的演变层次。弱化在声母、韵母、声调三个方面都可能有表现。辅音声母的弱化表现为语音强度减弱，语音强度弱的辅音发音比较省力。语音强度在发音方面按以下的序列递减：塞音—塞擦音—擦音—鼻音—流音—半元音—零辅音（声母辅音失落），在发声方面按以下的序列递减：清音—浊音，紧音—松音。韵母的弱化主要表现为央元音化。声调的弱化主要有两种表现：一为促化，一为零化。

3. 语音弱化的功能。语音弱化如轻声、儿化等在汉语里有区别词义、区分词性、表达特定的感情色彩、使语言有抑扬顿挫的节奏感、语气活泼等功能。对此，论者甚多，兹不赘述。

清入字异读的出现虽然和轻声儿化有所不同，但却和二者有着千丝万缕的联系。我们在第二章中提到，轻声不仅会使本字失去原有声调，还会影响前字的声调。前字或者变为阴平，如“答应、作坊、作弄、折腾”等，或者变为阳平，如“法子、指头、骨头、脊梁、主意、打扮、作料”等，这些前字一般多是清入字。另外，由于轻声经常会造成某些语音成分的弱化甚至脱落，从而会造成新的异读，如“拾掇、什刹海、大栅栏儿”等。另据黄晓东（2001），轻声所造成的弱化音节有时听起来像别的调类，从而又会产生非轻声的读法，如“挑拨[po^{35}]、活泼[po^{35}]、大栅[ʂç^{35}]栏儿”等。俞敏（1983）称这种现象为“反孳生现象”，并举“编辑[tɕi^{51}]”和“肃[su^{55}]”字为例。

在语料中，还有一些清入字的异读是伴随着儿化而出现的，如“色”只有在儿化时才读作“色儿[ʂar^{214}]”，还有一例是由于儿化变阴平的“没法儿[far^{55}]”。另外，北京话中有一些双音节复合词的后字在儿化的同时，其声调也由非上声变为上声。徐世荣（1960）作了穷尽性的列举，不过其中涉及清入字的只有“隔壁儿[piar^{214}]”一例。平山久雄（2000）分析了这类变调的成因，并认为“隔壁儿”不属这类变调，“壁”的白话音本来即念上声，和“（家）雀儿”一样。

此外，清入字在语流中由于连读音变也会产生一些异读，如同化作用造成的“亲戚[tɕʰin^{0}]”等的异读，[i]、[y]混用造成的“血[ɕyɛ^{214}]～[ɕiɛ^{214}]”的异读等等。

总之，语言系统自身的作用对北京话轻声、儿化以及清入字异读的影响是多方面的，但是我们认为，起更大作用的是语言系统外部的因素。

5.2 变异现象的外部因素

5.2.1 影响语言变异的社会因素

语言是一种有序异质的符号系统，语言演变不仅受到语言内部机制的制约，外部因素的影响也是语言产生变异的重要因素。陈原认为语言变异的原因来自时空、来自语言间的接触以及个人的社会特征等多个方面，具体如图 5-1。

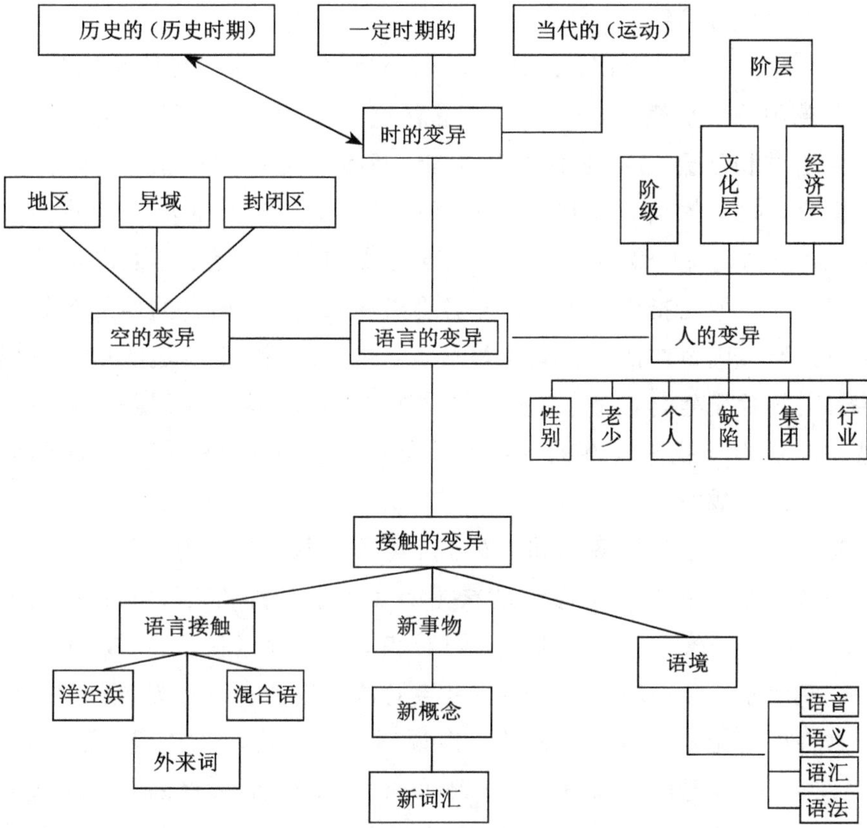

图 5-1　影响语言变异的诸因素

本节主要讨论个人社会特征对语言系统的影响和作用。作为语言使用的主体，个人的各个社会特征、所属的各个言语社团对语言演变所起的作用，在前人和时贤的相关研究中早已得到证明。如果无视这些因素的客观存在，就无法真正认识语言，也就无法全面了解语言变异、变化的规律和过程。因此，我们在重视语言内部机制的同时，也应该充分了解这些外部因素对语言系统的影响。

5.2.1.1 性别因素

男女两性在语音、语词、语体以及话语风格上都存在着显著的差异。西方学者曾用“性别模型”的理论来解释这一差别。他们认为男女两性由于社会地位和社会期望的不同而在言语行为各方面都存在差异。拉波夫曾经指出，妇女的语言比男子更接近社会上威望较高的语言形式。其中，中产阶级的妇女，最不能容忍非标准形式和禁忌词语，妇女的语体变化也最多。同时他还指出，城市的下层阶级和农村中，语言的性别差异几乎不存在。但我国目前的情况则正好相反：越是落后、不发达的地区就越会出现语言的性别差异，而在发达、先进的大都市，这种性别差异就不那么明显。这是由于我国女性的社会地位低、而且男女两性有着不同的亚交际文化背景造成的。

中国传统文化中有许多诸如“女子无才便是德”“三纲五常”等束缚女性的条条框框，中国妇女特别是农村妇女处于一种相对无权的从属地位，特别是在一些落后贫穷的地区，妇女基本被剥夺了受教育的权利，社会活动空间狭小，这些都使得女性在社会行为（包括言语行为）上有别于男性。女性的“无权地位”决定了女性说话具有委婉、礼貌、犹豫、不自信、语气丰富等“无权势风格”（powerless style）；而男性的“有权势风格”（powerful style）则比较粗犷、直接。在言语选择上，文化程度低的老年女性保留的老旧语体形式往往较多，比如轻声儿化词语非常丰富，弱化音节、清入字的异读等较多；而男性由于受教育程度高、社会活动范围广、工作需要等原因，比较容易掌握标准语体形式。

另一方面，由于社会传统观念对女性的评价更重视其外在表现，“一个女性在社会上的名声和地位几乎完全取决于她给别人留下的印象和别人对她的评价。如果她想在社会上生存，她必须打扮自己，使自己看起来有魅力、温顺”（Lakoff，1975）。人们一直都以文雅稳重为标准来评价女性，而“不拘小节”则往往被看作是男子气概的特征。因此，中青年女性比较注重在言语上向社会声望高的标准语体靠拢，轻声、儿化、异读清入字在这一社团中出现大幅度衰减就是一个例证。

中国现在虽已走入了倡导男女平等的时代，但沿袭了数千年的封建礼教对人们特别是对那些文化程度较低的人的思想仍有影响力，性别差异仍有着很深的社会底蕴。因此，虽然目前由于女性社会地位的提高，男女两性在言语上的差异也正逐步缩小，但我们也应看到，我国目前在多方面仍然存在性别歧视、男女不平等的现象，再加上社会文化传统长期的约束，女性这个相对弱势的群体仍然需要借助外在的东西来抬高自己，因而有些女性特别是青年女性为了显示自己的地位、为了追求男女平等，她们在会话风格上有意识地向男性看齐，故意模仿男性会话方式。

社会变革往往会对社会文化和人们的语言行为形成冲击，青年女性在言语选择和言语风格上的变化是我们这个时代的产物。青年女性的这一变化会不会影响其他中年女性或老年女性的使用模式？青年女性随着年龄的增长，其模式会不会重新回归到原有的传统模式上去？这些问题都还有待于进一步的调查。

5.2.1.2　**年龄、文化程度和职业**

年龄是影响一些语言变异的很重要的一个社会因素。在不同的年龄段中，人们对不同的集体会有不同的认同感，从而对其语言产生了不同的影响。老年人保留的土俗特点一般较多；中年人大都是各岗位上的骨干力量，工作和交际的需要使得他们经常使用规范的标准语体；而年轻人由于其学校教育和生活背景，他们基本认可和使用普通话。值得一提的是，青年人的叛逆、猎奇心理使他们对新的语言变异总是比较敏感，所以青年人又常常使用一些偏离标准的新奇的变异形式，青年人在语言使用上表现出相矛盾的两面性。

文化程度对人们语言的影响，往往表现在对标准语体的使用上。文化程度高的人往往容易受标准语体的影响，同时由于生活和工作也需要使用标准语，因此，他们是最接近标准语体的一个言语社团。而在职业上，我国虽然没有形成西方那样明显的社会阶层，但体力劳动者和脑力劳动者之间的言语差异却是很明显的，脑力劳动者的语言往往比体力劳动者更接近标准语体，而学生则是“向普通话演变的先锋队”（曹志耘，1991）。

总之，由于我国特殊的国情，性别、年龄、文化程度和职业这四个因素之间有着内在的一致。女性和年龄大的人往往文化程度不高，而文化程度不高的人又往往多从事体力劳动。因此，这四个因素经常交互起作用。对拉波夫等西方社会语言学家所提出的语言变异理论，我们不能盲目照搬，应该根据汉语的实际具体问题具体分析。

5.2.2 社会人文背景

被试的各社会特征对其语言选择和语言使用的影响是自然的、约定俗成的，而外在的社会人文背景的影响则是人为的，其影响力也远远大于前者。具体来说，主要表现在普通话的推广和文教事业的发展方面。

5.2.2.1 社会标准语

我国的标准语音实际上已经经历过多次规范。民国时期的“读书统一会”和“国语统一筹备会”虽也在一定程度上促进了国语运动的发展，但与20世纪50年代轰轰烈烈的推普运动不可同日而语。尽管不同历史时期制定的规范标准不尽相同，规范的执行情况也存在很大的差异，但这些不同时期的规范必然会对北京话产生或多或少的影响。1932年民国政府教育部公布的《国音常用字汇》的读音，即“新国音”，修订了1913年读书统一会通过的被嘲为“联合音系”的“老国音”，但又走上了另一个极端，即过于拘泥于“北平话语”，表现了屈从北京土语土音的倾向。从这里我们可以看出，新国音对巩固甚至扩展北京土语土音（如清入异读字中的老北京音）的势力无疑起到了一定的作用。不同时期的不同规范标准，其影响力虽然不同，但都在不同程度上强化了北京话的变异现象。

始于20世纪50年代的现代汉语规范化工作无疑对北京话的变异有着决定性的影响，但语言演变的渐变性特点决定了语言不太可能在很短的时间内整齐划一地趋向于规范形式，如果再考虑到语言使用者的不同社会因素，这种整齐划一的趋势更非一蹴而就。当然，我们也应该看到，20世纪50年代制定的普通话规范放弃了许多北京话中的土音成分和旧读书音，使之朝着简化的方向发展。这对于轻声儿化的衰减、清入字的异读都具有决定性的影响。我们的调查显示，青年人特别是学生的读音与普通话是基本一致的，这显然是规范的结果。

但同时，北京长期以来一直是全国的政治、经济、文化中心，五方杂处，人口流动大，来源复杂，尤其是改革开放以来，社会经济的繁荣发展、交通条件的极大改善以及人们之间联系的日益密切，都决定了北京话不可避免地会受到外地方音的影响。比如，儿化虽然是汉语方言中比较普遍的现象，但语音形式各异，为交流的方便，北京人减少了发音含混的土俗儿化词的使用。而三种语言现象中，受外地方音影响最大的就是清入字。如刘援朝提出北京话“室、质”的上声读法来自河北方言；俞敏（1983）提出“迫”在军事行话里念［p^hai^{214}］，是来自山东河南方言，又说（1995）“涩［sei^{55}］涩带：汽车制动器”来自天津方言。高晓虹（2000）也指出，北京话清入字繁杂的异读现象是受不同方言影响所致。

5.2.2.2　文化教育

文化教育对语言的发展演变起着重要的促进作用。建国以后，我国的文化教育事业有了突飞猛进的发展，尤其是随着九年制义务教育政策的实施，人们受教育的程度大大提高。到了20世纪80年代，我国的文盲率大幅度下降，尤其是作为首都的北京，人们的平均受教育程度在全国名列前茅，青年人大都受过良好的教育。因此人们的读音受规范音的影响是巨大的。我们的调查表明，文化程度对北京话轻声、儿化、清入字三种语言现象的影响是显著的，这从其中的“学生效应”看得最清楚。正如沈炯（1998）所说的：“许多语言调查表明，老北京人中文化程度高和年轻是推动语言微观演变的两种主力属性。”

与此同时，广播、电影、电视、报刊、杂志等大众传媒对人们语言的影响也是无形的，有时甚至比课堂教育还有效。建国以来，大众传媒，尤其是电视是最有效的推普工具之一。大众传媒的语言总的来说是规范的，特别是五六十年代的推普运动高潮中。但近年来，随着推普高潮的退却以及方言的回潮现象，大众传媒的语言规范程度有所下降。例如在电视和电台中随时能听到主持人、演员或播音员说“质[$tʂi^{214}$]量、办公室[$ʂi^{214}$]、复[fu^{214}]杂、结[$tɕiɛ^{55}$]婚”等不规范音。这在一定程度上推动了这些读音在人们口头的流播。

5.2.3 语言心态

“语言心态是指人们对语言及其变体的社会心理状态，它包括人的语言态度、语言忠诚度以及语言选择与使用心理，语言心态是指语言持有者和语言使用者的社会心理状态。”“语言心态既与语言持有者和使用者的个体因素例如从小成长的语言文化环境、个人生活上的特殊经历等等相关，也与语言及其变体使用社团在社会生活中所处的社会政治经济文化地位有关”（郭风岚，2005）。人们对语言及其变体的心理认同和语言心态会对语言使用产生直接的影响，并进而影响到语言发展演变的整个过程。

一般来讲，青年人由于文化程度较高，“他们的语言心态是积极的、开放的、轻松的，他们没有强烈的语言归属感”（郭风岚，2005），再加上普通话的强大影响，他们往往倾向于使用普通话或接近普通话的语言形式。而老年人对于母语的语言归属感则比较强烈、语言忠诚度也较高，他们很难改变自己的语言习惯。但老年人在社会中一般属于弱势群体，他们的语言忠诚并不能改变语言向标准语体的靠拢。轻声、儿化、清入字异读的变异也是这种语言心态的体现。

5.2.3.1 语言态度

“由于人们具有不同的社会特征，从属于不同的社会集团，他们对待同一个语言变化的态度或评价，可能是不同的。这种评价或态度，往往会影响到他们是否接受这个变化，从而改变制约变化的社会力量”（陈松岑，1999）。

劲松（2002）曾对232名被试做过一项实验调查，这些被试主要包括老北京人、新北京人和在北京居住多年的外地人。调查问题有两个：一是在日常言语交际中，轻声词语有没有保留的必要；二是在学校语言教育中，轻声应不应该作为一项教学内容。其调查结果如下：

表5-2　人们对轻声的态度调查[①]

问题一						问题二					
有必要		没必要		无所谓		应该		不应该		无所谓	
人数	比例	人数	比例	人数	比例	人数	比例	人数	比例	人数	比例
154	66%	21	9%	57	25%	110	47%	47	19%	78	34%

由此次调查结果来看，大部分被试认为轻声仍有保留的必要，而且应该作为学校语言教学的一项重要内容。认为没必要保留和不应该进行教学的只占9%和19%，人数比较少。轻声词语虽然在衰减，但人们对轻声的这种语言态度使得轻声的衰减不会太严重，至少在短时间内还不会消失。

对儿化、异读清入字态度的调查，我们没能看到详细资料。以往，人们总以说一口京味儿十足、地地道道的“京片子”为荣，人们给予儿化很高的评价；1981年的调查显示，人们对儿化没有明确的社会评价；2000年的调查却发现大范围的负面评价，北京人反而赋予不卷舌发音较高的社会价值（Xu & Gao，2001）[②]。对卷舌发音的这种大范围的负面评价使得儿化陷入了一种尴尬的境地。但儿化作为京腔京韵的突出特点，它起

① 该表格转引自劲松（2002），我们在作者原有基础上将两表合并，表头为笔者所加。

② 有关这两次调查的情况均转引自徐大明（2004）。

着维系北京语言风貌的作用，而北京人又有着浓厚的都市情结，因此，虽然目前人们对儿化的评价不太高，但儿化仍然会在一段时期内继续传承下去。至于清入字的异读字音，据黄晓东（2001）的调查，很多调查对象被问及为什么从前说某个音而现在不说了时，都回答“太土了”。可见人们有一种求雅避俗的心理倾向，尤其是中青年人。

总之，20 世纪 80 年代正是社会变革剧烈的时期，语言生活的多样化使得人们的语言心态也发生了微妙的变化。虽然人们对“京味儿”特点仍有很浓的情结，但普通话的主导地位已深入人心，语言评价也很高。这自然促进了轻声、儿化、异读清入字的衰减。

5.2.3.2 **社会心理**

人们的语言认同和语言态度对语言使用的作用的确很大，而其他诸如避讳、语言禁忌等社会心理也同样起作用，尤其是在清入字的异读字音以及部分轻声、儿化词。据俞敏（1983、1995），北京话中“影壁”的“壁”读作[pi^{0}]、“僻静”的“僻”读作[pei^{51}]、“逼”读成阳平都是为了避讳。徐世荣（1997）认为“霍”的上声异读是为避“祸”字而产生，而今日群众已无此想法，故今多念去声，上声一读仅存于“霍乱”一词。

另外，文字类推也是清入字产生异读的原因之一。黎新第（1986）就非常重视文字的反作用：“文字学意义上的形声字读音类化，是使普通话古清入字归调呈不规则状态的主要原因。”刘援朝（1992）也指出，“幅”字在《字汇》中有阳、去两读，但今天多读阳平，大概是由于“福”字类推引起的变化，因为“福”字比“幅”字更常用，且两者声旁相同，易使人发生联想。黄晓东（2001）还注意到，“腹”字早在《字汇》和《字谱》中就有上声的读法，而“复杂”中的“复”的上声一读在时间上则晚了很多，由此猜测受“腹”字类推也未可知。

余 论

一 三种语言现象的发展趋势

北京话和普通话是两种互相依存的语言系统，形成了“你中有我、我中有你”的依存关系。自20世纪50年代推广普通话以来，北京话中的土语土词大量减少、土腔土调也逐渐被冲刷，北京话“比任何其他地区自然形成的‘普通话’更接近标准的普通话”（胡明扬，1987），尤其是青年人，他们大部分使用的都是规范的普通话。迅速向普通话靠拢是北京话半个世纪以来发展演变的总趋势。而与此同时，“普通话在日益向北京话靠拢，这也是一个无可辩驳的事实”（胡明扬，1987），况且它是以北京语音为基础音系的。尽管二者在不断地融合，但它们仍然存在不同之处。北京话在语音、词汇乃至语法方面都有不少地方特色，而且在某些方面还能够弥补普通话的不足，因此，北京话目前仍然是地道北京人主要的交际工具。

轻声、儿化、异读清入字的变异就是在这一背景下产生的。我们通过比较轻声、儿化以及异读清入字在20世纪80年代的共时分布，发现这三种语言现象在普通话的强大攻势下都出现了不同程度的衰减。但是其衰减速度比较缓慢，80年代以来的三十多年中，除部分词语外，基本没有太大的变化，衰减程度基本一致。具体来说，其发展趋势可以描述为“融合”和“独立”两个方面。

首先，随着北京话和普通话的融合，老北京话中的土俗轻声、儿化词及其土俗发音开始减少，转而采用规范的标准语形式，清入字也开始采用异读词审音表中的标准音，异读现象大幅度减少。尤其是青年人和高文化程度者，其生活环境、教育背景以及工作氛围使得他们基本成了“无方言族”，北京话的韵味儿基本消失殆尽。而这种融合又将会随着社会的发展而逐步加深。

其次，轻声、儿化以及部分清入字的异读仍会在一定言语社团中长期存在。轻声、儿化（尤其儿化）是北京话重要的语言特点，是“京味儿”文化的代表。北京人的都市情结使它们很难完全消失；而清入字虽然其衰减程度最深，但由于方言回潮现象的影响，部分字的异读也将会在一定时期内存在，甚至会出现使用频率超过标准音的现象。

这三种语言现象的发展方向是与北京话的整体演变息息相关的。目前，它们在普通话以及外地方言的冲击下仍然保持着自己的“京味儿”特色，但随着社会经济的一体化、文化交融的深化，它们的变异将会更加复杂，衰减将会更加迅速，融合也将会更加深化。我们的历时比较虽然没能够找到可以匹配的材料，但也从一个侧面反映了这三种语言现象三十多年来的变化。如果能够有针对性地对目前北京话的使用进行调查，在充分利用历史资料的同时采集真实时间上的资料，将二者有机地结合起来，20 世纪 80 年代共时分布中的一些特殊现象可能就会迎刃而解了。当然，由于我们的资料来自于有限的口语语料，我们不可能像“念字表”式调查法一样穷尽各种现象，据此得出的结论也难免存在不少局限性。

二　口语的社会语言学研究

（一）口语在语言研究中的地位

语言是从口头言语开始的，口语是语言研究最直接、最丰富的对象和材料，它对语言理论和实践具有重大作用。Jespersen O.（1988）指出：“在我们所谓的文明生活中，印刷起着十分重要的作用，受过教育的人容易忘记语言原来就是说话，即主要是会话（对话），而写的（即印刷的）文字，只是一种说的和听到的话语的替代物。”但是口语的地位却是经过很长时间才逐渐确立的。正如吕叔湘所说：“把现代语的研究提高到应有的地位，并且认识到口语是书面语的根本，无论是在中国还是在西方，都是晚近的事。”随着口语地位的确立，口语研究成了一个世界性的重要课题。

口语可以分为独白和会话两种。独白是指单个被试针对某一问题所讲述、发表的看法，《当代北京口语语料（录音文本）》采集的就是个人独白，它可以反映出个人的语言使用情况。而会话是一种原始的语言使用形式，人们语言习得的最初形式就是会话。会话表面上看起来是杂乱无章的，会话参与者可以在任何时候任何场合随意说话，好像没什么规则可言。因此，长期以来，会话都被排除在语言研究范畴之外。但事实并非如此。会话过程中，参与者运用自己的语言知识和非语言的社会文化背景知识来表达自己（组织话语）、理解对方（理解话语），会话不仅显示出会话者的交际能力，而且还反映出社会交往的一般原则。对于会话的研究不仅可以揭示人类在真实语境中使用语言的动态过程，而且可以帮助我们理解人类是如何构建每一个言语行为的具体过程。

虽然人们对口语研究地位的确立是晚近的事，但对口语材料的收集、整理却是从很早以前就开始了，有些文学作品也大量吸收了口语语言，比如我国先秦时期的雅言、唐代的变文等等。特别是 20 世纪 60 年代后，对于口语的研究越来越多。

而随着语言研究对大规模言语材料的需要以及计算机技术的发展，口语语料库的建设也开始了。最初的语料库是以文本形式出现的，如 1967 年美国制作的著名的 Brown Corpus，这是一个约一百万字规模的文本语料库。其后，大小不等、用途各异的各种语料库迅猛发展起来。语料库可以是文本或语音的，口语或书面语的，单语种或多语种的，带标注或不带标注的等等。20 世纪 80 年代，英国制作了语音语料库 Birmingham Corpus。90 年代以后，英语之外的很多语种都建立了语音语料库。我国开始建立语音语料库是在 90 年代以后，到目前为止已经有各种规模的语料库在语言学研究、言语工程研究中投入使用。语料库可以应用于言语工程，也可以应用于语言学内部的研究。从语言学的角度来讲，口语语料库能够便捷地为语言研究提供全面、客观的材料，便于进行多方位多角度的考察。

（二）调查方法

口语具有很重要的社会语言学性质，如果忽视了这一点，就无法真正认识关于口语的一些本质问题。社会语言学是研究语言与社会多方面关系的学科，其研究内容可以分为有关语言使用、语言评价等的宏观社会语言学的研究，以及着眼于具体语言现象的微观社会语言学的研究。前者偏重于较大社会范围内的语言问题，后者侧重于具体语言问题的论述和研究。宏观的语言社会学研究可以帮助我们了解一些语言的社会问题，但对于微观的具体现象进行深入而全面的分析研究更有利于我们掌握语言演变的过程及其动因，深化语言理论。只有将微观和宏观相结合，才能更接近语言事实，了解语言发展规律。

我们的研究就是在口语语料库的基础上，对口语中的具体语言现象进行深入细致地描写和分析。在进行这种研究时，研究方法和材料收集就显得尤为重要。

1. 语料的采集

无论是独白还是会话，我们所强调研究的口语是在自然环境（即没有任何人为安排和影响的状态）下使用的语言，为了确保语料的信度，我们应该注意口语语料的收集方法。个人独白的收集强调被试的社会特征，并要求事先设计好各种话题；而在调查时应该采取大规模抽样调查，营造自然和谐的调查语境。《当代北京口语语料（录音文本）》的收集就是这方面的一个典范。会话语料的收集方法主要有以下几种：

（1）研究者只以会话参与者身份参与所收录的会话活动。

在会话中，研究人员完全作为普通的会话者与其他人一起说话，而不是一边谈话一边观察。研究者不对会话作任何引导或安排，而是完全让谈话在自然状态下任意进行，大家都不注意录音机的存在，甚至研究者本人也常常忘记现在正在录音。这种方法可以用来录制彼此很熟的人之间的对话，也可以用来录制与陌生人（如买东西时与店员、看病时与医生）的对话。该方法的好处是一方面可以收集到最为自然的日常会话语料，另一方面由于研究者本人也参与其中，对语料分析会起很大作用。

（2）研究者既以会话参与者的身份，也以观察者的身份参与所收录的会话活动。

在录制会话材料时，研究者既是参与者也是旁观者，一边谈话一边观察，可以注意到与会话有关的非语言细节。但研究者作为观察者，游离于谈话活动之外，会影响会话的自然性，特别是会话参与者较少的时候。

（3）研究者既以会话参与者的身份，也以设计者、引导者和观察者的身份参与所收录的会话活动。

这种方法一般是为了研究某个问题，需要得到某些特定的语料。为了能尽快顺利地录制到自己需要的语料，在会话开始前，研究者常常先对整个会话活动进行大致的设计和构想，在会话开始后才用提问等手段进行引导，使会话活动能够按照预先的设想进行。该方法是在研究某些特定问题时的一种不得已的方法，但对于研究自然会话过程来说，却是不可取的。

（4）研究者完全不参与交谈，单纯以观察者的身份出现在会话活动现场。

研究者不参与相关的会话活动，也不对会话活动作任何有意识的引导和干预，只是对其他会话参与者的所说和所做进行观察分析。该方法在研究某些特定情境下的会话时是可行的，如课堂教学、采访等等，但采用这种方法时应注意，研究者的存在有时会对当时的谈话产生一定的影响。

（5）研究者既不参与交谈，也不出现在会话现场。

研究者并非自己亲自收录会话材料，而是拜托别人录制。这种方法除非不得已，一般不易被采用（有摄像机的话可以考虑），否则一些非语言因素很容易被忽视，从而可能会造成语言现象得不到合理的解释。

以上几种方法各有优缺点，研究者可以根据自己的研究专题和目的选用其中的一种。这些方法都是录制的自然口语语料，有时也需要录制正式环境中的语料，对不同社会身份的人在不同语言环境中的话语特定进行对比研究。

2. 语料的转写

转写语料时，首先要将每个会话参与者所说的话用文字转写下来。对那些不能用文字转写的语言特点，应该根据研究的需要，用通用的转写符号尽可能详细地记下与会话相关的一切细节，包括语言的和非语言的因素。这些非语言因素非常繁杂，我们不可能一一记下来，这样反而不利于分析。我们应该根据不同的研究专题和目的，把那些与交际活动相关的非语言细节有选择地转写出来。具体转写体例见附录一。

（三）研究理论和方法的创新

自20世纪80年代社会语言学传入我国以后，各位学者运用西方的语言变异理论对错综复杂的汉语变异现象进行了深入的调查研究，并取得了一系列重要的成果。但需要引起我们注意的是，西方的理论并不一定完全适合汉语的研究。由于中国社会至今尚未形成西方社会那样严格的阶层等级，就目前的中国社会而言，文化程度与年龄之间存在较大的相关性，加上普通话这种标准语体的大规模推广，汉语的变异现象与西方语言特别是印欧语有着不完全相同的模式，比如受中国几千年传统思想的影响，妇女特别是农村妇女往往并不一定是标准语体的追寻者，我们在运用语言变异理论分析汉语变异现象时，一定要注意汉语中此类特殊的现象。如何改造甚至创新语言变异理论以适应汉语纷繁复杂的变异现象，这是今后中国社会语言学界需要面对的严峻课题。

参考文献

论文

巴维尔［英］（1987）北京话正常话语里的轻声,《中国语文》第5期。

白涤洲（1931）北音入声演变考,《女师大学术季刊》第2期。

曹剑芬（1986）普通话轻声音节特性分析,《应用声学》第4期。

曹志耘（1987）北京话 tɕ 组声母的前化现象,《语言教学与研究》第3期。

曹志耘（1991）济南方言若干声母的分布和演变,《语言研究》第2期。

曹志耘（1998）汉语方言声调演变的两种类型,《语言研究》第1期。

曹志耘（2002）小称调的泛化现象，中国东南部方言比较研究第九届国际研讨会（杭州）论文。

陈重瑜（1985）华语（普通话、国语）与北京话,《语言教学与研究》第4期。

陈　刚（1986）北京话里轻声音节的异变,《语文研究》第4期。

陈　刚（1988）古清入字在北京话里的演变情况,《中国语言学报》第3期。

陈　国（1960）汉语轻音的历史探讨,《中国语文》第3期。

陈治文（1965）关于北京话里儿化的来源,《中国语文》第5期。

承　融（1959）念轻声的规律,《语文建设》第2期。

丁迪蒙（1990）从对外汉语教学看汉语的音变问题,《上海大学学报》第4期。

高晓虹（2000）方言接触与北京话入声字的历史层次，北京大学博士学位论文。

高玉振（1980）北京话的轻声问题,《语言教学与研究》第2期。

郭风岚（2005）《宣化方言变异与变化研究》，北京语言大学博士学位论文。

何敬波（2004）《普通话轻声分布研究》，山东大学硕士学位论文。

贺 巍（1995）官话方言入声消失的成因，《中国语文》第3期。
侯精一（2001）试论现代北京城区话的形成，《中国语学》248号。
侯兰笙（1988）《帝京景物略》里的儿化韵，《西北师范大学学报（社会科学版）》，第2期。
黄晓东（2001）《中古清入字在今北京话中的异读现象考察》，北京语言文化大学硕士学位论文。
黄晓东（2006）二百年来北京话清入字归调的变化，《语言教学与研究》第3期。
季永海（1999）汉语儿化音的发生与发展：兼与李思敬先生商榷，《民族语文》第5期。
贾采珠（1991）北京口语儿化轻读辨义，《中国语文》第4期。
贾采珠（1992）北京话中的轻声儿化韵，《中国语文》第1期。
蒋宗霞（2000）二十世纪汉语轻声研究述评，《绍兴文理学院学报》第2期。
焦国标（2001）京味儿现象——一种群体自恋，《北京文学》第6期。
金有景（1984）北京话上声＋轻声的变调规律，载《语海新探》第一辑，山东教育出版社。
劲 松（1992）北京话的语气和语调，《中国语文》第2期。
靳光瑾（1991）北京话文白异读的形成及消长，《语文建设》第5期。
靳光瑾（1991）北京话的文白竞争和普通话的正音原则，《语文建设》第6期。
濑户口律子［日］（1978）普通话轻声と北京语轻声，《中国语学》1978卷225号。
黎新第（1986）普通话古清入字归调条理探索，《音韵学研究》第3辑。
李爱军、陈肖霞等（2002）CASS：一个具有语音学标注的汉语口语语音库，《当代语言学》第2期。
李 明（1980）“儿化”浅谈，《语言教学与研究》第1期。
李 荣（1987）旧小说里的轻音字例释，《中国语文》第6期。
李如龙（1999）论汉语方言语音的演变，《语言研究》第1期。
李 莎（2002）《轻声的形成和应用》，福建师范大学硕士学位论文。
李思敬（1988）论现代汉语普通话中儿系列字的音值和儿音缀的形态音位，《中国语言学报》第3期。

李思敬（2000）现代北京话的轻音和儿化音溯源：传统音韵学和现代汉语语音研究结合举隅,《语文研究》第 3 期。

李延瑞（1996）论普通话儿化韵及儿化音位,《语文研究》第 2 期。

李仲民（2009）《从地理语言学论台湾闽南语语言地图的绘制观念与方法》，台湾中国文化大学中国文学研究所博士学位论文。

厉为民（1981）试论轻声和重音,《中国语文》第 1 期。

林宝卿（1992）普通话的儿化,《语言文字应用》第 4 期。

林茂灿、颜景助（1980）北京话轻声的声学性质,《方言》第 3 期。

林茂灿、颜景助、孙国华（1984）北京话两字组正常重音的初步实验,《方言》第 1 期。

林　焘（1962）现代汉语轻音与句法结构的关系,《中国语文》第 7 期。

林　焘（1963）北京话的连读音变,《北京大学学报（人文科学）》第 6 期。

林　焘（1982）北京话儿化韵个人读音差异问题,《语文研究》第 2 辑。

林　焘（1983）探讨北京话轻音性质的初步实验，载《语言学论丛）》第 10 辑，商务印书馆。

林　焘（1987）北京官话溯源,《中国语文》第 3 期。

林　焘（1992）“入派三声”补释，载《语言学论丛》第 17 辑，商务印书馆。

林　焘、沈　炯（1995）北京话儿化韵的语音分歧,《中国语文》第 3 期。

刘俐李（2002）20 世纪汉语轻声研究综述,《语文研究》第 3 期。

刘援朝（1991）北京话与四周邻近地区四声调值的差异,《语文研究》第 3 期。

刘援朝(1992）一百七十年来北京话清入上声字调类的改变，载北京市语言学会编《语言研究与应用》，商务印书馆。

鲁一民（1981）儿化,《中国语文》第 4 期。

陆俭明（1980）汉语口语句法里的易位现象,《中国语文》第 1 期。

马国荣、江介民（1992）从《骆驼祥子》看北京话儿化词的结构类型，载北京市语言学会编《语言研究与应用》，商务印书馆。

马小红（2003）北京市未来 50 年户籍人口变动趋势预测,《北京社会科学》第 4 期。

毛修敬（1984）北京话儿化的表义功能，载《语言学论丛》第 12 辑，商务印书馆。

毛修敬（1989）带“小”的儿化现象，《中国语文》第4期。

孟　琮（1982）一些与语法有关的北京话轻重音现象，载《语言学论丛》第9辑，商务印书馆。

米　青（1986）普通话轻声教学刍议，《语言教学与研究》第2期。

彭宗平（2004）《北京话儿化词研究》，北京语言大学博士学位论文。

朴红瑛（2003）《〈现代汉语词典〉儿化词语研究——兼谈普通话儿化词的规范》，延边大学硕士学位论文。

平山久雄［日］（1990）中古汉语的清入声在北京话里的对应规律，《北京大学学报（哲学社会科学版）》第5期。

平山久雄［日］（1992）从历时观点论吴语变调和北京轻声的关系，《中国语文》第4期。

平山久雄［日］（1995）北京文言音基础方言里入声的情况，《语言研究》第1期。

平山久雄［日］（2000）北京话一种儿化变调的成因，《中国语文》第5期。

钱学烈（1991）谈谈《汉语词汇等级大纲》（试行）中的轻声词和儿化词，《深圳大学学报（人文社会科学版）》第1期。

钱曾怡（1995）论儿化，《中国语言学报》第5期

沈　炯（1987）北京话合口呼零声母的语音分歧，《中国语文》第5期。

沈　阳、邵敬敏（1997）试谈香港地区普通话教学中的“儿化”和“轻声”问题，《方言》第3期。

史定国（1992）普通话中必读的轻声词，《语文建设》第6期。

宋欣桥（1990）普通话轻声词规范问题的语音依据，《语文建设》第5期。

宋玉柱（1991）关于“儿”的语法性质，《语文月刊》第2期。

孙德金（1992）北京话部分儿化韵读音调查，载胡明扬等《北京话研究》，北京燕山出版社。

王广州等（2000）北京流动人口滞留时间及影响强度分析，《人口与经济》第2期。

王　晶、王理嘉（1993）普通话多音节时长分布模式，《中国语文》第2期。

王理嘉、贺宁基（1985）北京话儿化韵的听辨实验和声学分析，载《语言学论丛》第10辑，商务印书馆。

王理嘉、王海丹（1991）儿化韵研究中的几个问题——与李思敬先生商榷，《中国语文》第2期。
王理嘉（2005）儿化规范综论，《语言文字应用》第3期。
王 力（1979）现代汉语语音分析中的几个问题，《中国语文》第4期。
王旭东（1992）北京话的轻声去化及其影响，《中国语文》第1期。
王蕴佳（1996）轻声音高琐议，《世界汉语教学》第3期。
王志洁（1999）词汇变调、词法变调和音系变调，载《共性与个性》，北京语言文化大学出版社。
文 江（1993）请立轻声为第五声调，《怀化师专学报》第3期。
晓 东（1998）亟需解决的一个问题——普通话轻声词整理原则琐议，《语文建设》第3期。
徐大明（2004）言语社区理论，《中国社会语言学》第1期。
徐世荣（1956）双音缀词的重音规律，《中国语文》第2期。
徐世荣（1960）北京话里的两类特殊变调，《中国语文》第2期。
徐世荣（1995）四十年来的普通话语音规范，《语文建设》第6期。
徐通锵（1989）变异中的时间和语言研究，《中国语文》第2期。
徐 越（2005）对外汉语教学中的儿化问题，《语言教学与研究》第5期。
薛凤生（1992）方言重叠与普通话文白异读之形成，载《纪念王力先生九十诞辰文集》，山东教育出版社。
薛文萍、王理嘉（1996）儿化韵的一次听辨调查，《语文建设》第12期。
杨进铨（1995）北京话语词的主要特点，《怀化师专学报》第1期。
杨顺安（1991a）普通话轻声音节的规则合成，《应用声学》第1期。
杨顺安（1991b）普通话儿化音节规则合成的初步研究，《中国语文》第2期。
殷作炎（1982）关于普通话双音常用词轻重音的初步考察，《中国语文》第3期。
俞 敏（1983）李汝珍《音鉴》里的入声字，《北京师范大学学报》第4期。
俞 敏（1984）北京音系的成长和它受的周围影响，《方言》第4期。

俞 敏（1986）北京口语后轻双音节语素里轻音节的送气，载《第一届国际汉语教学讨论会论文选》，北京师范大学出版社。

俞 敏（1987）驻防旗人和方言的儿化韵，《中国语文》第 5 期。

俞 敏（1995）北京口语中的多音入声字，《方言》第 1 期。

余志鸿（1991）儿化和语言结构的变化，《江苏社会科学》第 2 期。

张 舸（1998）略谈现代汉语轻声词的规范，《华南师范大学学报》第 2 期。

张 宁（1995）读《京味儿 —— 透视北京人的语言》，《北京社会科学》第 3 期。

张世方（2003）从周边方言看北京话儿化韵的形成和发展，《语言教学与研究》第 4 期。

张世方（2004）社会因素与北京话清入字的今调类，《语言教学与研究》第 5 期。

张卫东（1998）威妥玛氏《语言自迩集》所记的北京音系，《北京大学学报（哲学社会科学版）》第 4 期。

张晓勤（2003）普通话轻声词的规律探析，《广西民族大学学报（哲学社会科学版）》第 6 期。

张洵如（1956）北京话里轻声的功用，《中国语文》第 5 期。

张玉来（1991）元明以来韵书中的入声现象，《中国语文》第 5 期。

赵元任（2002）汉字的字调跟语调，载《赵元任语言学论文集》，商务印书馆。

郑有仪（1987）北京话和成都话、重庆话的儿化比较，《重庆师范学院学报》第 2 期。

周长楫（1988）古清音声母入声字的读音问题，《辞书研究》第 2 期。

朱茂汉（1982）名词后缀“子”“儿”“头”，《安徽师范大学学报》第 1 期。

论著

Hudson［英］著，丁信善译（1990）《社会语言学》，中国社会科学出版社，北京。

Jespersen O.［丹麦］（1988）《语言哲学》，语文出版社，北京。

Lakoff, R.（1975）*Language and Woman's Place*. New York: Harper & Row.

白 公、金 灿（1993）《京味儿 —— 透视北京人的语言》，中国妇女出版社，北京。

北京大学历史系《北京史》编写组（1999）《北京史》（增订版），北京出版社，北京。

北京语言学院语言教学研究所（1993）《当代北京口语语料（录音文本）》，北京。

陈松岑（1999）《语言变异研究》，广东教育出版社，广州。

董少文编（1995）《语音常识》，文化教育出版社，北京。
高晓虹（2009）《北京话入声字的历史层次》，北京语言大学出版社，北京。
葛剑雄等（1997）《中国移民史》，福建人民出版社，福州。
韩光辉（1996）《北京历史人口地理》，北京大学出版社，北京。
侯仁之主编（2000）《北京城市历史地理》，北京燕山出版社，北京。
胡明扬（1987）《北京话初探》，商务印书馆，北京。
胡明扬等（1992）《北京话研究》，北京燕山出版社，北京。
贾采珠（1990）《北京话儿化词典》，语文出版社，北京。
简·爱切生［英］著，徐家祯译（1997）《语言的变化：进步还是退化》，语文出版社，北京。
劲　松（2002）《现代汉语轻声动态研究》，民族出版社，北京。
黎锦熙、白涤洲编（1934）《佩文新韵》，北平人文书店，北平。
李思敬（1986）《汉语“儿”[ɚ]音史研究》，商务印书馆。
林　焘（1983）《探讨北京话轻音性质的初步实验》，北京语言学院出版社，北京。
林　焘（1990）《语音探索集稿》，北京语言学院出版社，北京。
林焘等（1985）《北京语音实验录》，北京大学出版社，北京。
刘淑学（2000）《中古入声字在河北方言中的读音研究》，河北大学出版社，保定。
鲁允中（1995）《普通话的轻声和儿化》，商务印书馆，北京。
宋孝才、马欣华（1987）《北京话语词汇释》，北京语言学院出版社，北京。
王福堂（1999）《汉语方言语音的演变和层次》，语文出版社，北京。
王洪君（1999）《汉语非线性音系学》，北京大学出版社，北京。
王　力（1997）《汉语语音史》，中国社会科学出版社，北京。
徐大明等（1997）《当代社会语言学》，中国社会科学出版社，北京。
徐世荣（1984）《语文浅论集稿》，安徽教育出版社，合肥。
徐世荣（1997）《普通话异读词审音表释例》，语文出版社，北京。
徐通锵（2001）《历史语言学》，商务印书馆，北京。
薛凤生（1986）《北京音系解析》，北京语言学院出版社，北京。

张清常（1997）《北京街巷名称史话——社会语言学的再探索》，北京语言文化大学出版社，北京。

张洵如（1956）《北平音系小辙编》，开明书店，上海。

张洵如（1957）《北京话里轻声的功用》，中华书局，北京。

赵　杰（1996）《北京话的满语底层和“轻音”“儿化”探源》，北京燕山出版社，北京。

赵蓉晖（2003）《语言与性别——口语的社会语言学研究》，上海外语教育出版社，上海。

赵元任（1980）《语言问题》，商务印书馆，北京。

赵元任著，吕叔湘译（1979）《汉语口语语法》，商务印书馆，北京。

中国社科院人口研究中心（1986）《中国人口年鉴》，中国社会科学出版社，北京。

周庆生（2000）《语言与人类：中华民族社会语言透视》，中央民族大学出版社，北京。

周一民（1998）《北京口语语法》（词法卷），语文出版社，北京。

附录一　语料转写体例

(#) A：……但是（#）你所说的……	表示未计时的停顿或中断。
(2)	表示停顿的精确时间，数字精确到秒。
(X) A：我刚才 (X) 刚才碰到他了。	表示说话人说话时的重复或口吃。
∷ / ∷∷ A：好的∷现在	表示前面的音节延长；多重符号则表示更为延长的音节。
A：我本来挺自负的，昨天 ……	下画线表示各种形式的强调。
（词语） A：你看到的（辽瓷）也不错。	表示录音转写人听到了括号里的词但没有把握。
〈词语〉	表示说话人声音模糊，音量降低。
（　） A：你为什么（　）它。	空圆括号表示转写人听不清的部分。
((　)) ((吃吃地笑))	表示听到的某些非言语行为，如咳嗽等。
(↑)(↓)	升调、降调，表示说话人的语调，与语法无关。

附录二　被试情况一览表

序号	性别	年龄	文化程度	职业	民族	话题
D01	男	老年人 75	低（文盲）	工人	满	B
D02	女	老年人 60	低（小学）	工人	满	B
D03	男	中年人 48	低（初中）	工人	汉	B
D04	女	中年人 38	高（大专）	工人	汉	B
D06	女	青年人 20	低（初中）	工人	满	B
D07	男	中年人 55	低（初中）	街道干部	汉	B
D08	女	老年人 71	低（文盲）	家庭妇女	满	B
D12	女	青年人 21	中（高中）	街道干部	汉	B
D13	男	老年人 69	中（高中）	干部	满	C
D27	男	中年人 46	高（大学）	医生	满	D
D28	女	中年人 37	高（大学）	医生	满	D
D30	女	青年人 34	高（大学）	医生	汉	D
D31	男	青年人 24	高（大学）	学生	汉	D
D35	男	老年人 63	中（中专）	小学教师	汉	E
D37	男	中年人 43	高（大专）	小学教师	汉	E
D43	女	青年人 29	中（中专）	护士	满	E
D44	男	老年人 72	中（高中）	售货员	蒙	F
D57	女	老年人 56	中（高中）	民警	满	A

（续表 1）

序号	性别	年龄	文化程度	职业	民族	话题
D58	男	中年人 52	低（初中）	民警	满	A
D63	女	青年人 19	中（高中）	待业青年	汉	A
H02	女	老年人 64	低（小学）	工人	汉	A
H07	男	老年人 77	低（初中）	街道干部	汉	A
H09	男	中年人 55	低（初中）	街道干部	回	A
H15	男	中年人 50	低（初中）	干部	汉	B
H22	女	中年人 46	高（大学）	教师	汉	B
H24	女	青年人 30	高（大学）	教师	汉	B
H25	男	老年人 69	高（大学）	医生	满	C
H28	女	中年人 45	中（中专）	医生	汉	C
H30	女	青年人 34	高（大专）	医生	汉	C
H31	男	青年人 22	高（大学）	学生	汉	C
H32	女	青年人 19	高（大学）	学生	满	C
H33	男	青年人 16	中（高中）	学生	汉	C
H35	男	老年人 63	中（高中）	小学教师	满	D
H43	女	青年人 22	中（中专）	护士	满	D
H44	男	老年人 65	低（小学）	售货员	汉	D
H45	女	老年人 60	低（文盲）	售货员	回	E
H46	男	中年人 37	低（初中）	售货员	满	E
H48	男	青年人 28	中（高中）	售货员	满	E
H49	女	青年人 26	中（高中）	售货员	汉	E
H57	女	中年人 54	中（高中）	民警	汉	F
L02	女	中年人 55	低（初中）	工人	汉	F

（续表 2）

序号	性别	年龄	文化程度	职业	民族	话题
L07	男	老年人 70	低（小学）	街道干部	汉	F
L08	女	老年人 58	低（文盲）	街道干部	汉	F
L14	女	中年人 53	低（初中）	干部	汉	A
L17	男	青年人 24	中（高中）	干部	汉	A
L19	男	老年人 61	中（高中）	中学教师	汉	A
L20	女	老年人 57	高（大专）	中学教师	汉	A
L21	男	中年人 47	中（高中）	中学教师	汉	A
L23	男	青年人 31	高（大学）	中学教师	汉	A
L25	男	中年人 52	中（中专）	医生	汉	B
L26	女	老年人 57	中（高中）	医生	汉	B
L29	男	青年人 29	高（大学）	医生	汉	B
L31	男	青年人 21	高（大学）	学生	汉	B
L32	女	青年人 21	高（大学）	学生	汉	B
L35	男	老年人 62	低（初中）	小学教师	回	C
L36	女	中年人 53	中（中专）	小学教师	回	C
L42	女	中年人 36	中（中专）	护士	汉	C
L55	女	青年人 30	低（初中）	民警	汉	D
L56	男	老年人 56	低（初中）	民警	汉	E
L57	女	中年人 50	中（中专）	民警	汉	E
N02	女	老年人 69	低（小学）	工人	汉	E
N07	男	老年人 84	低（小学）	街道干部	回	E
N08	女	老年人 58	低（初中）	街道干部	回	E
N12	女	青年人 27	高（大专）	街道干部	汉	E

（续表 3）

序号	性别	年龄	文化程度	职业	民族	话题
N13	男	老年人 57	低（初中）	干部	汉	F
N14	女	老年人 60	中（高中）	干部	汉	F
N19	男	中年人 54	高（大专）	教师	回	F
N21	男	中年人 44	高（大学）	教师	汉	F
N22	女	青年人 35	高（大专）	教师	汉	F
N23	男	青年人 35	高（大专）	教师	蒙	F
N24	女	青年人 27	高（大学）	教师	汉	F
N26	女	老年人 60	高（大学）	医生	汉	A
N29	男	青年人 30	高（大专）	医生	汉	A
N32	女	青年人 23	高（大学）	学生	汉	A
N35	男	中年人 55	中（高中）	小学教师	回	B
N38	女	中年人 40	中（高中）	小学教师	汉	B
N44	男	老年人 62	低（小学）	售货员	回	C
N46	男	中年人 54	低（初中）	售货员	回	C
N58	男	中年人 38	中（高中）	民警	汉	D
N59	女	中年人 41	中（高中）	民警	汉	D
T02	女	老年人 59	低（文盲）	工人	回	D
T06	女	中年人 38	中（高中）	工人	回	D
T07	男	老年人 67	中（高中）	街道干部	汉	B
T08	女	老年人 60	低（小学）	街道干部	汉	D
T13	男	老年人 63	高（大专）	干部	汉	E
T15	男	中年人 40	高（大专）	干部	满	E
T19	男	老年人 61	高（大学）	教师	汉	E

（续表4）

序号	性别	年龄	文化程度	职业	民族	话题
T23	男	青年人 29	高（大专）	教师	汉	E
T25	男	老年人 66	低（初中）	医生	汉	F
T27	男	中年人 53	高（大专）	医生	汉	F
T28	女	中年人 40	中（中专）	医生	汉	F
T29	男	青年人 32	高（大专）	医生	汉	F
T32	女	青年人 22	高（大学）	学生	汉	F
T37	男	中年人 39	中（中专）	小学教师	汉	A
T38	女	中年人 46	中（中专）	小学教师	汉	A
T40	女	青年人 30	中（中专）	小学教师	汉	A
T43	女	青年人 22	中（中专）	护士	汉	A
T47	女	青年人 35	低（初中）	售货员	回	B
T53	女	中年人 40	低（小学）	售票员	汉	B
T60	男	青年人 26	低（初中）	民警	汉	C
X02	女	中年人 55	低（小学）	工人	汉	C
X12	女	青年人 25	高（大专）	街道干部	汉	C
X19	男	老年人 60	高（大专）	教师	汉	D
X20	女	老年人 63	高（大学）	中学教师	汉	D
X25	男	老年人 64	高（大专）	医生	满	E
X28	女	中年人 38	高（大专）	医生	满	E
X29	男	青年人 30	高（大专）	医生	汉	E
X32	女	青年人 21	高（大学）	学生	汉	E
X33	男	青年人 16	低（初中）	学生	汉	E
X34	女	青年人 16	中（高中）	学生	汉	E

（续表 5）

序号	性别	年龄	文化程度	职业	民族	话题
X35	男	中年人 55	中（中专）	小学教师	满	F
X36	女	老年人 64	中（中专）	小学教师	满	F
X38	女	中年人 41	中（高中）	小学教师	汉	F
X41	女	老年人 65	中（中专）	护士	满	F
X44	男	老年人 75	低（小学）	售货员	汉	A
X45	女	中年人 53	低（小学）	售货员	汉	A
X49	女	青年人 30	低（初中）	售货员	汉	A
X50	女	中年人 54	低（小学）	司机	汉	A
X56	男	老年人 56	低（初中）	民警	回	A
X62	男	青年人 28	中（高中）	待业青年	汉	B

附录三　语料中的轻声词总表

爸爸	位置	觉着	班子	轱辘	嚷嚷	票子
玻璃	老头子	兄弟	雹子	紧着	下边	跟着
部分	厉害	事故	刀子	姑母	悄悄	应付
程度	使得	叫唤	公公	平平	转悠	护士
出去	脾气	想法	汗珠子	活泛	特务	桌子
大夫	骨头	西瓜	车场子	姥爷	惺惺	质量
道理	衣裳	省得	倒腾	忙乎	月子	小子
底下	个子	牌子	份子	能耐	这么	枕头
弟弟	亲戚	园子	东边	蘑菇	窄巴	底子
懂得	布置	炉子	叨唠	萝卜儿	胰子	名堂
肚子	橘子	胆子	岗子	弄弄	志气	早起
多么	脑袋	邻居	浪头	糊弄	瘦巴	丝瓜
多儿	力气	闺女	养活	好好儿	实惠	糊涂
儿子	新鲜	规矩	比划	局子	下下	脊梁
耳朵	老婆	马虎	富裕	娘家	值当	高粱
房子	反正	豆腐	梆子	建筑	位子	嫂子
分子	漂亮	果子	棒子	接触	喜兴	制度
父亲	势力	馒头	别扭	归置	勺子	三青子

（续表 1）

干部	村子	柱子	和气	姑女	轻省	棺材
告诉	方面	这么	人们	时候	婆子	性子
哥哥	夜里	被窝	包子	褯子	匣子	暖和
工夫	大爷	外头	服侍	年年	知道	妹妹
姑娘	老实	行李	路子	胡同	柿子	知识
故事	地下	伺候	掸把子	乱乎	一家子	侄子
过去	聪明	吆喝	轮子	鬼子	生气	富余
后面	麻烦	上头	材料	来往	小叔子	沙子
回来	脖子	袜子	案子	交道	问问	打听
记得	大人	厂子	档子	啰嗦	医务	早晨
进去	便宜	弟兄	床子	凉快	要么	我们
觉得	下来	东西	你们	起来	他们	什么
老爷	绳子	上边	称呼	利落	丫头	怎么
里面	窗户	屁股	应酬	回去	孙子	因为
粮食	看法儿	后头	大胖子	溜达	一辈子	地方
棉花	前边	琢磨	哥们	皮实	砖头	咱们
名字	早上	盒子	道道	门子	运动	念念
明白	打算	打扮	裙子	花生	算了	提拉
母亲	家伙	亭子	口子	箍子	热乎	火烧
那么	关系	眼睛	孩子	出来	嘴皮子	鸽子
女儿	月亮	本事	膘子	卷子	先头	徒弟
朋友	帽子	咳嗽	跟头	姑爷	情形	姐姐
气候	痛快	篮子	憋闷	看看	限度	愿意
清楚	主意	指头	街坊	活动	踏实	竹子

（续表 2）

人家	教训	前头	裤子	罐子	傻子	袍子
认识	商量	说法	机灵	姑姑	牵扯	疙瘩
任务	脑子	木头	台子	海边	剩下	长处
日子	里头	笼子	饽饽	宽绰	小姑子	娃娃
容易	那边	法子	晌午	花哨	算计	院子
上来	丈夫	喇叭	菜田子	老鼠		跳腾
上面	椅子	功夫	池子	见识	忘记	挤兑
上去	星星	算盘	踩乎	廊子	邪乎	膀子
身子	业务	认得	打整	亮堂	页子	麦子
师傅	白天	葫芦	病人	炕单子	向着	值得
石头	活泼	狮子	粉子	攮子	这边	意思
事情	熟悉	例子	折腾	姑父	气氛	罩子
叔叔	伙计	本子	大城子	灵泛	夜猫子	男人
太太	照顾	蚊子	白菜	轿子	伍的	赌气子
态度	热闹	精神	帮着	教文	西边	在乎
外面	后边	含糊	城门楼子	链子	吆唤	铺子
晚上	舒服	烧饼	冬瓜	黄瓜	岁数	医生
尾巴	嗓子	宽敞	刚刚	扭扭	指甲	孙女儿
屋子	对付	拳头	片子	尖子	亡人	晃悠
喜欢	生意	身份	曲子	家里	筒子	指望
下面	虫子	瓶子	倒饬	慢慢儿	椅子	鞋子
下去	小伙子	包袱	抽屉	公家	葡萄	外边
显得	爱人	和尚	扶手	年纪	支持	衣服
消息	乡下	箱子	不价	筐子	小豁子	幛子

（续表 3）

性质	媳妇	管子	动换	末子	张罗	哪么
休息	收拾	欺负	铛儿铛儿车	栗子	言语	动物
学生	里边	妻子	拉扯	鼓捣	塞上	合乎
样子	招呼	笑话儿	多咱	机器	提搂	买卖
爷爷	牲口	车子	点子	糨子	味道	一阵子
一下子	胳膊	婆婆	杠子	挪动	秩序	

附录四　语料中的儿化词总表

压根儿	横儿	玩儿	敞开儿	这半拉儿	哈儿	悬乎儿
整个儿	晃晃儿	倒儿	动换儿	这儿	呵儿	顺儿
作根儿	慢慢儿	反儿	多儿	自个儿	伙儿	时髦儿
一边儿	起码儿	好儿	告儿	他们儿	哪儿	热闹儿
辈儿	随便儿	合儿	纳闷儿	她们儿	那儿	年轻儿
本儿	厂甸儿	工夫儿	客儿	气儿	信儿	自由儿
拨儿	厂儿	沟儿	坑儿	前儿	醒儿	乱乎儿
步儿	场儿	钩儿	空儿	钱儿	性儿	心儿
层儿	车儿	姑儿	框儿	桥儿	胸脯儿	旗儿
串儿	车份儿	箍儿	栏儿	窍儿	鸦儿	壳儿
段儿	城根儿	骨儿	老的儿	琴儿	烟卷儿	根儿
堆儿	吃儿	官儿	老儿	情况儿	沿儿	肠儿
顿儿	虫儿	馆儿	礼儿	球儿	盐儿	近乎儿
份儿	处儿	管儿	里儿	圈儿	檐儿	小偷儿
个儿	窗儿	光儿	理由儿	券儿	眼儿	谱儿
盒儿	窗台儿	鬼儿	了儿	人儿	燕儿	科儿
回儿	床儿	柜儿	料儿	仁儿	样儿	个儿
会儿	词儿	锅儿	票儿	色儿	爷儿	长辛店儿

（续表1）

家儿	刺儿	蝈儿	铃儿	扇儿	姨儿	干净儿
间儿	村儿	果儿	零碎儿	晌儿	音儿	小儿
件儿	错儿	过儿	溜儿	勺儿	影儿	噗噗噔儿
截儿	带儿	孩儿	流儿	设儿	油儿	坎儿
斤儿	袋儿	海儿	流氓儿	神儿	盂儿	格儿
卷儿	单崩儿	号儿	楼儿	婶儿	员儿	衩儿
口儿	单儿	号坎儿	篓儿	绳儿	园儿	三儿
块儿	胆儿	号码儿	芦儿	时候儿	院儿	小的儿
粒儿	刀儿	喝儿	路儿	市儿	月儿	铺儿
盘儿	道儿	河儿	轮儿	事儿	月份儿	镜儿
盆儿	灯儿	核儿	萝卜儿	手儿	枣儿	歌儿
片儿	凳儿	侯宝林儿	忙儿	手绢儿	罩儿	碴儿
篇儿	底儿	后儿	毛儿	叔儿	针儿	零儿
瓶儿	地儿	后首儿	帽儿	树儿	真儿	馅儿
圈儿	地方儿	弧儿	门儿	数儿	证儿	扑克儿
身儿	点儿	胡同儿	门脸儿	双棒儿	汁儿	景儿
声儿	店儿	虎儿	米儿	水儿	枝儿	鸽儿
宿儿	调儿	户儿	面条儿	说儿	侄儿	茬儿
岁儿	顶儿	花瓣儿	苗儿	丝儿	钟儿	腊八儿
趟儿	洞儿	花儿	名儿	锁儿	周儿	线儿
套儿	兜儿	画儿	明儿	摊儿	珠儿	破烂儿
条儿	斗儿	话儿	命儿	汤儿	主儿	井儿
通儿	豆儿	环儿	膜儿	桃儿	庄儿	哥儿

（续表 2）

下儿	痘儿	黄瓜条儿	末儿	题儿	准儿	叉儿
一根儿	肚儿	魂儿	母儿	天儿	桌儿	成儿
阵儿	队儿	活儿	那当儿	条儿形	子儿	弦儿
把儿	对儿	火儿	脑儿	跳皮筋儿	字儿	婆儿
白卷儿	对襟儿	儿儿	脑瓜儿	厅儿	祖儿	劲儿
白纸坊儿	对联儿	家具儿	泥儿	头儿	嘴儿	钢崩儿
班儿	墩儿	价儿	年儿	腿儿	昨儿	饼儿
板擦儿	法儿	假条儿	年景儿	弯儿	座儿	个个儿
板儿	房儿	尖儿	娘儿	豌豆黄儿	哥们儿	喜儿
半儿	分儿	肩儿	鸟儿	玩意儿	方面儿	坡儿
伴儿	粉儿	角儿	牛儿	晚儿	面儿	今儿
瓣儿	份儿	脚儿	牌儿	碗儿	姐们儿	竿儿
棒儿	风儿	阶儿	盆儿	味儿	功夫儿	边儿
包儿	缝儿	街儿	棚儿	文儿	呋儿	百儿
宝贝儿	干部儿	节儿	皮儿	窝儿	哞儿	媳妇儿
本儿	杆儿	姐儿				

附录五　语料中的清入字总表

清入字	读音	清入字	读音	清入字	读音
八	[pᴀ^{35}]	笔	[pi^{55}]	嘱	[tʂu^{214}]
	[pa^{55}]		[pi^{214}]	祝	[tʂu^{51}]
百	[pai^{214}]	必	[pi^{51}]	捉	[tʂuo^{55}]
	[pei^{214}]		[pi^{55}]	桌	[tʂuo^{55}]
	[po^{51}]	毕	[pi^{214}]	足	[tsu^{35}]
柏	[pai^{214}]		[pi^{35}]		[tsu^{55}]
	[po^{35}]		[pi^{51}]	作	[tsuo^{35}]
北	[pei^{214}]	碧	[pi^{51}]		[tsuo^{51}]
	[pei^{35}]	壁	[pi^{51}]		[tsuo^{55}]
逼	[pi^{55}]	憋	[piɛ^{55}]	竹	[tʂu^{35}]
别	[piɛ^{35}]	鳖	[piɛ^{55}]		[tʂu^{55}]
拨	[po^{55}]	剥	[pau^{55}]	粥	[tʂou^{55}]
	[pu^{55}]		[po^{55}]	答	[tᴀ^{35}]
伯	[pai^{35}]	博	[po^{35}]	萨	[sᴀ^{55}]
	[pai^{55}]	不	[pu^{0}]	琢	[tʂuo^{35}]
	[pei^{55}]		[pu^{55}]		[tsɤ^{35}]
	[po^{35}]		[pu^{35}]		[tsuo^{35}]

（续表 1）

清入字	读音	清入字	读音	清入字	读音
擦	[tsʰa^{55}]	不	[pu^{214}]	涿	[tʂʰuo^{55}]
册	[tsʰɤ^{51}]		[pu^{51}]	拙	[tʂuo^{35}]
侧	[tsʰɤ^{51}]	策	[tsʰɤ^{51}]	筑	[tʂu^{51}]
插	[tʂʰa^{55}]	察	[tʂʰa^{35}]	质	[tʂʅ^{35}]
拆	[tʂʰai^{55}]	彻	[tʂʰɤ^{51}]		[tʂʅ^{55}]
撤	[tʂʰɤ^{51}]	吃	[tʂʰʅ^{55}]		[tʂʅ^{51}]
尺	[tʂʰʅ^{214}]	赤	[tʂʰɕ^{214}]		[tʂɕ^{214}]
饬	[tʂʰɕ^{0}]		[tʂʰɕ^{35}]		[tʂʅ^{0}]
出	[ə^{0}]		[tʂʰʅ^{51}]	职	[tʂʅ^{35}]
	[ʂu^{55}]	触	[tʂʰu^{51}]		[tʂʅ^{55}]
	[tʂʰu^{55}]		[tʂu^{51}]	执	[tʂʅ^{35}]
绰	[tʂʰau^{51}]		[tʂʰu^{214}]	着	[tʂʅ^{35}]
	[tʂʰou^{51}]		[tʂu^{214}]	哲	[tʂɤ^{35}]
	[tʂʰuo^{51}]		[tʂʰu^{55}]	织	[tʂʅ^{35}]
促	[tsʰu^{51}]		[tʂu^{55}]		[tʂʅ^{55}]
	[tʂʰu^{51}]	撮	[tsʰuo^{55}]	折	[ʂɤ^{35}]
得	[tei^{35}]	的	[ti^{214}]		[tʂɤ^{35}]
	[tei^{214}]	滴	[ti^{55}]		[tʂɤ^{55}]
	[tə^{0}]	督	[tu^{55}]	窄	[tʂai^{214}]
德	[tɤ^{35}]	掇	[dɐ^{0}]	栅大栅栏	[ʂʅ^{0}]
恶	[ɤ^{51}]	法	[fa^{0}]	摘	[tʂai^{55}]
发	[fa^{55}]		[fa^{214}]	轧	[ia^{51}]
	[fa^{51}]		[fa^{35}]	扎	[tʂa^{55}]

（续表 2）

清入字	读音	清入字	读音	清入字	读音
幅	[fu^{214}]	法	[fa^{51}]	责	[tsɤ^{35}]
	[fu^{35}]		[fa^{55}]	则	[tsɤ^{35}]
福	[fu^{0}]	复	[fu^{0}]	益	[i^{51}]
	[fu^{55}]		[fu^{55}]	亿	[i^{51}]
	[fu^{35}]		[fu^{35}]	约	[iau^{55}]
	[fu^{214}]		[fu^{214}]		[yɛ^{55}]
	[fu^{51}]		[fu^{51}]	抑	[i^{51}]
腹	[fu^{35}]	胳	[kɤ^{55}]	揖	[i^{55}]
鸽	[kɤ^{55}]	割	[kɤ^{35}]	压	[ia^{51}]
搁	[kɤ^{55}]		[kɤ^{55}]		[ia^{55}]
阁	[kɤ^{214}]	革	[kɤ^{35}]	一	[i^{55}]
	[kɤ^{35}]	格	[kɤ^{0}]		[i^{35}]
隔	[kɤ^{35}]		[kɤ^{35}]		[i^{214}]
各	[kɤ^{51}]	葛	[kɤ^{35}]		[i^{51}]
	[kɤ^{214}]	给	[tɕi^{214}]	只	[tʂʅ^{55}]
谷	[ku^{214}]		[kei^{214}]	噎	[iɛ^{55}]
骨	[ku^{214}]	刮	[kua^{55}]	腌	[ian^{55}]
	[ku^{35}]		[kʰua^{55}]	鸭	[ia^{55}]
郭	[kuo^{55}]		[kua^{214}]	押	[ia^{55}]
国	[kuo^{214}]	害	[xai^{35}]	血	[ɕie^{214}]
	[kuo^{35}]		[xai^{51}]		[ɕiɛ^{51}]
喝	[xɤ^{55}]	黑	[xei^{214}]		[ɕyɛ^{214}]
	[xuo^{0}]		[xei^{55}]		[ɕyɛ^{35}]

（续表 3）

清入字	读音	清入字	读音	清入字	读音
忽	[xu^{55}]	豁	[xuo^{51}]	雪	[ɕyɛ^{214}]
迹	[tɕi^{51}]		[xuo^{55}]	肃	[su^{51}]
积	[tɕi^{55}]	霍	[xuo^{51}]		[su^{55}]
	[tɕi^{35}]	击	[tɕi^{55}]	速	[su^{51}]
绩	[tɕi^{51}]	缉	[tɕi^{55}]	说	[ʂuo^{55}]
激	[tɕi^{35}]	吉	[tɕi^{35}]	刷	[ʂua^{55}]
	[tɕi^{55}]	级	[tɕi^{35}]	叔	[ʂu^{55}]
即	[tɕi^{35}]		[tɕi^{0}]	束	[ʂu^{51}]
	[tɕi^{51}]		[tɕi^{55}]		[ʂu^{35}]
急	[tɕi^{35}]	甲	[tɕia^{214}]		[su^{51}]
脊	[tɕi^{35}]		[tɕia^{55}]	畜	[ɕy^{51}]
夹	[tɕia^{55}]	角	[tɕiau^{214}]	薛	[ɕyɛ^{55}]
	[tɕia^{35}]		[tɕyɛr^{35}]	胁	[ɕiɛ^{35}]
接	[tɕiɛ^{55}]	饺	[tɕiau^{214}]	泄	[ɕiɛ^{51}]
揭	[tɕiɛ^{55}]	脚	[tɕiau^{214}]	楔	[ɕiɛ^{55}]
节	[tɕiɛ^{35}]	洁	[tɕiɛ^{35}]	歇	[ɕiɛ^{55}]
	[tɕiɛ^{214}]	结	[tɕiɛ^{35}]	瞎	[ɕia^{55}]
劫	[tɕiɛ^{35}]		[tɕiɛ^{55}]	削	[ɕiau^{55}]
决	[tɕyɛ^{35}]		[tɕiɛ^{51}]	熄	[ɕi^{55}]
觉	[tɕiau^{214}]	磕	[kʰɤ^{55}]	锡	[ɕi^{55}]
	[tɕyɛ^{214}]	渴	[kʰɤ^{214}]	惜	[ɕi^{55}]
	[tɕiau^{35}]	克	[kʰɤ^{51}]	媳	[ɕi^{214}]
	[tɕyɛ^{35}]	刻	[kʰɤ^{51}]		[ɕi^{35}]

（续表 4）

清入字	读音	清入字	读音	清入字	读音
客	[kʰɤ^{51}]	哭	[kʰu^{55}]	释	[ʂʅ^{51}]
	[kʰə^{51}]	窟	[kʰu^{55}]	适	[ʂʅ^{55}]
酷	[kʰu^{214}]	扩	[kʰuo^{51}]		[ʂç^{35}]
	[kʰu^{51}]	括	[kʰuo^{51}]		[ʂʅ^{51}]
拍	[pʰai^{55}]		[kuo^{51}]	室	[ʂç^{214}]
劈	[pi^{214}]	阔	[kʰuo^{51}]		[ʂʅ^{51}]
匹	[pʰi^{35}]	率	[ly^{51}]	式	[ʂʅ^{51}]
	[pʰi^{55}]		[ly^{55}]		[ʂʅ^{55}]
僻	[pʰi^{51}]	僻	[pi^{51}]	识	[ʂʅ^{55}]
泼	[pʰo^{55}]		[pi^{55}]		[ʂç^{35}]
	[po^{35}]	迫	[pʰo^{51}]	湿	[ʂʅ^{55}]
	[po^{55}]		[po^{55}]	悉	[ɕi^{55}]
仆	[pʰu^{35}]	魄	[pʰo^{51}]	息	[ɕi^{55}]
扑	[pʰu^{35}]	七	[tɕi^{55}]		[ɕi^{0}]
	[pʰu^{55}]		[tɕʰi^{35}]	析	[ɕi^{55}]
朴	[pʰu^{214}]	戚	[tɕin^{0}]	吸	[ɕi^{55}]
	[pu^{214}]		[tɕi^{0}]	握	[uo^{51}]
漆	[tɕʰi^{55}]		[tɕʰi^{0}]		[uo^{55}]
恰	[tɕʰia^{51}]	曲	[tɕʰy^{55}]	沃	[uo^{51}]
屈	[tɕʰy^{55}]	缺	[tɕʰyɛ^{55}]	屋	[u^{55}]
撒	[sa^{214}]	却	[tɕʰyɛ^{51}]	挖	[ua^{55}]
	[sa^{55}]	确	[tɕʰyɛ^{51}]	托	[tʰuo^{35}]

（续表 5）

清入字	读音	清入字	读音	清入字	读音
塞	[sai^{55}]	确	[tɕʰyɛ^{214}]	托	[tʰuo^{55}]
	[sai^{51}]	色	[sɤ^{51}]		[suo^{55}]
杀	[ʂa^{55}]	设	[ʂɤ^{51}]	脱	[tʰuo^{55}]
摄	[ʂɤ^{51}]	失	[ʂʅ^{55}]	铁	[tʰiɛ^{214}]
宿	[ɕiou^{214}]	缩	[suo^{51}]		[tʰiɛ^{35}]
	[su^{51}]		[suo^{55}]	秃	[tʰu^{55}]
索	[suo^{214}]	塌	[tʰa^{51}]	忒	[tʰɕi^{55}]
塔	[tʰa^{214}]		[tʰa^{55}]		[tʰuɕi^{35}]
踏	[tʰa^{51}]	贴	[tʰiɛ^{55}]		[tʰuei^{55}]
	[tʰa^{55}]	帖	[tʰiɛ^{55}]		[tʰuei^{51}]
踢	[tʰi^{55}]	剔	[tʰi^{51}]		

“早期北京话珍本典籍校释与研究”丛书总目录

早期北京话珍稀文献集成

（一）日本北京话教科书汇编

《燕京妇语》等八种

华语跬步

亚细亚言语集

北京风土编·北京事情·北京风俗问答

伊苏普喻言·今古奇观·搜奇新编

四声联珠

官话指南·改订官话指南

京华事略·北京纪闻

（二）朝鲜日据时期汉语会话书汇编

改正增补汉语独学

高等官话华语精选

速修汉语自通

速修汉语大成

中语大全

修正独习汉语指南

官话华语教范

无先生速修中国语自通

官话标准：短期速修中国语自通

“内鲜满”最速成中国语自通

（三）西人北京话教科书汇编

寻津录

语言自迩集

官话类编

华语入门

汉英北京官话词汇

汉语口语初级读本·北京儿歌

北京话语音读本

语言自迩集（第二版）

言语声片

华英文义津逮

北京官话初阶

（四）清代满汉合璧文献萃编

清文启蒙
清话问答四十条
一百条·清语易言
清文指要
续编兼汉清文指要
庸言知旨
满汉成语对待
清文接字·字法举一歌
重刻清文虚字指南编

（五）清代官话正音文献

正音撮要
正音咀华

（六）十全福

（七）清末民初京味儿小说书系

新鲜滋味
过新年
小额
北京
春阿氏
花鞋成老
评讲聊斋
讲演聊斋

（八）清末民初京味儿时评书系

益世余谭——民国初年北京生活百态
益世余墨——民国初年北京生活百态

早期北京话研究书系

早期北京话语法演变专题研究
早期北京话语气词研究
晚清民国时期南北官话语法差异研究
基于清后期至民国初期北京话文献语料的个案研究
高本汉《北京话语音读本》整理与研究
北京话语音演变研究
文化语言学视域下的北京地名研究
语言自迩集——19 世纪中期的北京话（第二版）
清末民初北京话语词汇释